ルターのりんごの木

格言の起源と戦後ドイツ人のメンタリティ

M・シュレーマン［著］
棟居洋［訳］

Luthers Apfelbäumchen?
Ein Kapitel deutscher Mentalitätsgeschichte seit dem Zweiten Weltkrieg

Martin Schloemann

教文館

Luthers Apfelbaeumchen?

Ein Kapitel deutscher Mentalitätsgeschichte
seit dem Zweiten Weltkrieg
von
Martin Schloemann

まえがき

戦中・戦後に育ち、一九五〇年代に大学で学び、そこでそれまでにも増してマルティン・ルターの思想と取り組むようになった者にとって、すでに早くから繰り返しルターの名前に関連して引用された、世界の終末を目前にしてりんごの苗木を植えるという言葉には、疑問を起こさせるものがあった。当時ドイツにおいて大変広まっていて、またその有名な言葉によって久しく独特な魅力にとりつかれた状態になっていたことに対して、わたしがますます慎重な気分になったのはいつからだったのか、正確に言うことはできないが、それはおそらく一九五七年か五八年、スウェーデンでのことだった。その後、歴史的興味と批判的反省がいっそう強くなることしばしばであった。わたしはようやく次第に、この言葉の問題の、発生的・系統的・教会的・信仰的側面、あるいはまた他にも生活実践的で公共的・政治的側面、まさに全ドイツ的側面がいかに緊密に関連し合っているかを、意識するようになった。話の全体が、実はさしあたり本来はわたしのルター研究の副産物でしかなかったのではあるが。

わたしは、その問題領域の最初のいくらか厳密な探索作業を、一九七五年六月一〇日に行われたわたしのヴッパータール神学大学の就任講義の際に試みた。以来その問題はわたしの頭を離れることはなかった。一九七六年三月、今度はこの講義が大学で出版する小冊子に掲載された。（これをきっかけに）わたしは、アンケート調査を始めた。ひとつの——後には頻繁に送付された——アンケート用紙によって、もう一度本気でルターのどの著作にその言葉が出てくるか探索するだけでなく、細かな分類枠を設けて、この言葉に最初に出会ったのはいつ、どのようにという質問もした。同じように、いつまたどのようにその言葉が使われたと思うかという質問にも答えてもらうようにした。それに続いて、その言葉はルターにふさわしいかという質問も出した。このアンケートをここで記録し分類することはしない。というのはそのアンケートは組織的に行われる、調査対象者を限定できる代表調査ではないし、また包括的な調査のほんの一部でしかないからである。ほぼ一五〇のアンケートが特に東西両ドイツで出され、そのうち半数以上が回収され、一部は手紙や電話や他の方法で回答を得た。調査計画を聞きつけた後で、自発的に回答を寄せてくれた人も少なからずいた。以後数年のうちに、なおはるかに大量の、一般的、あるいは特定の個々の問題に焦点を当てた調査や、ときには思い切った調査が行われた。何人かの人にインタビューをし、一部の人とは何年かにわたる文通を続けた。最初の協力者はほとんどが神学者であり、圧倒的に多かったのは、教会史家とルター研究者であったが、それにやがて何人かの他の専門領域を代表する人びと、年配の牧師、教会や文化や政治の世界で生きている人びと、その他に何か手がかりを得られると期待できる人びとが加わってきた。彼らのうちでこの間に亡くなった人びとも少なからずいる。その中に、例えば、ハンス・リリエやグスタフ・ハイネマンなど、特に情報を広める重要な人びとがいる。当時はまだ得られたが、今はもう得られない戦中・戦後の情報は、彼らによって確認され、分析評価することができた。これらのデータは、時代の証人の記憶の正確さに対して細心の注意を払ったうえで、何年か経過する間に集められた他の史料

――それはここでは一部しか示すことができないが――とともに、今ある程度概観することができる形をとって示されている。

問題が最初予想していたよりもずっと長引いたことには、いくつかの外的、また内的な理由がある。このような主として現代史の、見かけは小さく突飛な問題にすぎないが、しかしそれでも目立たないながら、厄介な細部に繰り返し立ち往生する粘り強い調査・研究の努力にその年月を要するものである。しかしこれは、今や最後に至るまでなお意外な転換を伴ったはるかに長い期間の観察に基づいて判断することができるという利点ももたらした。

この際、限りなくまったくの無私の助けと励ましに感謝すべきすべての方がたの中で、ここではエルヴィン・ミュールハウプト、テオドール・マールマン、それにラインハルト・ブライマイアーが特に挙げられなければならない。加えて原稿作成に関して、出版者カルミン・ブラマン、それにもちろんアルント・ルプレヒトを挙げなければならない。ちなみに「ルターの植木職人」仲間は、さほど大勢ではない、にもかかわらず互いに知るところも比較的わずかにすぎない。この問題に関心をもつ読者の中に、おそらくなお若干の仲間がいるであろう。その仲間が好意とおそらくさらに対話の用意をもってこの本を読んでくださることを願っている。

一九九四年　聖霊降臨祭　ボーフムにて

マルティン・シュレーマン

目次

装丁　桂川　潤

ルターのりんごの木

——格言の起源と戦後ドイツ人のメンタリティ

第1章　中心的問い

――ルターのりんごの苗木の言葉、その真偽への問い

ルターの言葉として繰り返し、次のような、あるいはそれと同じように引用される文は多くの人びとにとって、好ましく価値があり、少なくとも共感できるものである。

「たとえわたしが明日世界が滅びることを知ったとしても、今日なおわたしはわたしのりんごの苗木を植えるであろう」。

「ルターのりんごの苗木」と言うだけで、十分であることが多い。人びとは事情が分かっている。しかし今誰かがその後ろに疑問符をつけて言うと、ふたつのことを立ち入って考えざるを得なくなる。ひとつは、その言葉が本当にルターに由来するのかという歴史的問題であり、もうひとつは――それと関連するとしないとにかかわらず――、それはどのように理解され使われるのか、またこれからも理解され使われることができるのかという先の見込みを含んだ問題である。

この言葉は誰が言ったのかという問題に関しては、その言葉がルターに由来するということが証明できなかったという話がますます広まっている。それでもなお、それは否定されることも多く、ここでタブーが破られることも少なからずある。非常に多くの状況の中で有効性が実証され役立つルターの言葉が奪われるのではないかという根強いためらいの気持ちが依然存在している。むしろ人びとは、その言葉がやはりまだルターの著作の中に見出せるという希望にしがみついている。あるいは、いかなる手がかりもないのに、これまで知られていない一六世紀から二〇世紀までの間の伝承があることを単純に前提にする人びともいる。

他の場合には、人びとは、「マルティン・ルターがそう言ったのだそうだ」ということを説くことによって、その言葉とその正当性を守ろうとし、あるいはそれが含蓄のある言葉だということで、それはルターの言葉とされていることを繰り返し印象づける。その場合、単純に依然どういう意味でルター本人の言葉かということが問題なのである。この言葉は確かに今日描かれている宗教改革者の像にあまりに密接に結びついていて、多くの人びとにとっては、その言葉によってまったくの最初から宗教改革者像が心に刻みつけられ、あるいはより古いイメージが変わったことで宗教改革者像が明らかになったため、またかなり多くの人びとにとっては、おそらくそれはルターの言葉としてようやく認められるようになったため、その引用がとにかく「よく作られて」いて、ルターと適合しているとして差し支えないために、ルターのものとすることはまったく妥当であり、少なくともそれが確かだとする考えが強くならざるを得なかった。

しかし普通、ルター本人のものかどうかに異論が唱えられるだけでなく、その言葉が内容的にルターにふさわしいかどうかということまでも疑問が持たれるならば、ことによるとそのキリスト教精神、まさに普遍妥当性をも疑わざるをえないという、なおその背後に潜んでいる疑いが気になるところではある。この言葉は二〇世紀に確かにやはりあまりに多くの意味を持ち、あまりに多くの人びと、特にドイツ人たちの苦しみ、行動、判断、感情の面で助けになり、あまりに多くの世界のキリスト教徒たち、さらにキリスト教界を越えて、人びとを解放し、力づけるメッセージとなったので、その言葉に対して批判的検討をする場合、どういう場合でも感情抜きの公平さを当てにすることができない。

ここで同時に全世代が問われているが、時としてそれは特にドイツの状況を見るとそう思われる。この主題にかなりの時間取り組んで、その際多くの人びとと話したり、文通したりしている者は、きわめて注意深く本物かどうかの問題に触れる際にも生じる何度も味わう悲しみと、ルター自身の典拠がまだどこかから現れる可能性が絶対確実ではないけれどももちろん排除できないことを彼らが認めるまで、むしろ落ち着くことがない煩わしい再考を忘れることができない。ここで苦労していることうした人びとに何度も出会う。こうした人びとは、確かに今やあの疑問符が付けられていることをずっと以前から知っていた神学者や説教者の中には稀にしかいない――あの疑問符が付けられることは、ほとんどそれが公になって以来、ルターの言葉を使うことに伴って現れたからである。そのことはまた、しばしば権威的な証人の口から語られる、この言葉の勇気づける力、確かにかつて本当に勇気を奮い立たせる力を自分自身経験し、感謝して心に留めている幾人もの年を取っていく教会員や他の同時代人たちにとって、当然のことながら、さらに多くの困難をもたらす。まさに八〇年代のわたしの資料集の中にモットーや確証としてこのりんごの苗木の言葉を伴った死亡広告、例えば、「……このようにわたしの誰にもまさって愛する夫は生きました」、あるいは、「彼の全生涯は次の文に表されています。……」などがいくつも残されているのはおそらく偶然ではないであろう。

りんごの苗木の言葉の錯綜した歴史と現在の作用に関して、ほぼ半世紀を経た今でもなお、批判的な検証[1]が行われなければならない。この場合、ただルター研究の些細な、しかし必ずしも大して重要でないとは言えない部分だけが問題なのではなく、むしろ本来、特に第二次世界大戦後から最近までの教会と一般の精神史、信仰の歴史、また心性史上解明[2]を必要としている厄介な問題が問題なのであり、結局そのふたつのことと並んで同時に、この言葉の使用が適しているかどうか組織神学的な吟味をするための視点も問題なのである。このような単に副次的にしか見えない問題と取り組むことは、この（神学研究の）模範的な実例における学問としての神学と私的また公的な宗教心や世界観の間のコミュニケーションが断たれていることを知っている者は誰でも、きわめて必要なことと思っている。教会の話や信仰の象徴的表現の重要な慣用表現としてキリスト者たちの心を動かし、なお刺激し続けることは、専門の論考や研究の中には、やはりほんの時折しか見られない。したがって教会外の世間から実際キリスト教の使信のまさに中心的表現として聞かれることも、その後そのようなものとして取り上げられたり、キリスト教の使信から離れた自己理解の表現へと形が変えられるものも、通常神学的に省察されることはない。

一九八五年発行のホイマー・フォン・ディトフアトの本『それでもりんごの苗木を植えよう。それは終わった』[3]は、長い間ベストセラーのリストの上位にあった。その題がどの言葉を意味しているかは、ほとんど誰にでも分かった。それは、すでに一九八四年ヘルムート・ベネシュの「世界観の心理学のために」という副題をもった本の中にあった、その言葉の前半の文（「たとえわたしが明日世界が滅びることを知っていたとしても……」）の場合も同様であった。潜在的購読者がそれを理解でき、また自分の関心とその題名を結びつけることができるということが確かでなければ、そうした本の題名をつけることを認める発行者はいないであろう。その反抗的な格言を「安心して、われわれの日常的人生哲学や私的世界観の強さと不変性の典拠としてとるのももっともである。この文には希望、抵抗、自信、自由、行動力、努力の意識が現れている。この文は、世界の解釈と世界への関与を目指している。また、それは、ルターが『人間の頭脳の権利』と呼んだ個人的世界観の重要な要素を示している」[4]と、ベネシュは冒頭で確認している。

ルターは今日りんごの苗木の言葉によって、しばしばそのように理解されたり、誤解されたり、あるいはなおまったく違って理解されたり、誤解されたりすることは、ルター研究の中では自明のことである。それでもルター研究にとっても一層の解明は意味があるはずである。にもかかわらず、幾人もの人が表面的な信憑性遊びにあまりにも無邪気に参加している。大多数の専門家は、われわれはその言葉は本物ではないということ、するとさらなる解明の労苦は何のためか、他の人びとはこのことに関し権限がないのか、ということをもちろん確かに知っている。今やわれわれは、たびたび不平として言われる「ルターが忘れられること」がなおきわめて冷静に認識されているならば、おそらくもっと不安になるだろう。一般にまだ宗教改革者の讃美歌の数節、あるいは『小教理問答』の断片を学習したことのある最後の牧師たちが間もなくいずれにせよ退職するのは確かであろう。比較的若い牧師たちがルターについて思い浮かべることは、しばしばただ疑わしいことだけ、あるいはあれやこれやの（教師資格検定試験の）試験問題の言葉である。そして、彼らはまた礼拝出席者、教会に来ることの少ない者、あるいは教会の部外者でさえ、ルターの思想の内容について何らかの知識があると、仮に当てにしようとしても、もはやほとんど当てにはできない。多くの者は、ルターの最も重要な命題、義認の信仰を、なお曲解しているとして、考えを改めようともはや努力することはしない。彼らはその信仰をあっさり拒絶する。彼らがなお知っていることは、たかだか教皇の教会との訣別に関して不確かなこと、おそらくまた農民戦争、あるいはユダヤ人問題に関する断片的なことと、大部分不正確なことである——それ以外は、まさにりんごの苗木についての言葉の点では一致している——。今日この言葉は、ルターのある思想、あるいはあるよく知られた言葉について広く一般の人びとから質問を受けた者が思い出す、しばしば唯一の神学的に内容のある表現であるということが多くのことを暗示してさえいる。彼らが知っていることは、それほど以前ではなくても、何か「神はわがやぐら……」に由来するような言葉、あるいは「われここに立つ……」という言葉、たぶん歴史や信仰問答に関する基礎的なものであったであろう。今やしばしばりんごの苗木の黙示的言葉がほとんどすべてのことの象徴とならざるを得ない。全世界の数多くの説教壇上で同じことが起こっているとするならば、何という驚きであろうか。

遅くとも一九八三年のルター生誕五〇〇年の総括をする際に、このことははっきり結果として出る可能性があったのだが、しかし、西ドイツの論文集はこれまでのところこの機会を有効に活用するに至っていない。(5) それら論文集は、公的祝祭儀式、集会、展示を十二分に記録し、反映し、文献、テレビやラジオ放送、またあらゆる報道番組と部分的にはそれに対する一般の反響を批評している。その際、それらの論文集は、おそらく関係者によって――しかもしばしば批判的・歴史的専門家によって共同責任のもとで――言われたこと、書かれたこと、放送されたことの残した足跡を追跡しているけれども、一般視聴者・読者のもとで見られること、あるいはおそらく予想されることをほとんど配慮していない。一般社会で実際にルターと結びつくことは、したがって大部分視野の外に置かれている。それゆえ公式、非公式にルターの思想を表すとして持ち出される言葉に関して、それを考えた人を尊重するならば、りんごの苗木の言葉が、まったく現れないことは、奇妙なことである。しかし、他の、あまりフィルターにかけられていない箇所、たとえば地方の雑誌や新聞をより厳密に見ると、われわれは教区の牧師、市長、団体の長が何を言っているか、しかしまた一般の人びとや読者、編集者が何を自発的にルターという名前に関連づけているかということに自ずと気づく。広域の祝祭記事を除く、たとえば地方版に掲載されるようないくつものコメントがすぐにわれわれの取り上げている文に狙いをつけている。しかしまた逆に、読者にルターを思い出させるためにはりんごの苗木をほのめかせばもうそれで十分なのである。他方、何か他の言葉をもってきても、ルターを思い出させることがほとんどうまくいってないように思われる。それは、会話の話し方で容易に確信できる。

しかし、今日、もし事情がそうだとしても、なおこのように特徴づけられたルターの人気というものをマルティン・クルーゼのような優れた説教者は知っている。宗教改革記念祭のために書かれた彼の、ベルリンの人びとに宛てた手紙は、次の文で終わっている。すなわち、「まさにこの言葉がルター記念の年、つまり、われわれが苦境にある時代に、これほどしばしば引用されるのはなぜかを確実に理解することができる」(6)と。そしてそれと結びつけて広く一般の人びとに対する提案がされた。すなわち、「作者を証明する者に対して、一〇〇〇マルクを出す」と。この提案は、やはりすぐさま全ドイツの数ある新聞・雑誌と電波を飛び回り、さらにいろいろ考えさせるような論評がされている。ただし、それはその時だけであった。その後では、ルター記念の年を評価する人びとによって注意も引かれず、考慮もされていない(7)。

それに対して、デュッセルドルフの「若い喜劇女優」もまた一般社会の意識の動向を把握している。ルター記念の年の後の追加イベントとして（上演期間一九八四―八五年）、ローレ・ローレンツによる、自明のようにルター博士のりんごの苗木をめぐる新しい歴史的関心について、壮大な、一考に値するひとり芝居の夕べが連続上演された。ルター博士のりんごの苗木は「フォン・ベルレプシュ」（ワルトブルクの城主のことを知っている人がいるでしょうか）種が使われた。また、小道具とライトモチーフとしては、彼女はアリアドネーの糸を辿って、われわれの過去、現在、将来の歴史を貫いて、その木を植える場所を求めるという趣向であった。いわく、「わたしは、これまではまだ何もなかったところに、彼のために木を植える小さな土地を手に入れたい。今はまだすべてがそこにあるのだけれども」と。しかし彼女はその土地を見出せない。どんなにルターの言葉が歴史を展望しながら、熟慮と連想へと招いても、やはり最後には苗木は植えられず、（庭の）塀のくぼみに留めおかれる。

「お前の緑よ、長く留まれ、そしてお前は恐れるな。ひとたび暗闇が近づくと、それはさらにつづく。おそらくわたしたちはどこかに上からの光を見出すであろう。それでもわたしたちは挫折する――挫折すればの話だが――もっと思慮深く(8)」。

すでに冒頭「ノアの洪水の歌」の中で、ルターがおそらく持っていたと思われる終末論的・黙示録的な歴史思想は拒絶される。破滅の脅威をドラマ上のこととし、それから安心して私的なことへと引きこもり、「重要なことども」にではなく、ただ自分自身の「苗木の世話をする」だけのノアの洪水は、我慢できない。ルターがわれわれをただからかおう（「腐ったりんごを投げつける」の意の動詞が使われている）としたのでなく、われわれにただ何か「熟慮するための結構なこと」を課そうとしたのならば、この「比喩」はやはり少なくとも執拗にいつまでも影響を与え続けることを意味することとして、この場合は、批判的女性コメディアンとして、彼女はそれを演じたのである。すなわち、

「子供たち、いや、わたしはそれを絵で捉えざるを得ない。／わたしたちが明日滅びることをわたしが知ろうとも、／わたしがこの土地にしっかり目を向けることが一時間少なくなることはないであろう」。

そして、リフレインは次のように締めくくる。すなわち、

「人びとよ、わたしたちはまだ生きている。／そしてノアの洪水がいつ来るか、それは分からない。／人びとよ、わたしたちは生きている。／それゆえわたしたちは生きなければならない。／赦しは与えられない。／そして、特別扱いはされない」。

尊重すべき解釈であり、心動かす用い方である。その言葉はまったく独自なものとしてルターに由来するとされていることは、少しも疑わしいことではないが、ただ、言われていることは、世間一般でも作り出されているものである。

ルターの最も重要なメッセージに関するイメージは、こうして粉ごなに踏みにじられているが、それは、確かに娯楽的価値に対してさまざまな関心があるためばかりではない。研究がルターに関して常に洗練された精密さをもって仕上げたことは、われわれが一般に――とりわけりんごの苗木の言葉をもって――彼のメッセージであると思うことと、ほとんど関係がない。それは一般に教会の中でもそうである。その際、多くのことがルターからどれほどひどくかけ離れたことか、それどころか、根本的に彼と対立していることかということが、示されなければならないであろう。しかしそれゆえ、ほとんど不可避的に起こること、つまり不適切に連想されるにすぎないことが、まさに宗教改革的なもの、真にキリスト教的なものに帰せられると見なされるならば、われわれはその言葉の使用に今や全体として注意を払わなければならないのか。

それとも、われわれはむしろ最後まで待って、終末論のこの事態を他の場合と同様あまり重要ととるべきではないのか。悪い社会においてならば、ルターは彼に帰せられるものと結びつけられることはまったくないであろう。多くの偉大な人物は、まったく証明されない、あるいは、万一証明されるにしてもそれはずっと後になって証明されるような言葉に、自然に、またしばしば最も効果的に結びつけられる。同じようなことが、例えばアッシジのフランチェスコの場合、しばしば使われる祈り、つまり「おお、主よ、わたくしをあなたの平和の道具としてください……」に関して起こっている。これは、最初一九一二年にノルマンディー地方においてフランス語で使われたことが証明できるが、そこから第一次世界大戦のイギリスの調査隊によってイギリスへもたらされ、そこでフランチェスコに由来するものとされ、第二次世界大戦前夜にBBC放送を通してヨーロッパ中に広がった祈りである。(9) あるいは、周知の祈り、「神よ、変えることができないことを受け入れる冷静さと、変えることができることを変える勇気と、そして変えることができることとできないことを区別する知恵をお与えください」という祈りを取り上げてみよう。これは、二〇世紀のアメリカに由来するもので、現代史の気紛れによって一八世紀のシュヴァーベンの敬虔主義者フリードリヒ・クリストフ・エティンガーと結びつけられた祈りである。(10) 有名な、だがさまざまな膨れ上がったヴァージョンで広まっている、一八五四年のシアトルの市長の話は、まったく再構成できないし、彼をせいぜい現実主義的政治家として認識させるものだが、その話と結びついた、どんなにその間確かな人気はあっても、妥当性のないエコロジーの論証も、その出所は不確定である。(11)

われわれはそのリストを、ルターに対してもなお、しかもまさに非常によく知られているものに関して延々と続けることができよう。実際、彼の人物をめぐって、さまざまな伝説的なことがある。例えば、ヴァルトブルクで悪魔にインク壺を投げつけたこと、「ワイン、女、歌」と題する学生の歌——一七七五年に初めてヨーハン・ハインリヒ・フォスの「ヴァンツベクの使者」の中で、ルターによって言い広められた歌として出てくる——、あるいは、一五二一年ヴォルムスにおける発言の最後の部分の長い形、すなわち、——ただ、「神よ、助けたまえ」ではなく——「われここに立つ、それ以外に為すことができません。神よ、われを助けたまえ、アーメン」[12]などである。ルターが「繰り返し」使ったという「慕わしき最後の審判の日」という言いまわしですら、それほど正確に典拠をあげることができない[13]。また、近年よく使われる「改革しつつある教会」という慣用句は、多くの説教者やドイツ福音主義教会総会参加者が固く確信しているにもかかわらず、歴史的にも、事実上も、ルターとは何の関係もなく、一九五二年のある記念誌の表題であり、明確に一七世紀の改革派的背景を持っている句である[14]。

しかし普通の典拠の疑わしい文書の場合に今や補足的に触れられるべきことは、書き換えをすることがより広い意味で、少なくとも部分的に当然ではないのかどうかである。それはいったいなぜ多くの後の時代の人びとにもっともらしく思えるのか。なぜその発言やその場面がそれほど執拗にこの名前に結びつくのか。典拠の疑わしい文書は、普通は憶測された原作者に、思想の一部であれ、あるいは単に一部とはいえない誤解であれ、何らかの要因によって結びつけられていると、われわれは推測せざるを得ないのか。こうしたひとつの、あるいはいくつかの関連した点がなければ、おそらくその人のものだとすることは、そう長く維持できないであろう。先に触れた平和の祈りがやはり何かフランチェスコ的な特徴を持っていることを誰が否定しようとするだろうか。他方、とりわけ非常に偉大な人物の場合、磁石のような引力が働き、それが間に合わせ的にその人の言葉とする結果を生む。そして極端な場合、繰り返しまた「中国の知恵の言葉」〔典拠不明の言葉に対してドイツ人がよく使う表現〕が逃げ道として現れる。

われわれの扱うりんごの苗木に関する「ルターの言葉」の場合、ルターに適合しているかどうかの問いが常にただちに特に強調される。その問いを持たないで、われわれは彼に由来するかどうかの問題を取り扱うことはまったくできない。なぜならば、その言葉はまったく驚くほどの意味の多様さと、また機能の多様さを特徴としているからである。すでに外面の形を見ると、そのことを認識できる――必ずというわけではないが――。最初に引用されたヴァージョンは、最も一般的なものとして確認された。そこで、「破滅する」という動詞の接続法が使われているが、これは最近では稀になっている。しかしそれは大して重要ではない。例えば、「もしも明日……」と言うのか、あるいは「明日……することを、たとえわたしが知っていたとしても」と言うのか、また、ある形の前に不変化詞を付けるかどうかも、例えば、「たとえ……」なのか、ただ「もしも……」なのか、「りんごの木」が問題なのか、あるいは「木」が問題なのかも、全体の理解に影響があり得る――必ずあるというわけではないが――。また、われわれが――強調してかどうかはさておき――「わたしの」なのか、あるいはただ「りんごの苗木」なのか、「それでも今日なお」と言うか、あるいは「なお今日」と言うかは、常に同じことではない。それでもやはり、その時々の文脈の中での意味は必ずしも常に同じわけではない。すなわち、両方とも高飛車な態度、あるいは平然とした態度を示すことがあり得る。その意味は、いずれにせよむしろ使用する際の状況と使用する人によって変化することが多い。したがって、その言葉は、さまざまにまったく違った表現をとることができる。すなわち、希望または諦め、服従または反抗、積極性または消極性、誠実さまたは圧迫に耐える態度、その他なお多岐にわたってである。われわれはそれをルターの生涯における出来事についての報告の一部として、「理想的場面」や彼による知恵の言葉として、言い表すことができる。そして、それだけをさまざまな仕方で象徴的に理解したり、あるいはそのまま文字通り取ったりすることさえできる。

ここでルターに近いか、ルターから遠いかを問う者は、これらすべてのことをよく考えなければならない。したがって、そのように問う者は、やはり最初から由来の問題を意味の問題に結びつけなくてはならない。そうすることによって、軽率にひとつに絞り込むことの危険は減少するが、考えなければならない可能性は、ここで完璧に入念に検討されなければならないわけではないにしても、多岐にわたる。背景にあるのは、その後間もなく繰り返し出てくる次の問いである。すなわち、われわれは誰のりんごの苗木と関っているのか。そして、その問いはまったく未解決の問いである。その問いは、かなり多くの人にとってはすでにきわめて外面的なことのように思えるかもしれない、ふたつの互いに隔たった可能性を含んでいる。すなわち、その言葉の起源はルターから隔たっているが、その使い方はルターの意味したところに近似している可能性か、さもなければ、その起源はルターと近い関係にあるが、その使い方はルターから遠く隔たっている可能性かである。しかし、それがルターに由来しないだけでなく、まったくルターの意味において理解されたり、使われたりしていないということも、最初から排除すべきではない。それが、まったくキリスト教的ではない、それどころか狭い意味における宗教的言葉でもないという可能性すらある。それはまったく別のところで探り当てることができるのかもしれないということである。

りんごの苗木がルターのものなのか、それとも誰のものなのか。この問いに答えようとする者は、その言葉の歴史を知らなければならない。さらに、すでに歴史的好奇心から、というよりもむしろ必要性から、その言葉のこれまでの、また現在の使い方の含意、使用範囲、そして背景を、ルターにふさわしいかどうかの疑問の視点から、より明瞭に知りたいという気がわれわれの中に起こる。その場合、われわれの世紀の人間がその言葉に出合った若干の錯綜した道に踏み込まなければならない。これは、三つの比較的大まかな段階を踏んで現れたと言われている。最初の段階はわれわれの扱うりんごの苗木の言葉の歴史の始まりを含んでいる。したがって、次の第二章は、その言葉が現れた段階、第三章は、その言葉が一般社会に突然現れた段階、最初に現れた言葉が定着する段階、つまり、ほぼ五〇年代の終わりに到達した状態、その状態は次第に一種の部分的な潜在的休止状態に移行していった。

そこで一時中断して、第二の調査過程においては、その言葉の、起源や痕跡になりそうなこと、あるいはおそらく現実の、あるいは見かけだけの類似した言葉の探求に取り組むことが、当を得ている。これらの調査の動きは、言うならば、確かにためらいがちに五〇年代に始まったが、五〇年代末には最初のピークを迎え[15]、その後りんごの苗木の言葉自体と同じように、退潮になった。後になってやっと人びとはその言葉を再びしばしば使うようになり、歴史的研究調査も再び始まったが、それらの研究調査によっては何ら新しいことはもたらされなかった。これまでのさまざまな解決の試みは、第五章で順を追って述べられ、互いに関連づけられる。第六章では、さらにわたし自身の見解も明らかにすることになる。

第三段階には、りんごの苗木の言葉が六〇年代から現在まで辿った運命が含まれる。したがって、第七章が扱うのは、進歩主義から限界意識までの変化と基本的態度を特徴とする退潮と再活性化の段階と、新しい使い方がされる、なお絶えることなく続く段階を扱う。この最後の段階は、確かに今やさまざまな現れ方をしている。すなわち、一般に流行している楽観主義や政治的な楽観主義のスローガンとして、多少なりとも文字通り受け取られた生態学的なスローガンとして、今や時には宗教的自然の象徴的表現の新しい傾向を帯びて、教会によって、また何か他の仕方で再活性化された希望の慣用句として、使われている。第八章では、なお若干の、最近の発展に関する観察結果が記録される。それは、おそらくその言葉が改めて使われなくなったことを示すであろう。確かにその言葉がルターのものだとすることに疑いが生じ、それが時にははっきりと否定されるまでになった。これはおそらく、その言葉がさしあたり使われないままになるように思われる、その潜在的な担い手集団の中の人生観の一定の変化によっても促進される。しかし、それと同時に以前の使い方の多くの習慣が依然生き続けていて、しかも随時使われるという態度も広まっている。したがって、ここでは一貫して同時に神学的な判断が求められている。世界のキリスト教、さらにそれ以上に、宗教改革の信仰の中核とされていることが、共に危機にさらされているのである。

第2章　出　現

——困難の中にある人びとへの慰めと勇気づけの言葉（終戦前から一九四六年まで）

1　史料状況と記憶

りんごの苗木の言葉の歴史を辿る際に、ルターからではなく、ドイツの二〇世紀から始めるということは、いずれ示されるように、十分な意味を持っている。しかし、それは、その言葉がすでに以前にあるいは他のどこかで成立していなかったのかという問いに対して予断を下すということではない。一般に、またまさにこの主題に非常に興味を抱いている専門家ではない人びとの目から見るならば、（言葉の）由来を歴史的に証明できるかどうかの問題に関しては、このような問題設定の場合、また一般に、警句として使う言葉や時として圧倒的に口伝の方法が問題である場合は、絶対的確かさにあまり期待すべきではない。時代的に先行しているとか依拠しているということが問題になる場合、われわれはまさにここで単に確からしいという判断および近似しているという評価を得るにすぎないのである。時にはそれは単なる推測に留まることもある。しかし正確さに対する要求は、迂回路をとることによって、まさにそれに関する裏づけをせざるを得ない。序に言えば、それに伴って常に生ずるのは、ほとんど果てしなく、また、しばしば書誌、図書館、文書館の探索から逃れた史料の中に首尾よくなお広く発見されるということ、あるいは、すでに以前探索されたものによってなお精密化し、あるいは訂正することに首尾よく役立つということに対する、暗黙裡の期待・望みである。

確かに今手にしている結果はわたしにはきわめて矛盾がないように思え、そこから成立した像の輪郭はきわめて明確に思えるので、おそらくまた後になお期待される発見もその輪郭を変えないどころか、さらに固定化するだけであろう。ただ、新たなルターの史料の、あの怪しげで、とてもありそうにない発見が一切を混乱させたり、あるいは、以前や後の世紀に現れた、まったく違う由来を疑いなく証拠立てる典拠が見つかったりする場合は、別である。いずれにせよ、これまでこの問題と取り組む時間が長く続いただけ、それだけ容易に、しばしば偶然の発見――他の発見も含むが――にさかのぼる後から加わった個別の知識が一層明確な全体像に整理された。未解決の箇所がいずれにせよ多く残っているが。

これは、まさにりんごの苗木の本来の歴史の起源に関して当てはまる。そして、この起源は、――反対の典拠に至るまで――きわめて高い確率で二〇世紀に、さらに正確には、第二次世界大戦終結からそれほどさかのぼらない時期に該当するので、ここでも扱われなければならない。かなり前に行われた起源に関するさまざまな仮説の議論は、したがって、さし当たって、後回しにしなければならない。起源に関する仮説の議論も提起された、使用の歴史の段階を扱うときまで、つまり五〇年代の終わりまで後回しにすることが最善の策である。それに加えて、その後に展開される伝承の歴史が再びこれらの仮説から影響を受けたことも考慮しなくてはならない。

史料状況からすると、りんごの苗木の言葉の歴史の起源は一九四〇年代でなければならない。ビュヒマンの『名言集』は、この言葉を一九七二年の第三二版以後掲載しているが――ルターの言葉というのは間違いとして、同時に可能性としてヴュルテンベルク敬虔主義の典拠を指摘しているものの――、その言葉は、「一九四五年以後」になって初めて急速に広まり、しばしば引用される言葉であり、その由来はルターとされるという推定を付け加えている。ただ、そのビュヒマンが持ち出した最も早い史料は、一九五〇年になって初めて（一九五六年ではないというのは正確な指摘である）[16]現れたものである。しかし、その言葉はすでに終戦以前にあった。しかも、印刷されていないが、手書きの史料によれば、すでに終戦以前――遅くも一九四四年秋――にあったということは同意されなければならないとされている。なおもう少し以前の証拠が発見されることが少しでも考えられるならば、その証拠に至るまで厳密にいつからという始期から始められなければならない。

その点で、わたしが一九七六年に行ったアンケートの際に得られたさらに古い時代の若干の証言者による情報によっても、何も変わることはない。それらの証言者はその言葉を、例えばすでに子供の礼拝の中で、あるいは堅信礼準備の授業の中で、つまり、一二歳かそれ以前の年齢で聞いていたと語っている。しかしそれは、その後再度の問い合わせで、すぐに撤回されたり、ほとんどきわめてあいまいな推測だったということになったりした。質問を受けた人のほとんどが、またいくらか年配の人びとも、次のように言い切ったことを受け止めることが一層重要である。彼らは、その言葉を一九四五年後の、しばしば一九五〇年後の時代に初めて知ったということである。

しかし、それに対して今や実にさまざまな証言が現れる。その中には、何人かの歴史的批判に習熟した情報提供者がいる。彼らは、その言葉を――ほとんどやはりルターの言葉として――明瞭な、また一部は細部まで裏づけを持った記憶によって、すでに以前「聞いた」と言う。すなわち、「教会闘争の時代に、おそらくまた戦争中に初めて」（ハンス・フォン・カンペンハウゼン）、さらに「わたしのギムナジウム時代（ギムナジウム卒業資格試験一九三九年）に」、それからもっと慎重な証言で、「戦争中、その言葉をしばしば聞き、自分でも使ったと思う」（ヨアヒム・レル）、あるいは一九三八年にローベルト・バッハ監督のもとで副牧師をしていたという明確に限定された時期（ラインハルト・フレーゼ）、あるいはほぼ一九四二年に「教会の青年たちの活動に携わるグループの中で」（ベルンハルト・ローゼ）、あるいは「一九三九年ごろにゲオルク・メルツから」（エドムント・シュリンク）、あるいはとにかく「確か……すでに一九四五年以前に」（ヴィルヘルム・シュネーメルヒャー）といった具合にである。

これに対しても、それらの証言の中には、あの時代に書かれた文書はひとつもない。しかし、一九四四年、あの――やはりまだ公開されない――文書の中に現れる前に、教会のグループの中でルターの言葉がある程度、少なくとも口伝えで広がりを見せたことを想定することは、何の問題もなく納得できる。同時に、印刷された証拠がまさに戦後の時代に発見されたことは、そのことと符牒が合う。

2　現在までの最も古い典拠

今やまさに五〇年代以前のあの最初の確かな典拠の場合、いったい問題になるのは何であろうか。その典拠は、カール・ロッツ（ヘルスフェルト）が書いた一九四四年一〇月五日付で、クーアヘッセン州ヴァルデックの告白教会の親しい人びとに宛てた、タイプライターで打たれた内輪の回状の中にある。それは次のような言葉で終わる。

「どうぞ、われわれの国民の緊迫した状況に直面して書かれたわたしの手紙を不愉快に思われませんように。われわれはおそらくルターの言葉に従わなければなりません。すなわち、『たとえ明日世界が滅びようとも、われわれは今日りんごの苗木を植えようではないか』[17]」。

カール・ロッツ（一八九〇―一九四六年）は、ハンス・フォン・ゾーデンスの後、指導的な三人委員会に属し、一九四三年以後領邦教会の全国評議員会議長であった[18]。この手紙は、意見の対立した状態にある教会の組織・人事問題、そして全国評議員会が教会委員会と領邦教会当局との間の難しい関係について報告している。この場合、問題は、確かに、ウルリヒ・シュナイダーが言うように[19]、「ほとんど陽気に」取り上げられる副次的争いや、「ファシストの戦争、ファシスト的教会政治、あるいはイデオロギー上・神学上の抗争」を避けることではなく、監督ヴルムの「統合の作業」と同様、終戦前の不利な外的状況にもかかわらず、多くの努力を払って作られた、将来のためのきわめて重要な意味を持つ「方向転換をすること」であった。クーアヘッセン州ヴァルデックにおける争いは、とりわけ「領邦牧師」と「領邦上席牧師」の問題をめぐってであった。われわれはどんなことがあっても依然力を持った「ノイバウアー博士」の影響を限定しようとし、その代わりその後領邦教会全体の監督になる「ヴュステマン兄弟」に注目した。われわれは、「ルターの言葉」を、この場合はまずおそらくこの——まったく教会政治上の——背景において理解しなければならないのであろう。親身な励まし（「われわれは……しようではないか」——ルターの表現として目立つが、後にも時折出会う）、共同してさらに仕事を続けること、また滅びの脅威のただ中で共同して新たな教会形成をすることが問題なのである。「今日われわれのりんごの苗木」という言葉は、おそらく少なくとも教会の将来の見通しを示しているのであろう。場合によっては、終末論的に熟考する「それでも」とか、「なお」というような繋ぎの言葉が欠けている。すなわち、それは行動に移されなければならないということだ。滅びつつある「世界」と「われわれ」は、その場合、おそらく、例えば「残りの者」の思想の意味で、教会のこの世における後輩へのほとんど隠すことのない正直な警告を含むある種の対立の中にさえあるのだろう。しかし他方、ロッツ——かつて第一次世界大戦の将校であり、広範囲に及ぶ国家に対する忠誠心をもっている[20]——の場合、やはりなお「国民」と国民の今後の生活に対して何らかの期待を持っていないということは、ほとんど考えられない。これらの牧師たちの世代全体の祖国愛においては、ある種世界の滅亡のような、次第にはっきりしてくる敗北の気分が起こる可能性があったにしても、それに対抗する思いがやはりしばしば頭をもたげてきた。しかしここではこれは明確ではない。りんごの苗木に関しては、何らかの奇跡的闘いの手段が考えられていたわけではなく、教会や教会を革新することに関するこれからの作業、そこからもちろんおそらく国民のためにも決定的なことを期待した、そうした作業が考えられていたことは、確かであろう。

われわれの年代研究において今や注目すべきことは、ロッツが彼の書物の読者、あるいは彼らの一部が一九四四年秋に「ルターの言葉」を知っていたということを前提にしているように思われることである。しかもそれがあまりに自明であるので、彼はそれをすぐさま「……われわれは今日われわれのりんごの苗木を植えようではないか」という、目前にある目的のために形を変えた表現にしているのである。これは確かに推測であり、かなり多数の読者にとって、あるいはほとんどの読者にとってさえも、その言葉はまだ知られていなかったかもしれない。それどころか、このロッツのヴァージョンは、これまで書かれたものとしては一番早い形であるとされてきたが、「原初のヴァージョン」と考えるのは逆に難しい。その証明になるのは、後半の文が促しへと作り変えられていること、その際、やはり異例な、主語を複数にして「……しようではないか」という勧奨法的言い方が使われており、また——後にホイマー・フォン・ディトフアトが、「だとしても……しましょう」と表現したように——きわめて通常の、勧奨法的ではない、主語が単数のヴァージョンを知っているということを前提にしている、文法的に収まりの悪い語法変換がなされていることである。

ロッツは、どこかでその言葉を読んだのか。あるいはただ聞いただけなのか。正確にはどういう形でなのか。われわれはこの場合、おそらく口伝の域からにすぎないが、その出来事がどれほど当時どこか他のところでも同じように（口伝で）起こったにせよ、その言葉が出現した出来事の証人であることは確かである(21)。この時期決定をあまりにも早い時期にさかのぼることが許されるかどうかは、疑わしく思われるかもしれない。というのは、スターリングラードと戦争の爆撃激化以前の、例えばなおフランスに勝利した喜びの時期に、そのような、世界の破滅についてそれが自明であるかのような話は、ほとんどのドイツ人にとってそれほど簡単に思いつくことではなかったからである。また、少なくとも公に、その際なお長い間口にされてはいないが、あまりにも声高に言われることは、確かにかなり危険なことですらあったかもしれない。というのは、そのようなことは、国防力破壊工作として解釈される可能性があったからである。しかし、終戦に近いころ、まさにやはりドイツで、ハンス・アスムッセンが四か月後同じように回状の中で表現したように、「一種の世界の破滅の雰囲気」[22]が広まったが、それをはっきり言うことを検閲官ももはや妨げなかったし、特に検閲官がそれを、ここでロッツがやったように、ルターの言葉の引用の形で隠され、同時にしかし積極的な表現法と結びつけられていることが分かった場合には、妨げることなどできなかった。

しかしそうなるとこれは、戦争の最後の段階では、「ルターの言葉」の存在がまったく例外として扱われていたことを意味しなければならないのか。すでに触れたように、すでに一九三八年と一九三九年、あるいはもう少し前に聞いたことを時に本当のように思い出した人びとに従えば、――これらの証人が最も早いのだが――この慰めの言葉によって克服されるべき、苦境にある教会の存続をめぐる心配のことを考えることができるであろう。その心配は教会闘争の際、戦争ということを配慮した慎重な態度を取らざるを得なかった時代であればこそのものであり、危機と宥和政策の時代にあまりにも人びとをとりこにした戦争に対する不安を背景にしていた。したがってプロテスタント作家ヴィリ・クラムプ自身も、「われわれが皆、それどころか多かれ少なかれ、世界が、いずれにせよわれわれの世界が、『明日』滅びようとも、という感情を持っていた、戦争のわずか前[23]」の時代にこの言葉を位置づけた。

3　終戦への一瞥

慰めと励ましがいずれにせよ一九四五年の終戦以前にただ時折証言された言葉の中に分かちがたく結び合わされていたのかもしれない。それにしても、その言葉を理解する場合、ある者は楽天的響きをより強く聞き取り、またある者は、恐ろしい状況のもとでやはりただおとなしく臆病であり続けたというような違いによって、おそらくすでにさまざまなニュアンスがあったのかもしれない。ディートリヒ・ボンヘッファーは、わたしの知るかぎり、彼のもとでは、確かにりんごの苗木の言葉を見出すことはできないが、「一〇年後。一九四二年から四三年の年の変わり目における弁明」（一九四二年降誕祭）というメモ書きの中で、最初の方向〔楽天的響きを聞き取る方向〕に強調点を置いていた。すなわち、

「われわれに残っているのは、大変狭い、ある場合にはなお恐らく見いだすに困難な道、すなわち、その日その日を終末の日であるかのように受け取り、しかも信仰と責任において輝かしい未来がなおあるかのように生きる道だけである(24)」。

その際彼は預言者エレミヤの禍いの預言と将来のしるしの間の「逆説的矛盾」のことを思い起こすが、しかし、やはりその純然たる逆説を乗り越えている。すなわち、

「悲観的である方が、むしろ賢明である。……しかし、将来への意志としての楽観主義は、たとえそれが何度誤りとなろうとも、軽蔑すべきではない。なぜなら、それは病人からうつされることのない生命の健やかさであるからである。より良いこの世界の将来を望むこと、またそのような将来のために準備することは不真面目だと考える人たちや、それが不信仰だと考えるキリスト者がいる。彼らは、混沌、無秩序、破滅を現在の意味と信じて、もしくは、生命の保存・新しい建設・次代の人びとに対する責任から逃れて、諦めもしくは敬虔を装ったこの世からの逃避に日を送っている。終末の日が明日突然来るということであれば、われわれは喜んでより良き将来のための仕事を放棄しよう。しかし、それまでは、そうしようと思わない(25)」。

明確な、ほとんど反抗的な怒りをもって、ボンヘッファーは全般的に破局的な虚無主義とこの世からの逃避から距離を置いているばかりでなく、また、——少なくとも一九四二年末はまだ——告白教会の中の人びとで、われわれが知っているように、その他の点でやはり手をこまねいて、この世の将来について考慮しないわけではないが、にもかかわらず極めて強い永遠への憧れという敬虔の特徴を持つ人びととは違っている。例えば、バルメンの牧師カール・インマー（父）は、一九三六年に、「わたしの地区の告白教会の」夕べの「集会において、互いにさらに高い故郷への道を辿っている者たちの結びつきと理解がいかに強いかを知った(26)」という経験を書いている。その後、生き残りとさらなる活動への希望が完全に消えることはなかったが、戦争経験に関して、キリスト教界のさらに広いグループの中でも、意識の終末論化、まさに黙示録化が強まった。例えば、ペーター・ヨーク・フォン・ヴァルテンベルクのもとに集まったクライザウ・グループから、「他の多くの人びと同様、彼も当時、人びとは世界と時代と彼ら自身の存在を永遠の相のもとにじっくり眺め始めた、という状態であった(27)」という証言が出ている。次第に暗くなっていく時代の中からあのエレミヤの「逆説」を支持するさまざまな表現形式をとった多くの証言が出ているが、しかしまた何を中心に見ているかについて、その方向もさまざまである。ハンス・アスムッセンも――ボンヘッファーと同様に――あの手紙の中で勧告している。すなわち、

「あなたがたは、われわれが間もなくこの世を去らなければならないかのように振る舞いなさい。しかしまた、神があなたがたを通してこの地上でなお大いなることを成し遂げようとしてくださるかのような態度でいなさい。われわれは皆生きることを望む。これは永遠の栄光に対する望みときわめてしっくり調和する態度である(28)」。

しかし、主旨は違ったものである。アスムッセンの反抗は、一九四二年末のボンヘッファーに対して反対の方向を追求している。すなわち、

「したがって、われわれは、その日がいつ来てもよいように、われわれの主の前に進み出る備えをしなければならない。……しかしまた、われわれの主がわれわれの目の前に現れることを喜ぼ

うではないか。……世界がわれわれにとって破滅するならば、その同じ瞬間にわれわれにとって神の国が始まるであろう。そしてわれわれは喜びに充たされるであろう。われわれが、一〇〇〇、また一〇〇万の罪人がひるむ一瞬のうちにわれわれの頭を上げ、悪魔の裏をかこうではないか[29]」。

こうして、ボンヘッファーもアスムッセンも、またおそらくなお当時の他の人びとも、その言葉を推測したり、あるいは彼がそれをすでに知っていると推論させたりしないで、りんごの苗木の言葉を強く思い出させる文章を書いた。その際、今日、また八〇年代においてほとんどその言葉と結びつけられた態度を考えると、ルターの言葉をアスムッセンよりもボンヘッファーと和解させる方がいくらか容易であろう。アスムッセンの方がより力強い永遠への憧れを抱いていた点で、ボンヘッファーと違っていた。

しかし、今や、三〇年代の終わりに、その言葉が教会内で、少なくとも口頭で使われたことはあまり信憑性がないと主張され、戦争の終結の段階で、ロッツと共に前提とされ得るように、ただ狭い範囲にしか広がっていなかったとしても、その言葉の理解が、すでにその場合、一定の範囲――ボンヘッファーのより強くこの世への志向を持つ理解とアスムッセンの再臨への望みを示す理解の間――を動いていたということは、やはりあり得ることである。この場合、この言葉を用いた者の多数がたとえばどこに強調点を置く傾向があるかを、さらにあれこれ詮索することは、われわれが彼らを知らない以上、許されない。何はともあれ、この言葉の使用は、ボンヘッファーに比べていくらか強く黙示録的傾向を持つ歴史理解に結びつく可能性があったということは、後にたとえば、ハンス・リリエ、グスタフ・ハイネマン、またクアト・シャルフの場合に見られる。シャルフの、「報告、解釈、全体の観察の壮大な統合」による教会闘争以降の「状況報告」について、ハインリヒ・フォーゲルが一九六二年に書いている。

「これらの報告は、――これを黙っていてはならないのだ――人情味豊かな管区長の陰気な眉毛をした顔つきで時にあまりに黙示録的色調を帯びて言われたので、人びとは、その同じ日の夕方にすぐにこの世の終末が来なかった時はいつも、当然驚いたであろう。しかし、またこうも言うことが許されるであろう。終末論的に規定された教会の存在を――少数の他の者たち同様――まさに来たりつつあるキリストのしるしにおいて肯定的に捉えているシャルフは、それでもなお繰り返し、父なるルターが、周知のように、誰かが彼に『明日終わりの日が始まるであろう』と言った場合、植えようとしたあの『りんごの苗木』のことを信じていると繰り返し公に告白した(30)」。

もちろん、シャルフが、――フォーゲルもまた――すでに戦争終結以前にその言葉を使ったか、あるいは知っていたかは、もはや突き止めることができなかった。

したがって、これらの周辺への目配りは必要なことではあるが、りんごの苗木の言葉が戦争終結以前に現れたことを示す証拠の根拠としては非常に弱いということを直視しなければならない。それは、確かにあの当時の散逸した文書による証言を実際に大規模に計画的調査をすれば、個々の、またさらに彼らの仕事の下請け的協力者を見出す可能性は十分あるが、しかも、それはおそらくまったく偶然でもない、という事情に関係している。ただ手紙、回状とその類いのもの、また二、三人の時代の証人の証言にならった証言にすぎないものからだけ知られることは、十中八九当時まさにまだ取り立てて公表されていなかったということである。加えて、確かに沈黙から、証拠として認められない多くのこの早い時期に問題になる間違った知らせという考え方もできる。尋ねられた者でそうした当時の圧迫下の教会に属していた者に関しても、彼らはそのような言葉をけっして見逃さなかったと、われわれは推察したいのである。

とにかくわたしには、すべてが、りんごの苗木の言葉は、すでに一九四四年秋の少し前に、ルターの言葉としても、存在したことを支持しているように思われる。しかし、この言葉は、それが現れた過程の初期の段階において初めて、存在したのであり、その初めに関しては、さしあたり推測することしかできないのである。

4　最初の印刷物

とにかくこの言葉が外部に向けて出現するのは、遅くとも戦後最初に印刷物の形をとって現れた際のことであった。ただ、この公刊物も当分はなおかなり限られていた。つまり、教会の範囲、その――内部の――枠内であったものがやっと次第に乗り越えられたということである。この際ついでに言えば、その言葉によって元気づけられるような他の言い方もあった。例えば、ティリッヒの友人へルマン・シャフトが用い、ある意味では類似の、また対照を含んだ表現、つまり「慰められた絶望」(31)

のような言い方である。しかし、りんごの苗木の言葉の方がこれから先、盛んに用いられる勢いはあった。

当分は確かにこの言葉がたまにしか現れないという事態が相変わらず続いた。われわれは依然としてきわめて乏しい回想を頼りとし、史料がなく困り抜いた最初の時期には、頼りにするのはただ偶然の発見だけであった。それは、教会ジャーナリズムの情報網が、紙不足や人びとの交流範囲が地域的・地方的に分割されていたことにより、依然として欠けていた事情を考えれば、驚くことではない。さしあたり比較的重要なナチ時代よりも、はるかに多く戦後初期の長い期間の文書保管と調査研究の欠けが、埋め合わせされるべきであったし、今もされるべきである。

りんごの苗木の言葉を印刷したカード、それは、さまざまな発行所からのも、外国のも、最近ではローマ・カトリックのさえあるが、それらのカードを集めたわたしの個人的コレクションの中で最古のものは、ライプツィヒで発行されたものである。そのカードは、ハノーファー教区の監督の妻、ハンナ・リーンホプの遺品の中にあったもので、一九四四年秋のロッツの手紙によれば、最初の使用例として戦後初期に属するものである。ひどく粗末な紙に印刷され、三条の陽光に向かって伸びる、若い、まだ杭に結びつけられたりんごの苗木を描いた綺麗な影絵の下に、手書きの飾り文字で次の格言が読める。すなわち、

たとえわたしが明日世界が破滅することを知ったとしても、
今日わたしはわたしのりんごの苗木を植えるであろう。

ゲルダ・フィッシャーにより作成されたカードは、女子聖書サークル（MBK）が、教会の婦人労働のための教会の部局の傘下に入る以前に依頼して、カール・ハイザー社から発行したものである。そのことについては、その後、復刻版（ほぼ一九五一年に発行され、今やアンチック体で書かれている）が証言している。しかし、カードの初版は、発案者のリーゼロッテ（「リロ」）・ザスマンへの、そのつど変わる奥付とソ連軍の管理による検査番号の意味についても行われた問い合わせで明らかになったように、一九四六年に発行されたようである。ついでに言えば、それはヘッセンの人からの提案にもよったようである。(32) 直接の共通の経験の思い出から証言されているように、当時、個人さらにまた教会が困窮状態にあった中で、このカードは、挨拶や部屋の飾りとして、異例な慰めや元気づけの力を示したに違いない。後にもなお――改めて思えば――そのメッセージがMBKの働きに重要な役割を果たした。

ライプツィヒでおそらく一九四六年に発行されたその言葉が入ったカードの初版は、そもそもわれわれの二番目の使用例であるが、ドイツの、より遠隔地において読まれる可能性があったとすれば、りんごの苗木の言葉は、あるいは他の場所でも他の方法でも――たぶん地方の教会の報告や掲示によって――おそらくきわめて限られた文書の形で広がったのであろう。しかし、戦後数年間はそれを支持するような証拠は見出されなかった。それを見出すことは困難だったのであろう。それでも、調査は決着がついてはいない。われわれの論述にとっては、早い段階の印刷された証言として、あのカードがもつ一定の例外的性格は、次のような現実的推定と結びつく。つまり、一九四四年一〇月のロッツの手紙によって確認され、少なくとも口伝えされたこの小さな流れも、終戦後の数か月と最初の数年においても、ほとんど涸れることなく、流れ続け、幅が広がって、何時の時か口伝えと限られた文書の形から、さらに広い範囲に、また文書によって知られるような流れにますますなっていったという推定である。

第3章 使用範囲の一般社会への拡大
――生き残った人びとと生活再建を目ざす人びとにとっての希望のしるし（一九五〇年まで）

1　逃亡と追放に対するひとりの著名人の言葉（一九四七年）

「一九四五年以後」ルターのものとされるようになったりんごの苗木についての言葉は、「急速に広まり、しばしば引用されるようになった」というビュヒマンの書物[33]の中のいくらか不確かな報告は、これはすべて戦争直後の時代に起こったことであるという推測をもたらしかねない。わたし自身も最初は、その言葉は「第二次世界大戦直後に突然広まった[34]」と考えていたが、これはやはり軽率だった。テオドール・クノレが一九五四年に行い、一九五九年になってようやく刊行された「伝説的なルターの言葉」という講演は、長い間われわれの抱いていた疑問に対する最も注目される説であり、彼は、「何年か前からこの言葉は繰り返し引用されている[35]」と言ったが、われわれは、これは一九四五年直後よりもむしろおよそ一九五〇年ごろとせざるを得ない。それは、史料状況から明らかであると同時に、わたしの行ったアンケートに対する回答が蓄積されているが、それらによると、回答者はその言葉を一九五〇年ごろ、あるいはその後間もなく初めて聞いた、あるいは読んだと言い、一方四〇年代後半と答えた回答者は少ないということから明らかである。さらに、これは、一九四五年以前の時代の証言が乏しいこととも符牒が合う。それは、後になお扱わなければならないことだが、その言葉の突然の出現は、本来的な意味の起源と違うばかりでなく、より広い範囲で公にされたことが、最初教会内部で聞かれ、語り継がれ、読まれ、書き継がれた経過とも違うはずだということである。広がった経過は、明らかに一定の時間幅にわたるものであった。その最後のところで初めて、実際の公表が、教会外にまで及んで起こったということである。

そうなったのは、ようやく戦後何年もたってからであった。その際、さらに特定の促進要因、特に名声の高い、また公表好きのハノーファー領邦教会監督ハンス・リリエ（一八九九―一九七七）が、重要な役割を果たした。ついでに言えば、二、三のわたしの話友だちはリリエの関与、また彼のルターの媒介者としての役割に圧倒的感銘を受けたので、彼らは、その言葉がルターに由来しないとすれば、リリエがその言葉を作り出したのだという意見であった。わたしは、それについての確信はなかったが、この推測を、一九五〇年に確かに出現したことに関して確認する問い合わせと結びつけて、引退した監督になお示すことができた。そして、彼以前にすでにグスタフ・ハイネマンがそのルターの言葉を引用しているという回答を得た（一九七六年二月二四日）。

この言葉が戦後の比較的早い時期に知られるようになったわりには、すでに述べたように、ほんのわずかの、今日では見分けがつきにくい痕跡を残したにすぎないと言ってもよいし、おそらくさしあたりむしろ周辺的出来事であったように思われるが、それに対して、今あるのは、一九四七年に出版された、信頼でき、まさにきわめて重要な史料、つまり、レナーテ・（フォン・デア・）ハーゲンの小著、『火の柱』である。これは、福音主義の出版社ギュータースローから刊行されたものである。ラインハルト・ブライマイアはすでに彼の未刊行論文(36)の中でその小著に注意を喚起し、われわれの格言に関する句を敬虔主義的修辞法の影響史の対象として解釈した。

『火の柱』は、当時よくある出来事に関する稀有な報告である。例えば、自分の四人の子供を連れたひとりの母親が東から西へ逃亡し、財産を没収され、追放されて赤貧へと追いやられた話。辺境の土地で公務員としての責任をもっていた地方生活の崩壊、その生活から夫はソヴィエトの占領後二、三週間して拘束・連行された話。道を誤り、危険に陥り、生き別れ、引き渡され、ニーダーザクセン地方できわめて惨めな避難所生活を送るに至るまでの話。それは、外面的には貧しいが、内的には豊かにされ、信仰の慰めによって誘惑を克服する年月に終始する歩みである。非常用の手荷物の中にどの子供のためにも入れた聖書と、心の中に記憶された詩編と共に、オデュッセイアは精神的出エジプトとなる。その婦人は、自然の中にも、また、馴染みのない人びとの情け深い身振りの中にも見られる警告の合図に対する醒めた意識をもって、心の中に見える火の柱に従う。多くの人びとの心に、また青年であったわたしの心にも、当時直接感動を与えた十分に信頼できる記録である。

戦闘と略奪と彷徨の数週間後、その家族は一時的に彼ら自身の家に戻ってきたが、内面的にはその家からすでにまったく解放されていた。すなわち、

「わたしたちは神がわたしたちに与えてくださったものをすでに神にお返ししていました。そし

てそのことによって、神はわたしたちに大変多くの喜びを贈ってくださったのです。わたしたちは憤慨しません。なぜなら、神は、ご自分のものを再び奪われるからです。神はその代わりにいくらか別のものを贈ってくださいます。つまり、深い内面的な満足です。

間もなくわたしたちの家には新たに軍隊が配備されます。わたしたちは再び引っ越します。その家を去るのは三度目です。それでも、わたしたちは根無し草になったわけではありません。つまり、わたしたちはなおわたしたちの足の下に故郷の土を感じます。畑では再び仕事がされるでしょう。そして、わたしは庭にトマトとキャベツを栽培します。

ひとりの著名な人が言います。『たとえわたしが明日世界が滅びることを知ったとしても、わたしは今日それでもなおわたしのりんごの苗木を植えるであろう』と。神によって安らぎが与えられた心は、将来を問いません。その心は将来を左右する何の力も持たず、その日必要なことをします(37)」。

著者がどこからその言葉を手に入れ、聞き、読んだかは、残念ながらもはや突き止めることができなかった。また、その言葉がすでに一九四五年の春と夏に彼女に知られていたのか、また場合によっては、当時なお昔の故郷で用いられていたのか、あるいは、彼女はその言葉を何か月も後になって初めて、西側で最初に執筆する際に使ったのかということも、依然不明である。その言葉が本文の中で、第二章の最後にある追加の説明文「あなたの父の家から出て行きなさい」と共に目立った位置にあるということは、どちらかと言えば、後者の可能性を示している。それは、前者の可能性にはいささかの示唆も言及されていないだけになおさらである。[38] いずれにせよ、われわれは、われわれには知られていない、たぶん口伝によるその言葉の出現に対するもうひとつ別の初期の史料を持っているということである。この福音主義の女性キリスト者にとって「著名な人」の背後に隠れているのはマルティン・ルターである可能性がきわめて大きいと推測される。というのは、他の真に「著名な」名前がこの言葉と結びつけられることは、他の事例でもけっしてないからである。彼女が誰かの名前を言うことはほとんどなく、もともと最終的権威として聖書だけを拠り所としているのは、この著者のいくらか余韻を残す漠然とした表現法に適合している。ついでに言えば、この言葉がルターのものであると最初に指摘したのは誰かという問題には触れられないであろう。そのような問題は、結局、一九四四年一〇月にヘッセンの教会から出された回状によってつとに確証されているし、それ以外でも断片的記憶から証明されている。しかし、一冊の本にこれまで初めてその言葉の引用がされた際に、その言葉が単に「著名な人」に帰されただけで、読者は、だからといってルターとの関連を伝えられたわけではなく、自分で推測しなければならなかった。多くの者は、もちろん――彼らは一般的にやはりその言葉が誰のものかということをとかく問いがちであったが――この聖書的・福音主義的、またルター訳聖書の特徴のある本文によって自ずと宗教改革者のことを考えたであろう。以前すでにヘッセンにおいて、また一九四六年にライプツィヒにおいて公にされた伝承に触れていた者は、いずれにせよそう考えた。

今や重要なことは、その小著が大きな反響を呼んだということである。そのようにして、書物の少ない時代にりんごの苗木の言葉は多くの人びとに伝えられた。一九四七年と一九五四年の間、確かめられるかぎりで、九版、五万六〇〇〇冊が出版された。一九四八年の第二版後、一九四九年だけで三つの版が出され、一九五〇年の第六版はすでに三万三〇〇〇冊から三万七〇〇〇冊までになった。この書物の普及は、一九五〇年まで加速され、その後なお高い水準を保ち続けたが、これをその書物に含まれたりんごの苗木の言葉の普及の歴史と関係づけることは、きわめて注意深くなされるならば、おそらく許されるであろう。両者は簡単には符合しない。というのは、もちろん重要な伝承の筋道を伴ってであるが、確かに他の出現の道もあったからである。われわれはここで確かにどのように結びつくかという問題には触れないけれども、――いずれにせよ、一九四九年と五〇年に版を重ねていることは、先に触れたクノレの考察と符牒が合っている。その小著はしばしば贈り物とされ、教会的環境の範囲を、さほど大きくはなかったが、越えたことすらあった。福音主義の読者層の中では、それは最もよく知られ、何年間にもわたる有力な文書証拠であった。それは、わたしがたとえば著者が属していたヴェストファーレン、またハノーファーの教会から知られるように、教会のサークルの中で朗読の材料としてさえ用いられた。また、当時「ルターの言葉」の普及に関わっていた教会の指導的立場の人びともそのことを確かに知っていた。特にハノーファー領邦教会監督（一九四七―一九七一年）、またルーテル世界連盟議長（一九五二―一九五七年）の立場にあったハンス・リリエが、一九四七年以来彼の領邦教会に属するある活動的メンバーによって出版され始め、また一九五三年にアメリカのルーテル教会の出版社から翻訳出版された(39)レナーテ・ハーゲンの小著を読まなかったことは考えられないように思われる。そこから、リリエがその言葉の引用を直接的にか間接的にか、その小著から得たと推論することは、絶対とは言えないが、その可能性を排除すべきでもない。

2　西南ドイツの田園詩と知られざる啓蒙家（一九四八年）

戦後期のりんごの苗木の出現の歴史においてまったく別の分野の例として、われわれは――レナーテ・ハーゲンの教会内の証言報告の一年後――一九四八年にフリッツ・カスパリによって書かれた『実り豊かな庭』という書物を持っている。[40]この自然に即応した庭仕事への、特に人智学の影響を受けた浩瀚な手引き書の中に、最初にわれわれの取り上げている言葉がモットーとして、もちろん特徴的な別の言い回しではあるが、見出される。すなわち、

たとえわたしが明日世界が滅びることを知ったとしても、
それでもわたしは今日なお木を植えるであろう。

その書物の中に、意外な、また後になお検討する、その言葉の由来を示す署名が書かれている。すなわち、詳しい発見箇所は書かれてないが、[41]「フリードリヒ・ラウクハルト（一七五八―一八二二年）」と。他の出版社から刊行された後の版（一九五五年、一九六〇年、一九六四年）では、確かに「マルティン・ルターの卓上語録」に変えられている。しかし、庭という主題をめぐる他の刊行物の中で、ラウクハルトにまでさかのぼる点で模倣者がいた。すなわち、ゲルダ・ゴルヴィツァーが一九五六年に書いた彼女のアンソロジー『庭の楽しみ』[42]の中で。また――それと形が同じであるが――、一九六二

年に出た庭の文化史（『楽園の夢』）の中で。これは、人気自然詩人、小説家、旅行作家のフリードリヒ・シュナック（一八八八―一九七七年）の書いたものである。彼はまずその言葉をモットーとして載せ、それからラウクハルトを本文の中で、イエスと並ぶほどの永遠の庭師の型へと様式化している。すなわち、

「彼は庭の希望であり、彼は永遠の人である。庭師がいつの日か死ねば、世界は終わりである。彼は世界の滅びるまで、植え続ける。庭師フリードリヒ・クリスティアン・ラウクハルトは告白する。『たとえわたしが明日世界が滅びることを知ったとしても、わたしはそれでも今日なお木を植えるのだ』と。その書物は、墓の中から甦られたキリスト、その受難はゲッセマネの園において始まったのだが、そのキリストは女たちにとって、庭師として現れた。すべての庭師は互いに友だち同士であり、公開の密儀集団を作っている。すなわち、その象徴は木、花、実であり、彼らの国はこの大地から成っている。彼らの主人たちは死ぬが、庭師たちは生き続ける[43]」。

われわれは外見上は似ているが、しかし非常に違った、グスタフ・ハイネマンによってしばしば使われた文章、すなわち「あなたがたの主人たちは行くが、われわれの主は来る[44]」という言葉を、一九四八年カスパリに由来する、木を植えるべきことについての「ラウクハルトの言葉」の使用に表現されている反終末論的特徴を認識するために、思い出すまでもない。それは、カスパリの場合は、もう少し思慮深く、あるいはもっと自然主義的にも理解されているが、しかし、シュナックの場合は、さら

に自然と関連すると同時に自然から解放されたヒューマニズムの意味が強調されて理解されている。そのヒューマニズムは、たぶん神秘的・宗教的言語象徴を用いているが、もともと神との本当の関わりを持つ宗教的存在が示されているわけではない。レナーテ・ハーゲンの場合は、彼女の感情的、また自然に向かう実践的な態度は信仰深く、試みの中で神に慰めを与えられている表現として理解できる点でまったく異なる。りんごの苗木についての彼女の解釈は、時代を反映して確かに、滅亡に直面した状況というひとつの「元型的な状況」[45]の中ですら行う植樹と「愛する国」[46]の建設の出来事とがぴったり合致しているが、その状況は、聞くことと祈ることという本来教会で行われることによって、拡大解釈されている。

したがってわれわれは、単にカスパリの書物（一九四八年）がハーゲンの書物（一九四七年）より時間的に後であるという事実だけから、前者が後者に文章上依存する関係にあると推論することに躊躇を覚える。にもかかわらず、ハーゲン、カスパリ、ゴルヴィッツァーの場合、「それでも今日なお」という言葉の配列が著しく似ていることから、何らかの関連を推論したくなる。しかし、これでは類似点が少なすぎる。そして、「著名な人」という不確定な示し方に基づいて、ルターのような人物ではなくラウクハルトのような人物を考えることは、著名さの違いを見ると、さほど容易に理解できることでもない。さらに一九四八年に印刷・出版された比較的頁数の多い本の場合、通貨改革の前であろうと後であろうと、印刷に出されてから出版されるまでの期間がどうしても長めになる可能性があり、その結果、前年の――きわめて違った種類の――出版物による影響はさほどありそうにない。しかし、その影響をまったく排除すべきでもない。なぜならば、モットーというものは最後に付けられることがあり得るからである。同時に広く普及したハーゲンの小著から間接的にさらに思想が伝わることはこの場合、考えられることである。

こうしてここでおそらくなお別の出現が起こったのであろう。おそらくすでに文書以前の段階で、もはや解明できない変形が起こる可能性があった。レナーテ・ハーゲンは彼女の側でむしろ自然に関する思想の世界の領域から引用句をもってきて、彼女にとってより重要な聖書の世界へと変形させて取り込んだという可能性を、まったく排除するわけにはいかない。われわれはこのすべてを知っているわけではなくて、さしあたりさらに、庭に関する書物に見られるように、すでに早くからさまざまな筋道を辿った普及の歴史を問うこととする。それはやはり、この言葉をラウクハルトに由来するとすることは、周縁的なことであり、この言葉が有名になったのは、もともとルターの言葉としてであったからこそなのである。

3 一九五〇年の聖霊降臨祭――政治、文学、青年

したがって再び水量の増した主流に目を向けよう。われわれの行ったアンケートの中では一九五二年のハノーファーのルーテル世界連盟第二回総会、ドイツにとってはそもそも最初の世界的教会集会であるこの総会が想起されることが多かった。多くの参加者にとって印象的だったのは、ドイツ連邦議会議長ヘルマン・エーラースが挨拶の言葉の中で、われわれの取り扱っている言葉を用いたということである。確かにこれはすでにひとつの極めつきの出来事であり、一種の国際的確定の意味があっ

た。これに対してドイツにおけるこの言葉の出現は、もっと早かった。その場合、その言葉と結びついた催しはなるほど大衆的性格を持たなかったが、それでも若干の影響力を持った。その催しは、一九五〇年に行われた。

アンケート回答者の多くは、彼らの記憶によってむしろ共通して「およそ一九五〇年ごろ」にマークしたが、そうさせたのは何か、われわれはこれを具体的に示そうとすれば、可能である。特にこの年の聖霊降臨祭の時期がわたしには重要であるように思われる。そのころ、きびすを接して次々に注目すべき、この言葉を引用するケースが生じた。その証言者たちは今日でもなおその言葉が使われた新鮮な感覚を思い出させる。ひとつの例はあのビュヒマンを通じてすでに知られている。われわれは、当時の周辺の事情をも視野に入れるために、ここから始めることができるだろう。

エルヴィン・ミュールハウプトは彼が一九八六年に刊行した論文の中で、この論文に対してビュヒマンによって依然誤った引用がされている部分[47]を注記なしに訂正しつつ次のように述べた。

「この言葉を取り上げたとわたしが証明できる最初のジャーナリストはティロ・コッホであるが、彼は北西ドイツ放送局の一九五〇年春のある番組の中でそれを持ち出しました。だからわたしは彼にあえて質問しました。この情報をあなたはどこから得ましたかと。彼は親切に次のように答えました。『いくら思い出そうとしても、わたしはその言葉をどうして思いついたのか、もう思い出せません。もしわたし自身がそれを考えついたなら、確かに素晴しいのですが』と。ティロ・コッホの番組をいくつかの詩を発表する機会として利用し、同じ詩を一九五〇年五月二六日付でティロ・コッホに送った最初の作家・詩人は、有名なゴットフリート・ベンです」(48)。

ここで記した事例は、一部分忘却の闇の中に消え去るように思われるが、その後年月が経つうちに、りんごの苗木の言葉が周知の言葉となり、理解され、誰のものかが確定されるために、実際おそらくきわめて重要だったと思われる日付の順序へ目が向けられるようになる。その場合注意すべきことは、一九五〇年の聖霊降臨祭のころの歴史的状況下の気分と気遣い、それに対する教会内の反応であるが、もちろんしかし、ティロ・コッホによってゴットフリート・ベンが触発された詳細な状況もである。

この点は、つまりミュールハウプトに対するコッホの消極的反応にもかかわらず、徹底的になお明らかにできるし、それに対応してベンの出した版の中の解説が改訂されなければならない。ベン全集のシュトゥットガルト新版は、ベンがよく使う便箋からとった一九五〇年という日付の自筆原稿による詩の正確なテキストを提示した。

ルターはりんごの木で何を考えたのか
わたしにはどうでもよい――たとえ破滅が夢であろうとも――わたしはまさにりんご園の中に立っている
しかも破滅を泰然として待つことができる
わたしは神の御手の中にある、神は世界の外におられるが
なおご自分のカードの中に少なからぬ切り札を持っておられる――

もし明日朝世界が破滅しても――
わたしは依然として永遠で、恒星のように変わらない――

そう　彼は考えたのか、あの年老いた正直者が
そしてもう一度彼の妻ケーテを見つめたのか
そしてもう一度ジョッキ一杯のビールを飲んで
仕事を始める――早朝四時くらい――まで寝てしまうのか
それならば彼はとても偉大な男で
今日でもわれわれは彼のことを尊敬することができる(49)

この詩の解説をここで詳しく述べることはできないが、しかし――以後の時代にも目を向ければ――りんごの苗木の言葉についてここに示されている理解の特徴はやはり明らかなはずである。つまり、これまで論じられてきた例の場合とは違って、ベンのルターにとって、その叙述の仕方によれば、けっして可能法、あるいは非現実話法（「たとえわたしが……を知ったとしても」あるいは「たとえ……が滅びるとしても」）ではなく、彼にとっては確かに切迫した現実であり、夢として片づけてしまえるようなものとは違うものである。木を植えることについては直接的にはまったく触れられていない。しかしルターがもしかするとしたかもしれない他のことについて、それだけいっそうはっきりと言っている。詩に出てくるルターは、「明日の朝世界が滅びる」ことを本当に正確に知っているし、彼のり

んご園の中に泰然として立っている（「われここに立つ」という言葉を参照せよ！）。妻を見つめ、いつものようにビールを飲み、頓着せずに横になり眠る、「仕事を始める——明日朝四時くらい——まで」。ここにひとつの態度が現れている。それは、世界の内部に何らかの出口があることを考えず、また変えることができないことには泰然として耐えるがゆえに偉大な態度である。ベンの徹底的悲観主義に、ルターが世界の外でなおご自身のトランプカードの中に切り札をいくつも持っておられる神の御手の中に永遠に守られていることが加えられているが、それは感嘆の対象である。たとえその感嘆が空々しいものだとしてもである。ともかく、ベンの詩は、まさにその第一連で、ルターの態度をさまざまな視点から見てけっしてそれほど悪い意味で捉えてはいない。ここで牧師の息子の単なる回想以上のものが表明されているのか、そうではなく老人の隠された宗教的憧憬のひらめきが言い表されているのか、不明なままであるのは仕方がない。このことに対して時に推測をするクアト・イーレンフェルトですら、その点について意見を出さなかったようである。

アルブレヒト・シェーネ[50]がまさにベンの、少し後に書かれた詩についても言ったことは正しい。すなわち、「ベンが彼の読者に提示したことが、彼らの神への信頼や彼らの人間愛を促すことはおそらくないであろう。というのは、詩人が世界を変えることができるとは、ゴットフリート・ベンは信じていなかったからである。彼の『賛歌』は、変えることのできないことに耐え抜く者を賛美している[51]」と。そして、——一九八六年——ベンが置かれた新しい現実に次のことを補足する。すなわち、「自信が失われ、人間の進歩の中で絶望が生じる嫌な時代に、滅びに囚われているこのメランコリックな冷笑家、絶望という原理を宣べ伝えるストイックな黙示録信奉者の時間が到来する」と。

さて、基本的にはすでに触れた園芸愛好家や教会人たちとは明らかに違う姿勢をもっていたベンが、ティロ・コッホからりんごの苗木の言葉を理解するためにひとつの基準を聞いたことによって、また彼がもう一度解釈した仕方によって獲得したのか。幸いなことに、コッホはわたしにすでに一九七五年のクリスマスにかつての北西ドイツ放送（ベルリン局）の彼によるラジオ放送のテキストを、やや古い写真複写の形で残してくれていた。その複写はおそらく後にミュールハウプトが問い合わせたときには彼が持っていなかったものである。そういうわけで、事の真相は今でもなお再構成し得る。まずその原稿から明らかになることは、それは完成された「放送用講演」ではなかったし――それはさらにベンの著作集やビュヒマンの書物の中でも明らかであるが(52)――、かといって、まして「ルターの言葉を扱った放送用考察」でもなく――それは一九五七年のリーメスによる書簡選集やさらにイーレンフェルトの書物でも明らかであるが(53)――、「ヘルマンスブルクにおける討論」という討論会のための一〇分間の報告と注釈であった。それは、聖霊降臨祭前の木曜日、すなわち「一九五〇年五月二五日二二時〇〇分から二二時一〇分」に放送されたものである。この放送を後で聞いた者が、すぐにティロ・コッホとの討論中にひとつの詩を書き、彼にその次の日の番組表用に送ったのは、放送の最初の部分であった。そこから聞きとれることは、このようなヘルマンスブルクで学ばれたルターを見る目がどれほど新しく(54)、時代の状況の中でどれほど魅力的であったかということである。その「ルターの言葉」は、この場合確かにルターの格言としては完全ではなく、ある舞台用の話の中に埋め込まれた、ルターの格言の後半部の中で、時として特にまだ新鮮である場合に、見られるように思われる。それに対して、極端な要約、あるいはキーワード的な暗示は通常それがすでに周知のこととして前提にされることができる場合に現れる。コッホのヴァージョンの中では（彼はそれを正確にその通り聞いたのか、不明である）、ルターの話し相手は逃げ道をふさいだまま、その限りでベンの黙示録的悲観主義が捉えた現実と同じような現実に対してまったく確かな知識を持っている状況の中に彼を置く。放送は、次のように始まる。

「ある日マルティン・ルターが、もし明日世界が滅びることを確かなこととして知ったとしたら、あなたは何をしますか、と問われた時、わたしはそれでもなおりんごの木を植えるでしょう、と答えました。

もしこれがわたくしたちのための言葉でなければ、そもそもわたしたちのための言葉などありません。わたしが、ヘルマンスブルクの討論で ニーダーザクセン領邦教会監督ハンス・リリエが言った言葉からとってきたものです。これは、リューネブルク荒地の中にある村ヘルマンスブルクの福音主義教会神学校で互いに交わされる言葉、すなわち、信頼、忍耐、礼儀正しさが込められた精神の特徴をよく示しています」。

この文章は、当の言葉が一般社会に広がっていく注目すべき過程への生き生きとした洞察を与える。それはいくつものステップを踏んでいる。すなわち、教会の中から出た著名な伝達者から、その後伝達を受け継ぐ大きな影響力をもつ人びと、その中には、監督の洗礼名の書き方やその領邦教会の記号のような細かい点についてはまだ熟知してはいないが、（ヘルマンスブルクの）神学校やその教会および社会に向かっての積極性には直ちに親しみを感じた有名なジャーナリストがいるが、そういう人たちを経て、その聞き手に至るという具合に、数日後には、当時夕方——テレビと競合することがなかった——ラジオで放送されて多くの者に伝わった。その中には、世界の出来事を注意深く追っている有名な詩人すらいた。(55)彼は、——確かに友人のジャーナリストよりいっそう懐疑的ではあったが、しかしやはり彼に触発されて——「ルターの言葉」に依然こだわりつつ、それにストイックで黙示録的世界観の形で独自の詩的表現を与えた。

実際、一九五〇年聖霊降臨祭直前の週末（五月二〇—二一日）に、後の福音主義教会ロックム神学校のルーツとなる地、ヘルマンスブルクにおいて問題として取り上げられたのは、世界的大事件であった。そうでなくとも、戦後最初の神学校の精神的また政治的な新たな方向づけに対してもつ意義を過大評価するのは難しいにしても、それは、特段リリエの努力について、もちろん多くの有力なジャーナリストを引き付けた、彼が企てた「盛大で有名な報道記者会議(56)」についても言える——これらすべては、彼らの好みの卓越した教会人の見解や発言をさらに広める潜在的伝達者についても言えることである。(57)であるならば、格別重要なのは、一九五〇年聖霊降臨祭前の「ジャーナリスト会議」であった。この会議はここで、またこの関係者の間で、りんごの苗木の言葉についての単に教会的理解だけでなく、政治的理解のためにも、もう少し厳密に検討されなければならないということで、早くもそのための場を持ったということである。

会議は非常にぴりぴりした状況の中で行われ、その後のドイツの歴史にとって、さらに当時の西ドイツのプロテスタント教会の政治的選択に対する影響にとっても、確かにやはりきわめて重要な役割を果たした。当時の西ドイツのプロテスタント教会は、コンラート・アデナウアーから支持を求められながら、教会内に国家との関わりに対する倦怠感が広がっている一方、それでもなおお確かにまだかなり行き来可能な鉄のカーテンの向こう側の教会との再統一への強い期待と深い結びつきを覚えていたため、躊躇していたのである。(58)

まさにその年の秋に先に成立した連邦共和国（西ドイツ）は、主権国家とはほど遠く、また連合国によって連合国に結びつけられていたわけでも保護されていたわけでもなく、その上ベルリンのゆえに、また内部が傷つきやすかったために、基本的に柔軟姿勢をとること、つまり、西側諸国との結びつきと、他方でスターリンによって優遇された中立化に向かうことの間で決断をすることが重要であるということがますます明確になってきていた。その姿勢は、安全保障問題にも当てはまった。安全保障問題の場合、国民の中に軍隊によらず順調に平和的に生活を再建することに対する関心と、東欧における強制的民主化による深い不安とがないまぜになっていたばかりでなく、その上、少し前から広まりつつあったドイツの防衛に対してどのような貢献ができるかということについて慎重な考えがあった。さらに連邦共和国首相アデナウアーは三月には事実すでに政治的連合を目指すことに関してフランスと話し合い、その後五月には石炭鉄鋼共同体のためのシューマンプランがセンセーションを引き起こし、政府はすでにストラスブール欧州会議への加入の提案を承認した。その提案に対しては、激しい議論がなされたが、連邦議会が六月に多数をもって賛成の決議をすることになった。

ヘルマンスブルクでは、聖霊降臨祭の一週間前、ヨーロッパについて、しかも「第三勢力」としてのヨーロッパについての議論がなされた。その少し前に、この広い範囲に伝えられつつあった思想を、当時リリエの主宰していた「日曜新聞」（Sonntagsblatt）編集長であった有名なハンス・ツェーラーが再度明確に表現し、(59)今や東と西、右と左、資本主義と社会主義、ブルジョア階級とプロレタリア階級との間の、キリスト教的ヨーロッパ――「第三の世界勢力」(60)――というヴィジョンによって強調した。すなわち、「ヨーロッパはキリスト教世界となるであろう。そうでなければ、ヨーロッパはもはや存在しない」(61)と。ツェーラーのこのような二者択一的な激励の言葉は、オックスフォード運動（MRA）の決議の呼びかけとかなり似ている点はあるが、違っている。これに対して、ドイツの主要なスポークスマンとしてアドルフ・ショイとグスタフ・ハイネマンはすでに一九四八年、西と東の間の「第三の道」を、とりわけ東側の戦闘的唯物論に対する答えとして描いていた。彼らにとって、その道の本領は、何より個々人の変革から始まるべき「倫理的武装」にあった。(62)ツェーラーはカール・バルトとも違っていた。カール・バルトは、確かにすでに一九四六年に西と東の両方の「石臼」の間のヨーロッパのキリスト教について問いながら、(63)その答えをもはやかくかくしかじかと表現されたヨーロッパのキリスト教倫理的固定概念の中にではなく、ただ、キリストの教会の道の中に見出した。その道は、「もうひとつの、第三の、教会独自の道」でなければならないというのである。(64)しかし、ツェーラーが特に違っていたのは、結局コンラート・アデナウアーとであった。アデナウアーは、確かにまさにあの時代に一時「第三勢力」という概念を自らの主張としたが、しかし、その概念を明らかに西向きのヨーロッパという形での統合の意味でしか理解していなかった。(65)しかし、ツェーラーに反対して、今やヘルマンスブルクにもともと招かれたゲストスターで、なかなかの大物、アメリカのドイツに対する代理大使、ジョン・マクロイが、次にように論じた。すなわち、

「『第三の』ということも、そもそも『勢力』ということも存在しないのに、『第三勢力』について話すことにどんな意味があるのか。まず最初にとにかく勢力が造り出されなければならない……。しかし問題はその場合、『第三勢力』の問題ではけっしてなく、単純に、あなたがたは、何のために決断したのかという問題であり、また次にキリストか、さもなくば反キリストのために決断しなければならない」。（彼は後の方の問題を討論の中で撤回し、それは、自由と不自由の意味だったと言った。）「……軍事的に拮抗したふたつの陣営――ロシアと西側――と平和実現に向けて努力する『第三勢力』たるドイツという構想は適切ではない。アメリカ合衆国の人びととほど平和的な人間は存在しない。異なった部分の力関係を、戦争にならないような関係にすることが重要である。わたしは戦争は避けられると信ずる……[66]」。

討論の理解のためには、このマクロイの言ったことが重要である。戦争に対する現実的恐怖があの実際不安定な状況の中で人びとを駆り立てたが、その恐怖は、確かに一世代後の一九八〇年代初めに第三勢力の理念が再び魅力を持った時よりいくらか根拠があることである[67]。いずれにせよ一九五〇年の聖霊降臨祭に、戦争の危機によっていっそう広範で底知れない不安から、りんごの苗木の言葉が決定的に受け入れられた。それをティロ・コッホが感動して次の言葉に表現した。「もしこれがわれわれのための言葉でなければ、そもそもわれわれのための言葉など存在しない」と。その励ましの言葉には違う理解もあり得た。「りんごの苗木」を植えることが、さまざまな聴き手に暗黙のうちに自立的なヨーロッパあるいはドイツだけの「第三勢力」と同一視されるのか、あるいは、――コッホの場合のように――大西洋共同体の絆の強化と結びつけられるのか、未定であるということである。第二次世界大戦を生き抜き、新たな出発に携わる人びとの場合、明らかなことは、彼らが、再び台頭する不安に襲われる状況の中で、こうした希望のシグナルを喜んで捉えることである。さもないと出口なしの状態で、まさに事によれば再び戦争の脅威にさらされるかもしれないのである。

というのは、ドイツの政策の基本になる柔軟姿勢に関する対話は――アデナウアーの現実的提案と同じように――真空状態の中でではなく、つねに緊張した雰囲気の中で行われたからである。一九五〇年の初め以後、ドイツ問題（東は国民投票と民族統一戦線、西は自由選挙）が月を追って尖鋭になっていった。そしてさらにその道を探っていたグスタフ・ハイネマンは次のように書いた。「ドイツ自由青年団は、西ベルリンの聖霊降臨祭の集会に駆けつけるようにと、人びとに呼びかけた。……ボンと東ベルリンで声明の形で示された目標は、ドイツのその時々の互いの相手を敵対するブロックの勢力範囲から解放するということになった[68]」。その直後、なおソヴィエト連邦のラコニア声明が――スターリンのもとで――シベリアにいる戦争捕虜に向けて、彼らの釈放が終わったと伝えると、西ドイツの至るところにいる共産主義者以外の人びとのもとで、「驚愕、憤慨、憤激[69]」が起こった。しかしながら、集会のテロによる度重なる侵害、または集会の暴走に対して、連邦内務大臣ハイネマンは四月と五月に自由すぎる処罰規定を断固厳しくすることを目指して踏み出した[70]。特に封鎖が一年前によ うやく終わったばかりで、まだ壁によって分割されていないベルリンの状況は、今や再びきわめて不安定になった。聖霊降臨祭後初めて、「日曜新聞」の記者であるコンラート・アーラースは、ベルリンの「赤い聖霊降臨祭」について、確かに落ち着いた状況を報告することができたが、[71] しかし、興奮は収まらず、衝撃的なことに、四週間後、第三次世界大戦に対する今度は現実的な懸念が増大することになった。一九五〇年六月二五日、もうひとつの分割国家である朝鮮で銃撃戦が起きて、それから共産主義の北が電撃的に南のほぼ全体を蹂躙した。[72]

この全生活の安全を脅かす場面を知ることは、なおさらにやがてやって来る一九五〇年五月末の場面、つまり、りんごの苗木の言葉の歴史にとって俄然一般社会に広く知られるようになる最終場面を理解するために、必要なことである。同じ聖霊降臨祭の時、つまり、共産主義の自由ドイツ青年団がベルリンの暴動のために大挙してデモ行進した時、西側でも、しかもマールブルクにおいて、戦後なおある程度盛んであった少年警備団・福音主義教会(中等教育)生徒聖書研究サークル(BK)の全国会議が行われた際、青年たちが集会を持った。[73] およそ七〇〇人の若者たちで、ほとんどが(中等教育)上級生たちであったが、彼らの集会に合流したのは、同じ期待をもった昔の聖書サークルの指導的メンバー全員であった。彼らは、メモをとりながらまた議論しながら聖書研究や講演を経験し、礼拝、素人芝居、楽しい教派間交流(司会者は連邦議会議長ヘルマン・エーラース)の集会を持った。全体の主題として出されたのは、――もともとまったく計画されていなかったものが、状況によって、次のようになった――ヨハネの黙示録第三章二〇節の言葉、すなわち、「見よ、わたしは戸口に立って、たたいている」、あるいは当時上級生の間での言い方をすれば、「クリストゥス・アンテ・ポルタス〔「戸口の前のキリスト」の意〕」であった。連邦監察官クアト・ヘニッヒは後にこの会議の終末論的方向づけをいっそう正確に言い表した。いわく、この言葉の意味するところは、「直接の結合による

魂の時間としての神との出会いなどではない」。そうではなく、

「この世の終末の日に主が再臨されることである。……最後の切り札である、不安、途方に暮れること、暴力沙汰、また戦争などが現れるこの世において、われわれはなお何事かを示さなければならない。すなわち、平和のないただ中で平和を、途方に暮れる中で名案を、道なきところに道を、死の世界のただ中で生を示さなければならない。戸口のもとにある教会は豊かである。というのは、戸口の外に立つキリストは、終わりの日にすべての者がその前に膝を屈める王だからである(74)」。

ふたりの主要な発言者のひとりとして、ここでもやはり――彼の参加した、ヘルマンスブルクにおける政治的集会の一週間後――領邦教会監督ハンス・リリエが登場し、報告書が要約して伝えているところによれば、

「ドイツ人シュペングラーとイギリス人トインビーが描いているような相対立する近代史像の叙述に従って、例えばわれわれにダニエル書が伝えているような聖書の歴史像を際立たせた。そして次のように言った。ここにあるのは、自然の時間の経過ではなく、神が共に歩んでくださる歴史である。この歴史の中では、どのような崩壊も神からの離反の結果である。自然的人間はより良い未来を夢見るが、キリスト者は神が近くにいてくださることに慰められて生きることを許さ

れている。というのは、キリストのために働くことはどのような事情のもとでも約束が与えられるからである。それゆえに、今や、今日ここで、キリストに向かって『然り』を言う決断が重要なのである(75)」と。

もうひとりの主な発言者は、キリスト教民主同盟から出た連邦内務大臣であり、また福音主義教会総会議長のグスタフ・ハイネマンであった。彼は、神はさまざまな賜物を通して行動へと招いておられると言って、キリスト者の責任について語った。再び報告書によると、次のようにある。

「キリスト者はおのおの自らの特別な賜物に従って、特別な奉仕に招かれている。まさに現代の困窮の中にこそ、われわれにとって『原点となる恵み』がある。神はわれわれに新しい出発の機会を与え、われわれが神の証人となるべき奉仕の中に置いてくださったのである。われわれは、神がどれくらいの間われわれに対してなお忍耐し待っていてくださるのかは知らない。終わりの日までの途上で、多くのしるしがある。それらすべてをわれわれは無視してはならない。今や、今日ここで始めることが重要である(76)」と。

そしてそのとき、報告書作成者は、参加者に、息を呑ませるほど驚かせ、多くの者の記憶に――わたしは当時ほとんど一九歳の時であったが、そのわたしの記憶にすら――残ることを思い出させてくれる。

「ふたりの報告者に特徴的なことは、ふたりがお互い独自に選んだ同じルターからの引用文をもって結びにしたということである。それは『たとえ明日世界が滅びるとしても、わたしはなお今日わたしのりんごの苗木を植えようと思う』という文であった(77)」。

事実ふたりの報告者がその言葉をこの状況を言い表すのに適切だと見なしたということがすでに独特なことであった。この言葉をおそらくまったく知らなかったであろう若い聖書研究サークルのメンバーやその指導者たちは、その引用文を——二、三日前の著名なジャーナリストたちと同様に——特別優れた言葉として、ほとんど一種の啓発的標語のように聞いたほどであった。ティロ・コッホ（「これがわれわれのための言葉でなかったならば……わたしはそれをヘルマンスブルクから持ってくる」と言った）の場合やその後さらにゴットフリート・ベンの作品に反映されていると認識される驚きと魅了に対応するのは、この場合、明らかな合致、つまり、「お互い独自に選んだ」結果の合致に対する驚きである。ルターのものとされたその言葉がふさわしい特別な世界の状況についての意識は確かにないのに、このようなぴったりした合致はやはり説明が困難である。ここでは、誰もが感じることだが、われわれが直面しているのは、何か過去に関する単に特にきれいにまとめられた文章以上のものである。この言葉は、脅かされた状況の中にある同時代人の急所を突き、ここから救いの行為が始まることを告げるものである。

しかし、この言葉はおそらくやはりふたりの報告の内容に関しても独特であると見なすことができた。リリエとハイネマンの記録集から引用可能な原稿が得られなかったので、ふたりは彼らがまさに熟知している主題についてしばしば自由に話をしたと推測することができる。報告書によると、リリエの歴史神学的話の重点はどちらかといえばルターのものとされた格言の前半に関わるのに対して、政治家ハイネマンによって「責任」について語られたことはどちらかといえば後半に焦点が置かれていた、と思われる。これはその集会が分業を行った結果であったが、ふたりの報告者のその時の思いを寄せていた世界が違っていた結果でもあった。それにもかかわらず、ふたりのどちらにも他の理由がまったくなかったわけではない。何よりも、彼らが会議に集ったのは、決定的な終末論的雰囲気が先鋭化している時点、つまり、キリストが戸口の前に立つ時点であった。というのは、彼らのどちらにとっても、最後に引用された文はただ世界の危機やそれでもなお懸命に努力する人間を題材にした非キリスト教的言葉ではなく、両者にとって、それは、——「ルターの言葉の引用」として——キリスト教的な終末の期待を含み、主の到来を前にして信仰者がなすべき実践を目指している言葉だからである。

リリエの場合、解釈的また歴史神学的省察から広く影響を受ける考察の形になっているが、その考察がキリスト教的歴史意識から構成されていて、終末に向かう歩みを明確に内包しながら[78]、しかも具体性のあるアッピールの中で今この場所においてどうあるべきかということも示している。それに対して、法律家であり産業人であり政治家のハイネマンは、彼の教会闘争の中で獲得した信徒説教者・信徒神学者としての能力に基づいて言葉をつむぎ出した。彼の場合、個人の出る幕が「今」、今日この場所で、というように切迫しているために、個人が鋭く前面に出た「倫理的再武装」から来る衝動をなお内包している。それは、彼がその半年前に次のように言っていた通りである[79]。

「もしわれわれの誰もが、何か小さくわずかなことで今日よりも明日やる方がよいことであったとしても、それを先取りして行うならば、最初の一歩が踏み出されるであろう」と。

それにもかかわらず、それと結びつけられる終末論的倫理はバルト的意味におけるキリストの支配によって限界づけられた宗教社会主義的思考の地平から影響を受けていたが、しかし同時に聖書信仰の黙示思想によっても支えられていた。

「確かなことは、われわれがそのように始めれば、この世の死を招かないであろう。何が起ころうとも、われわれは冷静さを保っていなければならない。この世は堕ちた世である。しかしそれでも、われわれはこの世に対する勝利が一気にまた完全に果たされたことを知る。また、われわれは、その勝利が、われわれの手からすべてのものを取り上げ、自らすべてにおいてすべてとなるために主が再び来たる日に、また主がわれわれ一人ひとりに、お前は何を為したか、とお尋ねになる日に、すべての者の目に明らかになるということを知る」。

したがって、ハイネマンがマールブルクでりんごの苗木の言葉を使った際に背後にあった終末論的展望が彼にとって意味することは、キリストに対して責任をとる醒めた態度への解放、そしてもちろん一切の不安や恐れの克服である。早くもやがて八月に、彼はエッセンの信徒大会における閉会のスピーチの中で次のように呼びかける。「世界がわれわれを恐れさせせようとするならば、世界に対して答えよう。『お前たちを支配する主人たちは去るが、われわれの主は来る』と」[80]。これはすでに黙示的不安をいっそう煽る朝鮮戦争の中でのことであったが、しかし何よりも、アデナウアーと再軍備問題の中で多数派のとった政策のゆえにハイネマンが内閣の中で辞任発表をするほんの何日か前のことであった[81]。再軍備問題は福音主義教会になお重大な内的軋轢をもたらしたが、マールブルクのふたりの発言者リリエとエーラースは周知のようにハイネマンとは別の決断をした。

それにもかかわらず、——しかもこれはわれわれが記述した「ルターの言葉」の辿る道にとっても特徴的なことであるが——この言葉はドイツ・プロテスタンティズムのすべての陣営とそれを超えた各方面の共有財産となったし、またなり続けた。この言葉は、あの一九五〇年の聖霊降臨祭前後の日々にヘルマンスブルク、ベルリン、マールブルクから始まって一般社会に広がるわけだが、この発芽から苗木への成長というのは、りんごの苗木の言葉が教会内からより広く一般社会にも出現する際に、おそらくひとつの、しかしきわめて意味のある推進力にほかならなかったであろう。成長を助けた人びとは、それらの会議参加者たち、報道記者たち、多数のラジオの聴衆、それにもちろんマールブルクの集会に集まった生徒たちすべてである。マールブルクの生徒たちは、福音主義教会の知識人としてなお公的な役割を果たすであろうと見なすことができた。言うまでもないことであるが、成長を助けた人たちは、ハイネマンやリリエのさまざまな友人たち、職務上の仲間たち、同志たち、追随者たちもそうである。その意味で、ふたりは、この言葉の広まる歴史に、自らもまた一部関わりをもったと言えるであろう。

4　一般社会への周知、新しい形、変化した形

ここでりんごの苗木の言葉は、今や明らかに出現から教会内に流布するこれまでの過程では達することができなかった一般社会への周知と受容の地平を開いた。それにはっきりとした、権威ある人びとによる確証をもってこの言葉のルーツがあの――当時はなおよく知られ広く尊敬されていた――宗教改革者にあるとされたことも、これが「ルターの言葉の引用」と言われるようになるために役立ったに違いない。それに反して、例えばレナーテ・ハーゲンの書物によるこの言葉のなお強力に影響を与え続ける拡散現象は、年の経過とともに次第に衰退していった。その書物は一九五四年に発行されたのが最終版であった。そしてフリッツ・カスパリと彼の追随者の園芸書によるこの言葉の流布はなるほどしばらく続いていたが、教会内で影響を及ぼした主流に比べると、おそらくあまり効果的でなく、またより部分的なものにすぎなかった。

したがって一九五〇年は、りんごの苗木の言葉の歴史の中で特別な意味を持つ。それはアンケートによっても確証されている。それ以前は、それはまだすべての人の口に上ったとは言えず、教会内でも、必ずしもすべての意識の高い同時代人たちが口にするというわけでもなかった。彼らが実際それを口にするようになったのは、そもそもようやく一九五〇年代末になってのことである。われわれはこの言葉がヘルマンスブルクでのティロ・コッホの反応から、またそれに加えてリリエなら持ちそう

な興味からも、少し昔の知識を持たない聴衆に伝わったと推測することができる。それは、一週間後にマールブルクで重複して起こった特異な事例の場合も同様である。すなわち、ルターの言葉は、ふたりの報告者にとって明らかにまだよく知らない、使い古されていない言葉だったので、彼らのどちらも、重複が起こり得るとは思いもしなかった。ちなみに、この章の最初に引用したリリエの回答は、ハイネマンが彼より前にこの引用文を使ったと言っているが、それはマールブルクの場合を指しているということはできない。というのは、報告と記録[82]によれば、その場合順序は逆になっていたうえ、確かにリリエはすでに聖霊降臨祭の一週間前にヘルマンスブルクにおいてその引用によって注目を集めていたからである。そうだとすると、リリエはなおそれ以前にハイネマンから聞いていたというのであろうか。あるいは、彼は後になって初めてハイネマンがその言葉を彼より前に使ったことを聞いたのであろうか。ハイネマンの記憶の中では、いずれにせよそのルターの言葉は一九五〇年のマールブルクと直接結びついていた[83]。このどちらが先かという問題は、さらに調査したけれども、明らかにならなかった。しかし、ふたりがその言葉をすでに一九五〇年五月末より少し前から知っていて、おそらくふたりともむしろ気づかないで使っていたという可能性は、十分あり得ることである。しかし、マールブルクにおいてふたりが同じ言葉を互いに無頓着に使ったということから、実際に若者にとってルターに関して十分新鮮な何かが持ち込まれたという別の推定をすることができるとすれば、その場合は、ふたりが気づかないで使っていたということは、それほど以前にはさかのぼらないことであるかもしれない。

一九五〇年末には確かにりんごの苗木の言葉は広く知られ、しばしば引用されていたので、今やにわかにその言葉がルターの著作のどの箇所で見つけられ、どこを当たればよいのかという問いが現れた。そこで、「ドイツ牧師新聞」（Deutscher Pfarrerblatt）紙上の「問いと答え」という欄で、（読者である）牧師仲間に検証の手助けを願う、(84)好奇心旺盛で几帳面な、またおそらくきっと疑い深くもある読者たち向けの一連の調査が始まるが、その第一回は、一九五〇年一一月一日であった。

「ルターの言葉の引用箇所を探る。最近しばしば引用される言葉、『たとえわたしが明日世界が滅びることを知ったとしても、わたしは今日なお自分の借りを支払い、そしてわたしのりんごの苗木を植えるであろう』のもとは、ルターのどの著作にあるのか」。

今日まで続く手がかり探しは、五〇年代末にきわめて重要なクライマックスに達したが、われわれはそれを後で取り扱いたい。ただ一九五〇年にすぐにそれまでまだ現れてこなかった形、つまり「借りを支払うこと」が付け加えられていることについて問われていることだけが特徴的なこととして今確認されるべきである。この形はその後もなお比較的しばしば見るが、しかしそのままの形では稀にしか見ない。ここで少しの間このことについて考えてみなければならない。エルンスト・バンメルが後に「形が複数あることは、その言葉が相当長く使われてきたことを示唆している(85)」と書いている。したがって、それは、われわれにとっては書き方が表《おもて》にすでに浮かび上がってきた経過が確かに必ずしも一筋であったとは思われないということに気づかされる。しかし、まさにこの文のテキストが特に長い間存在したかもしれないとは、むろんやはりありそうにない。というのは、それにその書き方は言葉の上でも思想的にもあまりに違いすぎ、それどころか、不自然だからである。「そしてわたしのりんごの苗木を植える」の部分は継ぎ足したような印象がある。そうなると、確かに順序が逆であったことが[86]いっそうよく理解できるであろう。しかし、順序が逆であったということには依然として後に構成されたような印象もある。他方、やはり疑問になることは、かつてこの言葉は、前の部分が型通りの「ルターの言葉」のように始まり、後半でもっぱら負債の支払いについて語るひとつのテキストが存在したのか、ということである。それを証明する史料は、わたしの知るかぎりひとつもない。したがって、臨終の時に目を向けてやはり個人的・終末論的に用いられた警告、すなわち「誰に対しても借りがあってはならない」（ロマ一三・八）という言葉を、黙示録的な表現に変え、ここに持ち込んだ、否むしろいくらか強引に間に押し込んだ、ということもまた十分あり得ることである。終わりの時が迫っているという脅威のもとで正しい生活態度を造る場合、何ごとも忘れられてはならないということにわれわれはつねに留意している。おそらくわれわれはこの場合、一定の対位法の手法さえ発見することができる。借りを支払う人は確かに無頓着に（りんごの苗木を）植える人より決算のことに集中して目を向けている。したがって、永遠の中に入れられた生においては、過ぎ去りゆく時間を肝に銘じて数えながら終わりの日に備える態度は、前もってその時期が分からないとする精神的態度とほとんど誰にでも分かるように結びつくかもしれない。そのため、かなりの人が意識的と無意識的とにかかわらず、この特別な形をそのままとる。わたしは七〇年代にヴュルテンベルクで行われたいくつかの会話のことを思い出すが、しかし他のところでも、いつもは一般にそうだが、ヴュルテンベルクでもまた圧倒的に普通の表現法を使ったわたしに対して、（「そう言われている」として）借りを支払うことを加えた表現法が強調された。

この場合、単に市民としての誠実さと人間的沈着・平静さが望ましい形で同時に現れること以上のことが考えられているならば、つまり、キリスト教的・終末論的エートス——それは、「牧師新聞」紙上のアンケートの際に、事によると前提にされ得ることであり、場合によっては、どちらかと言えばボンヘッファー的タイプとどちらかと言えばアスムッセン的タイプの間の結びつき(87)に見られる違いや、リリエとハイネマンの強調点の置き方の違いにおいても前提にされ得ることである——が考えられているならば、われわれはすでに特別な仕方でこの言葉をほぼ確実にキリスト教的意味で使用するような段階に達していることになる。既成の言葉から倫理的に包括的で、しかもその中におそらく聖書神学的に重要だと見なされる意味を引き出すという、意識的修正が行われたことはなるほどほとんど見分けられないであろうが、手探りの努力が行われたことは見分けることができるであろう。

ただ、意識的修正、手探りの努力が起こらない場合やりんごの苗木の言葉が引き続き通常の形で使われる場合でも、今やすでに理解の可能性の幅が著しく広がりながら定型化の始まる時期に入っていることを考慮に入れる必要がある。それは、すでに今教会政治上の勇気づけ、精神的慰め、自然に対して愛着をもって接するための行動の指針、キリスト教的終末の予兆、ストイックな黙示思想、政治的権限の付与、終末論的倫理といった、見分けることがいっそう難しい数々のことを表現している。それになおいくつかのことが加わることになった。しかし、やはり根本問題はいっそう緊急の問題である。すなわち、この言葉は、教会の中の言葉として使われ始め、そこでさまざまなニュアンスの理解がなされたが、文面からすると、本来核の部分ではキリスト教的なものなのか、いや、そもそも宗教的なものなのか、ということが問題である。この言葉は強調点を独特な終末論的文脈の中に置くことにさほどこだわっていないのか。あるいは、マルティン・ルターに由来すると主張されたその由来にだけこだわっているのか。それとも、この場合、ルターを一般に必ずしもまず神学者としてではなく、ただ家庭の父親、あるいは庭師として受け入れるか、あるいはまさに同時にこの言葉をまったく違う人、例えばラウクハルトに由来するとする者であるならば、その問題をやはりずっと簡単に扱うか、もっと単純な態度をとらないであろうか。このように広く受け取られている彼の言葉にそもそもどんな問題が含まれているのだろうか。これらの問題は、暗黙裡に、すでにもう始まった、この言葉の勝利の行進が始まる一〇年間、つまり五〇年代にもあったが、引き続きわれわれに問われている問題である。

第4章　定着した使用法
——確認と同意の文（一九五〇年代）

1　使用の範囲と特徴、また最初の批判的反省について一般的に言えること

りんごの苗木の言葉がより広い範囲の社会へ、特に一九五〇年聖霊降臨祭のころに起きた、あの単に一例とは言えない諸文書に見られるような突入を果たした後、その言葉の本格的な、ドイツ中をめぐる凱旋行進が始まったが、しかもそれは実際異論の余地のないルターの言葉としてであった。これはわれわれのアンケートの結果でより明確になった。長く世界観問題に関する福音主義教会の中心的地位にあった指導者であり、われわれの取り組む問題について意見表明する際の主要な場としての役割を果たした「ドイツ牧師新聞」の編集長であったクアト・フッテンは、これを後に認め、「ルターのものとされている言葉が本格的にいつ始まったかというと、それは一九五〇年ごろのことであるが、その理由は、原子爆弾と冷戦、それに朝鮮戦争が加わり、それらが人びとに世界的破局に対する不安と、同時に黙示録的期待をもきわめて強く抱かせたからである(88)」ということは当たっていると言って

いる。この状況がしばらく続き、多かれ少なかれ強くなお五〇年代全体に影響を及ぼした。しかし、経済的また政治的成果が上がり、（危機的状況に対する）いくつかの防衛策を講ずることがある程度可能になった。りんごの苗木の言葉はこうして定着し、広く、繰り返しつきまとう脅威に対する恐怖と進展する建設との間の長く続いた緊張の一種の象徴になった。これはまずは西ドイツに当てはまるが、しかしかなり多くの点で東ドイツにも当てはまる。

確かに五〇年代の最後まで、明らかに単発的にすでに以前から行われていたこの言葉に関する考察がこの言葉に関する対話のきっかけになるという状況が続いた。それから一九五〇年以降「牧師新聞」のアンケートに対する答えが現れ、しかもそれはまず、ルター起源に異論を唱え、他の可能性のある出典を示す読者からの手紙においてであった（一九五八―一九五九年）。編集長フッテン自身、一九五九年初めに――もちろん起源という意味において――態度を明らかにし、その年の末、いわゆる議論の暫定的結論として、長い間未刊行のままであったが、ようやくこの時点でルター協会の会報に掲載されたテオドール・クノレの講演の最も重要ないくつかの節を印刷した。それによってこの講演は初めてさらに広範囲の教会内の人びとに知られるところとなった。これによって、また他の付随文書や注釈を伴って、こうしてなお一九六〇年以前に、同時に次の章で詳しく扱うりんごの苗木の言葉の由来に関する仮説――今日の水準からするとすでにかなり完璧な――が提出されていた。

しかし、歴史的探索の背後になお多くのことが潜んでいる。その探索はすでに当時もっぱら暇な愛好家の懐古趣味的活動というわけではなく、むしろ、きわめて真面目で必要かつ多くの者によって期待をもって追求された調査であった。その調査は、すぐれて宣教的でまた一般的世界観の意味をもつ、多くの者の立場を表現し刻み込む文の基本的状況を追求するものである。しかしその努力は全体として成功しなかった。しばらくの間、実際に至るところでただルターの言葉としてのみ通用し、また教会の最も重要な代表者たちによってこうして権威づけられた文がまさに大量に使用されたことで、五〇年代においてなおすべての歴史的な諸問題やその他の諸問題が覆い隠されてしまった。こうした今日まで影響力をもつ一般社会の圧力によってさしあたり散発的でしかないものの、どこで見つかったのかという問いが起こったが、長い間答えがない状態が続いた。このような一般社会の圧力がその場合ルターが著者であるというのは誤りであるという、繰り返された指摘を受け入れることを妨げた。この圧力のため、熟考を求められていたシュヴァーベンの類似の言葉についてさらによく考えることに関心をもつ者の範囲が狭められた。四〇年代に現れた出典を他の者——フリードリヒ・クリスティアン・ラウクハルト——に帰する動きがあり、それについてはまったく決着がついていなかったのであるが、この主張は、ふたつのケースで暗黙のうちに放棄されて、ルター説に有利に働いた。[89] おそらくその上それが内容や使い方に関しての批判的論争を後あとまで遅らせるということにまで影響を及ぼした。多くの者が証言しているように、一九五〇年代に、あまりにしばしば、それどころか時にはインフレーションと感じるほどどりんごの苗木の言葉が使われたが、その範囲を詳細に証明することは、ここでは必要ない。まずはなおこの言葉が圧倒的に教会関係の場で現れてくることに関しては、当時なおハンブルク領邦教会監督に選ばれたテオドール・クノレ（一八八五—一九五五）が一九五四年春に発表した、次のような状況報告から始めることができるであろう。

「数年前からルターのある言葉が説教やラジオを通じての演説から、教会の雑誌やハノーファーで行われたルーテル世界連盟の会議に至るまで、ルター記念祭の中で繰り返し引用されている。すなわち……ラジオのアナウンサーのほとんど三人にひとりはその言葉を繰り返すほどしばしば登場したので、わたしはラジオ放送担当者としてその言葉を原稿から削除した。その引用文は明らかに実に魔術的魅力を持っているのであるが、その理由は、その言葉がこれまでまったく知られていなかったからだけではなく、きわめて特定の時代の危機とその危機へ向けて語りかけるメッセージが込められているからである[90]」。

数多くの説教者や他の教会の宣教の出来事に関わる者によって、このように訴える力の強いこの言葉は熱心に取り上げられ、次々に伝えられ、使い古されていないものとされ、さらに宗教改革的観点から正当なものと認められている。その言葉は彼らすべてにとって非常に役立つ。というのは、それがきわめて差し迫ったこととして経験され得る状況を言い当てていることと、彼らにとって将来に向けて助けを与え続けるメッセージを含んでいるからである。この期待はクノレが直ちに自分の視点から解釈している次の文章の中ではたぶんいくらか言い足りなかったかもしれない。彼としてはただ、人びとがこの言葉をすでにある程度ルターや健全なルター派の神学の意味において理解しようとするときに考慮すべきことだけを言おうとしているのである。

「最後の審判の期待、終わり日への期待、教会や教派の中の説教と神学が終末論に関連して説かれることに何が特色を与えているかといえば、それは、われわれの時代の人間の根本的存在の危機、われわれを守る文化と力の崩壊、個々人にとってもまた諸民族にとっても意味のある将来への疑念などである。しかし、この言葉は同時に、われわれを神の定めた秩序のもとにあるその日その日の課題へと向かわせ、神の約束に対する信仰をもって最後の審判の時点を神の約束に委ねる、最後の審判の神と造り主・救い主とがひとつであるという立場を確立することによって、熱狂主義的な過激化を阻止している。結構だ。そして素晴らしい。しかし、こうした言い回しの言葉はルターの著作のどこにあるのか(91)」。

ラインハルト・ブライマイアはこのクノレの文章の中に、この言葉の、いかがわしい「流行の『実存主義的』解釈(92)」が見られると言う。その理由は、クノレが——そのように理解すると——基本的に破局を斥け、それどころか将来に対して目をつぶらせ、他ならぬ個人的楽観主義に、しかも現在流行の反黙示録的終末論に陥る余地を与え、そうすることによってその言葉は誤って用いられるようになるからであると言う(93)。そもそも誤用されていない本来のりんごの苗木についての本物の理解がどこかにかつてあったのか、あるいは今あるのかという問題から一度目を転じてみると、やはり実際五〇年代に次第に身近なものになった反黙示録的実存主義の克服が重要であることが分かる。加えて、一般受けする一種の実存主義哲学の短期間の神話として後にも繰り返し見られる役割の克服も重要かもしれない。しかし、その短期間の神話は知らない間に素早く多かれ少なかれ平凡な楽観主義のスローガンに変化し得るのである。そうならない場合でも、その言葉は五〇年代前半では確かに出口なしの状況を示すが、しかし事実上すぐさま再びその偽装を捨てる。それは、五〇年代後半で、現在の生活を長続きさせる、それだけいっそう長持ちする希望の象徴を設けるためである。ブライマイアが次のように書き添えていることはきっと理解できるであろう。すなわち、「その言葉は明日と今日とを対照させることによって、現在の方を重要視させる。つまり、それは実現した終末論となっている」[94]と。

このブライマイアのコメントによって、明らかに五〇年代に相当数の人びとにこの言葉がそう理解されたことはある程度説明されるかもしれない。しかし、牧師たちや教会に実存論神学が実際に受け入れられ広まったかどうかに関しては、やはり慎重に判断しなければならない。フリードリヒ・グルーエナーゲルによるりんごの苗木の言葉に対する反黙示録的意見表明は、「牧師新聞」紙上に現れたが、それは、そもそも当時は例外であり、その上現れたのはようやく一九五九年になってからである[95]。とにかくクノレ自身は一九五四年にその言葉に対する急進的実存論神学の解釈をさほど真剣に考えていたわけではなく、ただ当時の時代の危機として実際に「最後の審判への期待、終末への希望、宣教と神学における終末論に関連することに特色を与えるもの」を描き出しただけであった。しかしそれゆえ彼は進行しつつある歴史に終末をもたらす終末論から距離をとったのではけっしてなく、ただ最後の審判の「時点」を自由に決める熱狂主義のやり方から距離をとったにすぎない。ただこれに対して彼は、信仰と「その日その日の課題」に、しかし今やそれゆえただひたすら現在にだけ向けられるのではなく、一般にルター派の信仰がする以上に、注意を喚起するわけではない。彼の創造と救済の信仰は最後の審判と結びついていることには変わりはない。ルター派のクノレは「終末論に対して困惑した」わけではけっしてない。

いずれにせよクノレがその言葉をルターのものとするその解釈に対してだけでなく、りんごの苗木の言葉を当時口にし、聞いたすべての人びとの大多数の考えと感覚に対しても、「結構だ。そして素晴らしい」と言ったのかどうかである。したがってそれは、実存論的終末論と教会の伝統的終末論との間の論争に関わっていた人びとに対してだけではなく、また実存論的終末論者に対して「熱狂主義的先取り」か、または「最後に至るまで忠実であること」かを選択するために何か聞こえの良いことを言うことが求められた人びとに対してだけでもなかった。大多数の人びとは一体、ルターの言葉の前置きの部分（世界が滅びることに触れた）があるにもかかわらず、彼から始まったように見える強烈なこの世の希望のゆえに、「ルターの言葉」に単純にただ魅惑されただけであろうか。その際、大量に状況の中に「語りかけられ」、とりわけ聞き取られたことは、やはり日々の課題に取り組む場合、最後まで安心して持ちこたえる忍耐のための励ましでも、また現下の終末論的決断に向けての呼びかけでもさらさらなく、すでに以前からこの世の将来が開かれている、したがって新しいことに取りかかるために、教会と社会の再建に参加するために将来が開かれていることであった。これは、破滅の脅威、すなわち「意味深い将来に対する疑い」がたぶんそもそも再び消滅するであろうという希望とも確かにしばしば結びついていた。あの五〇年代にその言葉に共感を覚えた人びとのほとんどは、確かに純粋に実存論的神学の立場から現在に限定することを信奉したのでも、また切迫している再臨の期待の中で身を震わせていたのでもなく、すでに起こったすべての出来事、まったくこの世において今や再び迫りつつある、生の可能性を頼りにしたのであり、その生の可能性に対して、りんごの苗木はつつましい、ほのかな、しかしまさにその点で特に効果的な、きわめてこの世的な希望の象徴として熱狂的に受け入れられたのである。この言葉の大量の使用に対応したのが特にこの期待だったのである。クノレ自身もこのことをおそらく感じていたし、すでにそのテキストで知っていた。そして――彼の解釈をさらに明確化しつつ――決定的な点を慎重に指摘した。すなわち、

「わたしの見方が正しければ、ルターの場合、一般に終わりの日の到来は、ここで表現されているよりもっと強く望まれている。彼が（借りを返済するという）計算に言及しているとしても、それでも彼は自分の生きている時がこの世の終わりの前の最後の時であると見なし、近づく破滅のしるしを繰り返し心に留めている」[96]と。

したがって神学的にルターと自分をまったく同一視できたテオドール・クノレにとって[97]、りんごの苗木をめぐる憂慮すべき事態全体は即刻強く批判されなければならなかったとしても――それは差し控えたが――、彼は明確に黙示録的熱狂主義や確かにまた純粋に現在化した実存主義的終末論を拒否するばかりでなく、同時に主の到来をもはやまったく期待しないし、いわんやひたすら待ち望みもしないで、むしろまたもや決定的にこの世の生の中で順応しようとするあの世俗的態度をも拒否したいのである。

まさにこのためにりんごの苗木の言葉が存続することができて、五〇年代以降今日まで繰り返しそのように解釈され、使われることになるとは、おそらく五〇年代において強烈に教会的特徴を帯び、あるいはそのように思われていた雰囲気の中ではまだ必ずしもどこでも間違いなく明確になってはい

なかったであろう。受け取る者の見解が伝える者の意図に無条件に一致しているはずはやはりないのである。互いに多少なりとも深いところで一致していると推測し、不明瞭なところはそのまま放置しておく場合はなおさらである。いずれにせよ、当時いや今日に至るまで多くの一般のキリスト教徒、牧師、監督たちは、自分自身のためにその言葉を、やはりこの世の課題を注意深く認識することを内容とする伝統的な聖書・讃美歌の終末論によって捉え直されることを受け入れていたが、聴き手や対話の相手がまったく異なる、反キリスト的理解をすることをしばしば必ずしもしっかり認識しないか、あるいは——当然のことながら——それに対してすぐに明確に異論を唱えることや否定することは適当ではないと考える状態であった。そもそもまさに当時、この言葉の中にそう理解したいと思う者すべてをさしあたりとにかく取り込むことは当然なことではなかったのか。長期化し、実際次第に弱まりつつあったが、しかしやはり時に危機的に先鋭化する脅威——朝鮮、六月一七日、ハンガリー、ベルリン——に際して、多くの者が直面していた個人的生活の安定の必要についてはさておき、まさにすべての者に該当するこの言葉をもって、とにかく勇気づけ、再建への意欲を強め、「懐疑的な世代」を新たな教会の、また政治の形成に呼び出すことは、正しくなかったのか。そもそもよりによってこの言葉が使われる際に、おそらくすぐさま秘かに教会的終末論に独自の自己理解がこの世的な永続の方向へと変化したかもしれないことに気づかなかったのか。そしてこれは、この——四〇年代に比べて果てしない——徐々に脱黙示録化していく状況で、むしろ教会復興的方向もあれば、むしろ世界再形成的方向もあるというように、内的にさまざまな方向が、この点でそれほど互いにはるかに隔たっていて、戦後の信仰的また教義的理解の枠から外れた発展をしていたなどということはまったくないということなのか。

いずれにせよ、五〇年代のドイツにおいては、りんごの苗木の言葉は、相当長いこの世の道のりを歩む人間の将来と自己を確かなものとすることにますます役立った。それに同意する者はその際大変な数になった。それゆえその「ルターの言葉」は同時に一種の自己確認の公式、いや仲間を集めるための、外部に向けての目印ともなった。これは以下にいくつかの事例的に挙げる出来事で具体的に示される。

2 教会生活の中で
――ライプツィヒ、バート・ザルツウーフレン、ナウムブルク、ハノーファー

この節の表題に例示されている場所は、りんごの苗木の言葉が五〇年代初めに教会の確認と信仰告白の文として関係づけられている場所であるが、それらは、当時互いに異なった発展をしつつあるふたつの新しいドイツの国家の中にある。それゆえ、異なった社会構造、しかしまた外的に保護された状態〔西ドイツ〕と内的結束の固さの点〔東ドイツ〕で、両方の教会の状況の中でどの範囲で使用可能かということを考えるならば、この章の表題にある、この言葉の定着についての話は、ここではいささか大胆に思われるかもしれない。それでも東と西でそのつどきわめて違った歩調をとっていた教会の人びとの間で、どこでも好んで取り上げられたルターの言葉を使う場合に、本質的違いはなかった。西でも東でも何かその言葉による勇気づけの、また支持の力のようなものが感じられ、いまや再

建はむしろ骨が折れるけれども直ちに取りかかるべき問題、あるいは広範囲におよぶ形成の問題であった。その際、少なくとも何か内から外に向けて周辺全体に影響を及ぼしていく起動力のようなものが感じられた。

この場合、われわれが国境線を越えて結びついていることをいかに自覚していたかは、ライプツィヒの本部からあの早期の段階でこの言葉の郵便はがきが生まれた「女性聖書研究会」（ＭＢＫ）にもう一度目を向ければ分かる。つまり、西ドイツにおいて「福音主義の女性聖書研究会のためのワークショップ」がバート・ザルツウーフレンに新しい家を建てた時――ライプツィヒでは当時考えられなかった――、それでもライプツィヒから一九五一年四月一日の鍬入れ式には代表団がやって来た。「ソ連占領地域から来た姉妹の挨拶の言葉」にルターの言葉が使われ、さらに一枚の絵が贈呈された。それは、「なお長い間わたしたちの家に掛かって」いた。「家を建てた時、りんごの木も植えられたが、その木は今力強く枝を張ってわたしたちの庭を飾っている[98]」。

もうひとつの出来事が、「称賛すべき」（とは最後にならないと言うことが許されないのであるが）教会立ナウムブルク大学の記録すべき歴史の一ページになっている。エルンスト・ケーラーは一九七六年に次のような思い出をアンケートの中で書いている。すなわち、

「わたしが最初にこの言葉に出会ったのは、一九五〇年ザクセン教区においてである。それはさしあたりルターの言葉として通用していて、それには『借財返済の言葉』はついていなかったが、ナウムブルクにおけるザクセン教区の教理問答上級ゼミナールの一種ユーモアたっぷりの標語と

なっていた。わたしはその最初の神学校校長であった。わたしがその後グライフスヴァルトに移った（一九五四年）後、ナウムブルクで誰かがその言葉を芸術的書体で書かせた（ドイツ工業規格A2型）。今日それはそこの事務室の中に掛かっている。その言葉は、ナウムブルクが示す大胆な試みの中でわれわれの心を明るくし、勇気づけた（それは今日すでに四半世紀を越えて盛んに花を咲かせている……）[99]」と。

その言葉が持つ、人を勇気づける性格は――カール・ロッツの最初の典拠を思い出させる――主文の、複数の勧めの形の中にも表現されている。すなわち、「……それでもわれわれは今日なおわれわれのりんごの苗木を植えようではないか。マルティン・ルター」。かなり多くの神学生がその標語を彼の論文や、彼の属する教会に持ち込んだことは想像できる。西ドイツにおいても、若干ではあるが、アンケートに記入されるか、あるいはそのほか何らかの形で報告されている通り似たようなことが、神学教師たちのそれに対応する発言に関しても起こった。それが説教やそうした類の話の中でどのように現れたか、われわれはそれ以上に詳しくは調べることができなかった。しかし、その言葉の引用の頻度が五〇年代の間にますます多くなったことは推測できる。西ドイツでは、テオドール・クノレがすでに一九五四年に引用のあまりの多さに気づいた。その際、重要な役割を果たしていたのは、彼の意見と他のアンケート回答者の記憶によれば、教会の大きなイベントであった。

たえずなお戦争中爆撃を受けたことによって話題にされたハノーファーにおいて、一九五二年七月二五日から八月三日まで開催されたルーテル世界連盟の第二回総会は、近年におけるドイツの地で行われた、およそ最初の比較的大きな世界的規模の教会集会であった。ホスト役は、当時連盟議長にも選ばれた、ハノーファー領邦教会監督ハンス・リリエであった。史料で分かるかぎり、その期間にルターの言葉を公式な発言の中で使ったのは、彼ではなく、――二年前のあのマールブルクで行われた生徒聖書研究会の会議の第三の指導者として今や知られる――連邦議会議長ヘルマン・エーラースであり、しかもそれは、一九五二年七月二六日の厳粛な開会式の際行われ、きわめて注目された挨拶の言葉の中のことであった。新聞が伝えるところによると、[100]まず彼は政治家として全ドイツの危機に関しても語り――五〇〇〇人も欠席者がいた――、基本法の前文の冒頭の言葉を思い起こさせた。すなわち、

「連邦議会議員の多数はルター派ではない。それは、例えば、北欧の議会においても同じである。しかし、連邦議会にとってけっして中立の立場で熱弁をふるうことではなく、各人が人間的、また政治的な世俗へ翻訳すべき証言をすることが、神と人間に対する責任なのである。最後に連邦議会議長はルーテル教会の信徒として、厳粛な集会に対する注文をした。彼が言ったことは、話すことや決議することではなく、行為こそ決定的なことであるということであった。その際エーラース博士は、信徒大会、少年保護事業、愛の業などを取り上げた。無言の愛の業、ディアコニーの業が時に政治的決議より重要である可能性があると。彼は、伝統の真の価値を大切にすることが必要であると説き、教会内部にもあり得る悪しき復興が起こらないよう警告した。教会の活発な様子は、まさに今世界連盟の会議においても生き生きと現れた、われわれの少年聖歌隊にお

いて最も明瞭に見て取れる。われわれがあらゆる困窮と不安の中にあっても、われわれにとってルターの警告が行く手を照らすことになろう。すなわち、たとえ明日世界が滅びようとも、人間は今日なお楽しげにりんごの苗木を植える備えをしなければならない、と語った」。

エーラースにとって、この結びの引用は最後に概略を描いた教会内、つまり「信仰の領域」の活気の表現と密接な関係にあるが、それはまた疑いなく先に論じた「世俗の統治」における態度にも当てはまることである。その引用文の政治的重要性は、それだけにまた非常に好んで取り上げられもした。アンケートの解答欄「国家におけるキリスト者の責任」の中に権威ある報道記者で批評家が次のように述べている。

「とりわけドイツの論者が」――彼はなお教会人であるクンストとブルノッテ、閣僚のヘルヴェーゲ（ドイツ党）と東ドイツ閣僚会議議長のコップ（社会党）を挙げている――「この問題を特に強調して答えていることはやはり偶然ではない。彼らは過去数年間繰り返し、ルター派のキリスト者はわれわれの国民生活において、すすんで責任を負い、責任を意識した協力関係をもつことを怠ってきたことを確認しなければならなかった(101)」と。

ここで言われたことは、なおきわめて広く伝わった「社会的無関心の態度」以外に、さらに特に――十分に不当な――宗教改革者へ歴史的・神学的責任を負わせ、教会に対してあまりにも総括的な責任を負わせることによって起こった多くの、ルター派キリスト者の自信喪失と無力感であったとしても、「われわれは、ルター派キリスト者が政治生活においては、連邦議会議長エーラースが開会の際に、ルターの言葉で自らのために証言したこと、すなわち、『たとえわたしが明日世界が滅びることを知ったとしても、わたしはそれでも今日わたしのりんごの苗木を植えようと思う』という態度をとっているルター派キリスト者をそこに認める。このルターの言葉が政治家や教会指導者によって以前よりどれほどしばしば繰り返し引用されていることかということは重要である。この言葉ほど政治生活におけるルター派キリスト者の責任理解について証言する言葉は外にない。同様な意味で領邦教会監督クンストは彼の話をレーエの名文句で締めくくった。すなわち、『この世のために働く者のうち故郷を望み見る働き人以上に優れたものはいない』と」[102]。

このようにして、ルターの言葉に助けられて、われわれは終末時の泰然とした態度をとる現実主義を、しかし特に、――それに基づいて――公的責任をすすんで引き受ける態度をも得ることができる。さらに詳細に調べるならば、われわれはやがて、特にプロテスタントの場合、どのようにして、そもそもいつ「社会的無関心の態度」が克服されることになるのかということに関して、実にさまざまな考え方があるが、そうしたさまざまな考え方をもってドイツの国内政治に取り組むことになるであろう。この関連で依然重要なことは、この場合なんといっても全体として何か特殊西ドイツ的なもの、つまり、この言葉が政治的文脈の中でどういう意味をもつかという経緯が現れているということである。

3　西ドイツにおける市民宗教の信仰告白として

ルターの名前と関連するりんごの苗木の言葉が、政治的に何を提供できたか、それは、すでに一九五〇年ヘルマンスブルクとマールブルクでかすかに感じ取られたが、一九五二年のハノーファーの場合、より明確になる。もはや神学者たちだけがその言葉を仲間のキリスト者に対して、またその範囲を越えて一般社会に対して差し向けるのでなく、政治家たちもまずは意識的にキリスト者に対して、次いでキリスト者以外に対して、今や勇気づけの呼びかけとして、さらにそれをいわば反転させて教会の場で、政治的活性化のために、さしあたり、福音主義キリスト者もこの国家に対して「然り」と言うことができるのだ、という言い方で用いるようになる。政治家たちがこの言葉を彼らの目的のために自由に用いるようになるのも間もなくのことだろう。ただその場合もちろん一定の、前提された意見の一致をにらんだ上であるが。その言葉は、それにもかかわらず社会の精神的基盤と基準となることによって、しだいに市民宗教の働きをもつようになる。ここに確かに何か典型的に西ドイツ的なものが成立する。これは、たとえ五〇年代末に一度ヴァルター・ウルブリヒトによって、次のように報告されたにしても、東ドイツにとっては考えられないことである。その報告は、ウルブリヒトが、「権力行使の領域にいるキリスト者に対して」、りんごの苗木に関わるルターの言葉を突きつけた、それは、彼らの「社会主義建設」への協力を活性化するためである、というものである[103]。

いずれにせよ、西ドイツで明らかなように、木を植えるという動機や隠喩によって政治的・社会的領域に関わる者は、すでに木の密生した土地に入り込む。ほとんどあらゆる文化に関して、われわれは木や森がそれぞれの文化の宗教儀礼上の、宇宙論的な、支配の象徴的な、社会心理上の深い意味をもっていることをいくらか知っている。[104] しかし、おそらく現代思潮の中でドイツにおけるほど、この情緒的結合が強かったり、あるいはいかなる場合でも意識的に認められたり、繰り返し顧みられたりするところはどこにもないであろう。結局これは八〇年代に「森の絶滅」に関して、それまでの精神的いきさつやわれわれが陥った「困惑」の特徴に深く思いをいたした時に起こったのである。[105]

その場合、時折ルターとりんごの苗木について話題になった——その点については後に論じよう——が、しかし話題になったのは、むしろ菩提樹、トネリコ、ブナ、白樺、あるいはモミの木、ほとんどがやはり強く頑丈な樫についてであった。樫は、すでに息子のプリニウスによってゲルマニアとヘルキニアの森〔ハルツ山地の北の縁に北西から南東にかけて存在する森林のこと〕にあるとされていたが、一八世紀末におそらく初めてフリードリヒ・ゴットリープ・クロップシュトックによってドイツの愛国思想の象徴の地位に高められた。それはゲッティンゲン森林組合の精神の中に現れ、今日に至るまで、人びとを魅了し、感動させるが、しかし一時的なものでなく途切れることのない歴史を経験した。[106] 数えきれないほど多くの樫の木が植えられ、数えきれないほどの、自然のままの、あるいは模型の樫の枝や樫の枝を編んだ環によって、大量にさまざまに飾りが作られた。そういうことは、イェーナの人びと、ハンバッハの人びと、フランクフルトの人びと、皇帝に忠誠心を抱いていた人びと、ワイマールの人びとの場合であって、今でもまた民主主義の伝統と結びついて続いてはいるが、かなり影をひそめている。例えば、今日までボンの連邦共和国首相の庭にどの首相も（あるいは最初に首相になった際に）植樹するのであるが、その中にまだ樫の木は一本もない。[107]

またわれわれの主要な、広く普及した小額硬貨に刻まれた樫の象徴は、力強いというよりむしろ、力なくたわんだものとなっている。[108] すでにドイツ連邦共和国の鋳貨権に先んじて、ドイツの州立銀行によって鋳造された硬貨（一、五、一〇、五〇プフェニヒ）はすべて、裏面にしなやかで五つの葉のある樫の苗木が、五〇プフェニヒの場合は、木に向かってひざまずく若い女性の手に握られて刻まれている。ちなみにこの女性は、芸術家リヒャルト・M・ヴェルナーの妻であるが、彼女は後に一九四九年のコンテストを思い出して、「これを、あの時代の象徴、戦後における再スタートと復興の希望というように、多くの応募の提出作品を前にした審査委員会は見たのです[109]」と言っている。

この慎重に配慮したメッセージは、一二年前にオリンピックに参加した青年と世間一般に向けてなされた次のようなメッセージと比べて、どれほど違い、どれほど明瞭であるか。すなわち、一二年前のメッセージは「彼らの間で最も優秀な者たちは、ドイツ民族の贈物として樫の苗木をもらった[110]」、それはしかも、生育地の植樹のために鉢植えされた贈物としてというのである。このメッセージは、その象徴の持つ力によってこのヒトラーの時代に他国や他民族の人びとに感謝をもって、かつ恭しく受け入れられ、さまざまな意味を含んで、しかしまたいくらか厄介で厚かましいものとして感じられる可能性があった。[111]

一九五八年のブリュッセル万博のためのドイツ企画委員会は、一九五五年以降、一九四八年の硬貨審査委員会と同様な厄介な課題の前に立たされた。この万博はこうした公の場で——当時四〇〇〇万人集まった——提供される戦後最初の機会だったのである。[112] その課題は、硬貨の場合と同程度に控えめな態度をとりながら、またも苗木、今回はしかしりんごの苗木を援用することによって果たされた。

彼らはふたつの誘惑から身を守ろうとした。すなわち、潜在的経済力を強力に宣伝効果たっぷりに前面に押し出しもせず、それどころか引き続き現に存在し続ける戦争によって生じた困窮、とりわけ、分割の危機を非難しつつ披露しようともしなかった。どちらも必ずしもまったく言われなかったわけではなく、むしろその際控えめな態度とまた品格のあるスタイルをとったのだが、そのことを、四月の開会当初は、ドイツの有力な報道記者たちの一部が悪くとって、ドイツが「徹底的にうまくいかない」こと、あるいは「比類なき破局」に貢献したと言った。[113] それ以外の報道記者たちはその企画を理解し、非常に歓迎し、数か月経つうちに、その後の報告の形で、前者の報道関係者グループから出される多くの新聞で、また全体的にも「世論の激変」[114]が起こったことで、成功を収めた。何よりも重要なことは、事柄がドイツ以外でも人気を呼び、実際、世界の報道記者全体が称賛してやまなかったことである。

くつろいだ雰囲気のパビリオン群の建築物（エゴン・アイアーマン、ゼップ・ルーフによる）、優雅な、後にドゥイスブルクのアウトバーンを飾る橋門の付いた橋への通路のある庭園（ヴァルター・ラッソウによる）——すべてが親しみやすさ、明るさ、合理性のオーラを放っていた。周囲の雰囲気は多くの人びとにとって憩いのオアシスとなった。展示品の数は少ないように配慮された。「人を寄せ付けない魅力」を伴ったハンス・シュヴィッパートの「作業連携」の精神[115]は表現の慎重さにマッチしていた。この表現が全体のテーマである「進歩と人間」にガイドラインを与えていたが、その全体のテーマは慎重に表現をわずかに和らげるだけで、万博に対して、より良い、すなわちより人間味ある世界に向かいつつあるという性格を与えることになった。この貢献の及ぼした影響は、広範で根本的であるが、教訓的ではなく、「ドイツにおける生活と労働」の描写を通して間接的で、慎重で、単純なものにならざるを得なかった。もちろん、人びとが自らと自らの将来をそのように希望的に見たがるところもあったのだが[116]。

もともと彼らは最初の、万博の綱領を示して中心的印象を与えかねない特別な形の会場入口を意図的に何としても作ろうとは考えていなかった。そうした入口は、しかしその後やはりなお「かなり遅い時点で」、しかも技術的理由から必要となった[117]。その新しい入口のホールは今や前方に位置する「農業」部門のパビリオンの中に設けられた。そこには、入口部分に空けておいた比較的大きな空間にふさわしいものだけを残すことができた。ここに配置されるべきものは最初はっきりしないままであった。全体委員会の常任代表と「展示内容管理委員会」議長であるG・B・フォン・ハルトマン博士は次のように報告している。

「ほぼすべての面で問題の満足すべき解決は見出せないように思われた。その後、展示内容管理委員会議長が、たとえばドイツの参加の意味と意図を特徴づけるモットーが見出されなければならないと思って、その際、例えとしてルターの言葉『たとえわたしが明日世界が滅びることを知ったとしても、今日わたしはわたしのりんごの苗木を植えるであろう』を討議にかけたとき、この提案は取り上げられ、まさにこの言葉こそドイツの出展をよく特徴づけていると言われた[118]」。

そのとき、入口ホールの中に互い違いに向かい合って置かれた三つの比較的大きな壁の上にその言葉は見過ごされないように、感銘深い印象を与え一二回読むことができた――おそらくその地の言語上の競合関係のためであろうが、フラマン語、フランス語、英語、ドイツ語でそれぞれの壁で違った順序で書かれ――また右側の壁にはドイツ語で「マルティン・ルター」の名前が書かれていた[119]。

その上なおG・B・フォン・ハルトマンは、こうなった主たる責任は農業グループにあることを強調して付け加えた。すなわち、

「他方……マッターン教授はこの提案を、ルターの言葉に対して、五〇万年も昔の化石――ユリ――を古びないもののシンボルとして対置することによって、たいへんうまい具合に補った[120]」と。

このもうひとつのシンボルは当時確かに報道や雑誌の記事の中で絶えず強い賛意と共感をもって繰り返し書かれていたルターの言葉に比べ、ほんの稀にしか触れられていなかったが、しかしそれでも社会の精神的環境・宗教的環境に独特な光を投じている。人びとがルターの言葉をドイツ連邦共和国の基本規定とまでは言えないにしても、ほとんどシンボルのようなものとし、そのことによって自分たちの良い志を世界に向けて広く吐露するところでは、この言葉は必ず間近に待望される終末の教説の特徴を刻まれて現れることが多い[121]。この言葉は、まさに確かに早くも――再びかもしれないが――独

自の立場をもったのである。

この場合、それが、カスパリ、ゴルヴィツァー、シュナックなど園芸著述家に近い人びとからではなく、福音主義教会の中で用いられることから、最も広く伝わったように、多数の者が使った表現形式の形をとるということは、なんといっても、引用に選ばれたテキストがそれを明らかにしている(122)。さらに入口のホールでは興味深いことに、りんごの木、あるいはりんごの苗木の絵を添えられず、単に、何回も言葉だけで描かれているのである。木は一般的な生のシンボル、あるいはそれどころか国民的植物さえも、意味しているとは必ずしも言えないであろう。国民的植物ならば、おそらくむしろ小さな樫の木が取り上げられるであろう。さらに正確に言えば、――絵のある半面とほとんど無関係に――危機にさらされた世界の中で、正しい、自らのために選ばれた人間の態度に関する意味深長な言葉、ほとんど宣言と言ってもよい言葉が語られている。そして、これは、ドイツの状況に特に合っているし、それ以外にもやはりひとりの有名なドイツ人に由来する言葉でもあるということが意識の中にあるということである。

もちろん、公式に出版した時には、まったく挿絵なしですますことはできなかった。本の中や表紙に、絵としては大まかに様式化された小さなりんごがあるが、それは、地球儀を含む果芯として、二枚の葉の下にまんまるな形で下がっている。そのりんごは大きな形で彩色されて、総カタログの表紙にもなっているが、そこでは、地球儀の上に黒、赤、黄金色の畑までが見える。この寓意表現は後にはもはや姿を見せないが、博覧会の際には、熟した木の実、つまり苗木を植えた後の結果についての考えもまた確かに重要な場を占めたことが明らかに見て取れた。もしもわれわれが工業デザイナーの遊びを、例えば、地球が最後に栽培された作物の成果としてのりんごによって包み込まれることによって救われる、あるいは、世界はその時まず黒・赤・黄金の色になる、あるいは、その上、いずれの場合も、ルターを引き合いに出すところに秘かな意図があり、そうすることで宗教的にも正当化されている、というように、寓意的に解釈するならば、おそらくそのように読み取れるであろう。しかしそのことに関しては、なお次の節で論ずる。

ところで、りんごの苗木の言葉は、しかしまだ最終的にドイツの本物のトレードマークにならず、ただそのわずかな兆候があるにすぎなかった。しかし、一九五八年のブリュッセルでこの言葉が華々しく登場することも、そうした方向に向かう少なくとも一時的な影響をまったく残さないわけにはいかなかった。

いずれにせよ、その言葉の登場は、ほとんどのドイツ人に伝わり、最初はブリュッセルから失望して戻ってきたジャーナリストの多くの者にも伝わった。彼らはひとつには、全体のスタイルが「教授然とした」控えめな表現になっていること、またひとつには、バウハウスの伝統である曲線のない近代的スタイル(123)、また政治的に控え目であることが少なからず気に入らなかったが、しかし、りんごの苗木のルターの言葉は気に入らないということはけっしてなかった(124)。

その言葉は、外国人には、むしろ広く感銘を与えた。その非暴力のスタイルは、過去のナチ時代とドイツの国民的性格に関する問いに対してかなり好感のもてる答えであった。その四年後にゲーノ・ハルトラウプは、感慨深げにゆっくりとした足取りでやってきて、ホールの中でドイツの宗教改革者の前に立った人びとが次のように言うのを聞いたと報告している。

「『これが、わたしたちが愛するドイツなのだ。開かれていて、真実で、勇気があり、希望と信頼に満ちている。それは、国家社会主義の根のひとつであったニヒリズムの人間蔑視とはまったく関係ない』と何人かの外国人が言うのをわたしは聞いた[125]」と。

その言葉は、やはり誰よりもドイツ人自身に対して語ったものである。その理由は、このパビリオンが彼らの心を捕らえたからだけではなく、その言葉が彼らにとってまさにその性格からして当時の状況の歴史哲学的なスナップ写真であると認識させたように、彼らドイツ人が自分たちの置かれた状況をしばしば評価したからでもある。ドイツ人にとって、その言葉に捕らえられるためには、ほんのわずかの思い出とほんのわずかの想像力があれば十分であった。世界の強国が一触即発の状況で境を接しているところで分割された国民と国土――ベルリンの壁はまだ設けられていなかったが――にとっては、すべての再建に際し、ブリュッセルの他のほとんどの国ぐにに比べて過去の危機がいくらか遠のき、同時に現在の破滅の危機の方がずっと間近に意識的に感じられた。彼らはまた、技術の魅力、特に「アトミウム」という言葉で表現された、核エネルギーの平和利用への期待、それに加えて同時に技術の解放によってもたらされる、危険な側面と人間への脅威にも関心を示した。ルートヴィヒ・エアハルトはこれをブリュッセルで明確に表現したが、同時にまた、将来問題・生存問題一般にも敷衍して語った[126]。

エアハルトの発言がそのようにうわべだけ上品な表現をとったとしても、そしてまさに楽観主義的説教者はそう見ているかもしれないが、ドイツ人にとっては、根底の、深いところはいまだに――あるいは再び――揺らいでおり、今やその時々に政治的に正当だったのか、行き過ぎていたのかは別として、基本的な破滅の不安はけっして容易には克服されなかった。ともかくも、ブリュッセル万博の計画策定が始まったとき、多くのドイツ人にとってやはり未だにロシアにおける捕虜と行方不明者が問題であった。そして準備期間中何年間も愛唱されたカーニヴァルのヒットソングが歌われた。

五月三〇日が世界の破滅だ
俺たちゃ、もう長生きしない
俺たちゃ、もう長生きしない

一九五四年に初めて登場して、[127] 一〇〇万回も軽薄な大声で歌われたその歌は、将来の戦場に生きるかもしれない者たちの不安感を特に表現していた。そして万博が幕を閉じた時、フルシチョフは一九五八年一二月のベルリン最後通牒〔西ベルリンを非武装自由都市化するという構想に基づく提案〕によって人びとに衝撃を与えた。それは、後にドイツ人たちが言ったように、すでに彼らが手もとに持ち合わせていて、彼らを励ますためにりんごの苗木の言葉が示したことの、もともと背後にあるものとして感じる、ひとつの特別な「精神状態」であった。したがって、その言葉の前半の部分だけでも、その精神状態が十分に認められることが多かったわけである。[128] この特別な精神状態の背後にあるものは、G・B・フォン・ハルトマンの文章の至るところにやはり見てとれる。

「われわれはブリュッセルで、自己顕示欲を持たずに、われわれが憧れを抱いている諸民族の構成する共同体に順応する道の途上にあるドイツ、ひとつのドイツについて相当重要なことを提示する。われわれは、自己自身の生について心を配り、この生を——すべての世界の危機を顧みることなく——聡明に、友好的に、また自由に形成することに努めているドイツについて相当重要なことを提示する。また、われわれは、過去のあの経験の後で、そして今われわれを脅かしていることに直面して、ドイツではなぜこういう状況なのかという問いに対して、かつてマルティン・ルターが与えた答え以上にすぐれた答えはないことを知っている。すなわち……(129)」

この言葉は、こうして連邦共和国から生まれた一種の市民宗教的信仰告白文として、すでに五〇年代にすぐさま、その後なお次々に伝わっていく不安を生む可能性と特別な関わりを持った。われわれは自分たちが繰り返し「過去のあの経験の後で、そして今われわれを脅かしていることに直面して」いる状況の中にいるのだと、すなわち純粋で、またさまざまな過去の歴史からの暗示があるにもかかわらず、いくらか非歴史的に解釈された一般的状況の中にいるのだと、見ている。今や一方でやはりりんごの苗木の言葉は一九五八年の不安を相対化するのに役立っている。この場合確かにほとんど一切が自己の植える能力にかかっている。これは、「懐疑的世代」によって、大きなイデオロギーの分野ではなく、とりわけ私的な領域で試みられ、成果を挙げたことは、よく知られている。さらに一九六二年ゲーノ・ハルトラウプは、高齢の仲間たちと一九五八年以後ブリュッセルのルターの言葉の前でため息をついたあの若者の態度について断言した。いわく「手の中にいる雀は、まだ手に入れてない屋根の上の鳩に勝っている」と。ところが、一九六二年の後、われわれが再び鳩を追い回すまで、もはやそれほど時間を要することはなかった。[130]

ところでブリュッセル万博のパビリオン入口ホールにおいて、また一般社会への報道においてマルティン・ルターの名前を挙げたことに関しては、主催者の間でも、[131] 内外の報道関係者の間でも、その引用文が本物であるかどうかについてほとんどまったくと言っていいほど疑問はなかった。[132] したがって、その影響が大きかった理由は、おそらくルターは広くドイツ人の権化として認められていたということにあったのであろう。

しかしまた、まったくそう思わない、あるいは一定の不快感をもってしかそう思わない人びともいた。そのため、確かにルターの言葉を選んだ際に委員会内の意見の一致はあったが、万博訪問者や批評家の間の意見の違いは大きかった。そのことに関して、直接の言及はない。ゲーテの塔守の歌の方がもっと魅力的だとするハンブルクから時折発せられる声を人びとは問題にしない。[133] しかし、明らかに教派上の理由から来る慎重さが存在した。マリア・ラーハで当時そうしたルターの葉書一枚を買うことはほとんどできなかったであろう。今日そこではそれどころかさまざまな形をとった葉書を手に入れることができる。一世代前にはまだ教派の境界がどれほどくっきりと引かれ、宗教上のメンタリティの違いと他教派と互いに接触し合う不安がどれほどはっきり存在したかをわれわれは容易に忘れる。したがって、万博の場で霊的なことやこの世の目に見えることを、パビリオン入口ホールのモットー、あるいは言葉の付いていないりんごの寓意画に言及している、カトリック教会の、あるいはカトリック教会の考え方や環境によって影響された出版物の中で、事細かな評価が存在したことは、驚くことではない[134]。他方、福音主義教会の領域や雑誌・新聞における「ルターの言葉」のこの重要な位置づけは、カトリック教会よりも大きな注目を集め、ただ積極的評価しかなされなかったことは、ほとんど自明なことである。

したがって、われわれは五〇年代末この言葉が著しく広がったにもかかわらず、どこでも同じように多く使われ、知られたわけではない、また往々にして好まれることも少なかった、その後も少ないままであるということを考慮に入れなければならない。その場合、教派的独自性も一役買っている。したがって、コンラート・アデナウアーがこの言葉を使った証拠はなく[135]、ただ自分の態度とは疎遠なものとして発言したことはあったが[136]、これは不思議ではない。他方、大部分が福音主義教会に属するバーデン・ヴュルテンベルクにおいて、ルターのりんごの苗木の引用文は、一九五八年から五九年にかけてのギムナジウムにおける大学入学資格試験のセンター試験の中で、「次の文について考察しなさい」という試験問題として出題されたことも驚くことではない[137]。

こうした容易には把握し得ないが、それでも確かに存在する教派的・地域的限定と強調点の違いはあるにしても、りんごの苗木についてのルターの言葉が五〇年代末に定着したのは、ただ単に特に宗教・教会、とりわけ福音主義教会関係の範囲で広く使われたことによるだけでなく、より広い社会的・政治的範囲にも及んで使われたことにもよると言うことができる。そしてこの場合、その言葉は、例えば「ドイツ国会の高い演壇の上でなされる[138]」一人ひとりの発言を越えて、信仰告白の意味における一種の公の「シンボル」として強調されるまでになっている。そのように、この言葉がブリュッセルにおいてわれわれの立場を代表するように書かれているならば、今日われわれドイツ人はそういう考え方を持っているか、あるいは少なくともそう願っている、またそのような特徴を与えられていて、そのように行動しているということである。この場合、ドイツ国内に向けられた新しい使用の意識的試みはもちろんなかったが、この言葉は、当時やはり明確にドイツ連邦共和国の市民宗教の現象のひとつであって、後々まで影響を残し、世俗化の影響下にもなお長く続き、（国家に対する）忠誠心を強化する役目を果たしもし、また批判にもさらされた(139)。

市民宗教とは、社会の中で効力を発揮し、同時に政治的にも重要なシンボル、価値あるもの、態度、また行動様式のために用意されたもので(140)、しかも、それ自体で共同体に固有の神との関係を表現する宗教を意味する。この神との関係はなおとにかく最小限に抑えられることが求められる(141)。この点は、この言葉を公に口にしたり、受け入れたりするほとんどの人に当てはまった。世界の破滅を終末論に関連づける話と、また特にルターの名前を挙げることは、まさにこの関連を直接示すものである。この場合、今やドイツ人としてどのように生き、自分をどのように理解し、他人にどのように理解されたいかということについて、宗教的に妥当性を与えることはなおきわめて気恥ずかしいことであり、それに関しては、おそらく他の場合のように、どこでもそれほど簡単に、また話題にされて賛同を得ることはない。先に触れた「過去のあの経験の後で、そして今われわれを脅かしていることに直面して」という見通しの中で、きわめて控え目にではあるが、積極的、友好的なあり方が示され、信仰告白的に提起される。この態度は、すでにティロ・コッホが一九五〇年にヘルマンスブルクでこの言葉によって出会った「精神」、すなわち「信頼、忍耐、こころの慎ましさ」による魅力にいくらか近い。

とにかく、五〇年代末にりんごの苗木についての「ルターの言葉」は数多くのドイツ人の精神的財産になった。それは、その中に政治的なものと宗教的なもの、さらに、経験されたことと将来のことが、長いだけにそれだけすでに確かなものと認められた行動に対する態度に結びつけられて、混じり合っている何ものかである。その場合、おそらく後から付け加えられたものや幻想に基づいたものがあり、それが多くの人を途方に暮れさせたが(142)、それにもかかわらずそれはひとつの現実であり、変わりやすいものの、ひとつの市民宗教的現象であった。マルティン・ホーネッカーは次のように書いている。「アメリカと違って、ドイツの歴史には扱いの難しい偶然性があるため、市民宗教の復興に関しても、また時代の解釈に関しても、アイデンティティの発見やアイデンティティの安定は、終末論的概念の助けによらなければうまくいかないであろう(143)」と。確かにこの市民宗教的現象は意図的に計画されたものでも、いわんや復興されたものでもなかったが、それでも現実に姿を現した。その現象に伴って終末論的立場の傾向を持つ何か、それは、確かに「新しい世界」における選びの神学や千年王国的市民宗教に比べさほど輝かしくないし、それに応じてさほど強靭でも政治的に魅力的でもないものまでもが現れてきた。しかし、後にしばしば私的なものへと後退していったが、そこから何がしかのものが残った。福音主義教会の中では、この控え目な、しかし広く伝えられた市民宗教の現象は、ありがたいことに人びとの目にとまるところとなった。とりわけ、言葉の由来をすべて宗教改革者自身に求めようとする議論は忘れられず、そこから逸脱する者も、次第に宗教改革者の言葉とする主張に順応していった。

この雰囲気の中で、時折引用文がルターのものであるのかをめぐり、その証拠について詮索する問いが出されたが、当然のことながらさほど人びとの興味を引かなかった。それでもその問いは退けられなかった。一九五九年春、新たな方向で歩みが始まっていた時、フリードリヒ・グルーエナーゲルは「牧師新聞」紙上で論鋒鋭く回顧しつつ次のように書いた(144)。

「この言葉がかくも安易に説教のパトスに根づき得たことは、けっしてよい兆候ではない。そして、ブリュッセル万博でこの言葉を誤用したことに責任を負うのは誰かということは問われなければならないであろう。……この言葉がルターのものであると論証できるのかどうかという学問的意見表明の課題を負わされているとは誰も思っていない。その言葉はきわめてルターの精神に合致しているので、この言葉をルターからの引用として用いることに対して批判をすることができるのは『学問的詮索好き』くらいなものだと、神学の側から何回も弁解がなされている(145)」と。

4　東ドイツにおける使用範囲の限定と遺産継承の間

西ドイツにおいて見られたような、りんごの苗木に関する「ルターの言葉」が持つもともと市民宗教的機能については、東ドイツに目を向けると、問題にならない。このことに関して意識的にせよ無意識的にせよ、また直接的にせよ間接的にせよ、共同体に固有の神との関係を表現することは、支配的国家イデオロギーが断固たる無神論的基本性格を持っている事態に直面しては、到底あり得なかった。それでもその言葉は知られていなかったわけではない。確かにそれは、もちろん西ドイツの場合となんとか比べられる程度でしか、より広い範囲の人びとの語彙や心性の中に達することはなかったが、しかし、教会生活においてはすでに最初から徹頭徹尾注目すべき役割を果たした。ライプツィヒに出自を持つその言葉入りの郵便葉書やナウムブルクの「標語」を思い出していただきたい。さらに一九八三年のルター生誕五〇〇年と「世界教会協議会の会期間の審理」と関連して用いることを予告している（その言葉の）引用文と象徴的行為〔植樹や刀を鋤に変える行為〕を予め念頭に置いていただきたい。比較的初期にそのことから始まった一般社会への影響は後からでは評価するのが難しい。また、われわれはやはり西側の教会や一般社会においてこの言葉が使われて、それが鉄のカーテンを越えてある程度教会に関わりのない人びとのところでも知られるようになったということを考慮しておかなければならない。しかし、ドイツ社会主義統一党や東ドイツの国家によって、場合によると外向けに使用するために、この言葉が受け継がれたということは考えられないように思われる。

　すでに触れたようにヴァルター・ウルブリヒトがこの関連でルターの名前を挙げたことは、それだけにいっそう驚きであった。一九五九年初め、ルターの言葉が人気絶頂であることについて、クアト・フッテンは、次のように報告した。

「……この言葉は引用されることが多い。それは理解できる。というのは、われわれは確かに黙示録的破滅の淵に生きているからである。数週間の間でふたりのかなり違った人びと、つまり、カトリックの修道士であり、ノーベル平和賞受賞者のラ・ピールと、共産党党首であり、東ドイツ首相のウルブリヒトがこの言葉を口にした。その言葉を、ひとりは、彼の三つの人生訓の中のひとつとして取り上げ、もうひとりは、東ドイツのキリスト者に対して語った。彼らは確かに将来に対する疑いの理由を多く持ち、それゆえ、特に破滅と復興の告知を受け入れる態度を持っていた。しかし、ウルブリヒトとしては、『社会主義の建設』に対するキリスト者の積極的協力があってほしい、そのために彼はりんごの苗木の言葉を用いたのである[146]」と。

この最後の部分は、クアト・フッテンが後に改めて強調したにもかかわらず、その解釈が正しいという証明には成功しなかった[147]。五〇年代と六〇年代の変わり目とその直後にさまざまな独自の調査が行われたが、それらが成果を挙げなかったのは、単にまずただ制度上制限があったため比較的以前の発言や刊行物を手もとで聞いたり読んだりすることが難しかったということだけが関係しているように思われた。しかし、ますます明瞭になったことは、質問を受けた者は特にウルブリヒトとそうした発言を結びつけることが難しいのではないかということであった。その推測は正しかった。というのは、実際ついに一九九三年に[148]、ルターの言葉を公に引用したのはドイツ社会主義統一党第一書記ヴァルター・ウルブリヒトではなく――時期も一九五八年でも、おそらく他の年でもなく――、閣僚評議会議長であり、国家評議会代表・議長のオットー・グローテヴォールであった、ということが分かったからである[149]。

グローテヴォールの発言の仕方と状況から、――彼によっても本物とされた――ルターのりんごの苗木の言葉との関連づけは、独自の確認の必要からなされたのではなく、西側から迫られて防衛かつ宣伝活動の反応を示したのだということが明確に分かる。（彼にとって）文化的・思想的対立関係の中で、西ドイツが単独でブリュッセル万博に参加し、展示に成功したことを通して見逃すことのできない共感が生まれてくることに対して立場を明らかにすることが重要であった。
そのチャンスは一九五八年一一月二日にドイツ国立オペラ劇場で万博開幕の祝賀式典が行われた際訪れた。「ソ連によって救われた世界の文化財[150]」と。戦争末期に他所へ運ばれた文化財の一部返還が行われたが、これがベルリンの重要人物たちのもとに帝国主義的姿勢をとっている連邦共和国（西ドイツ）を通して今や戻されることになる。また、これはブリュッセル万博のカタログに書かれたそれに対応する解釈により、解説されたが、その解釈は――前節ですでに触れた――りんごの木の寓意画を描いた図[151]と「ルターの言葉」の、まことに一風変わったものであった。

「それ以外に、内部に格言が掲げられていた。いわく『たとえわたしが明日世界が滅びることを知ったとしても、わたしは今日なおりんごの木を植えるであろう』と。オットー・グローテヴォールはそれに関して次のように言った。『これは、アデナウアーの核政策と彼のイデオロギー的戦争指揮の時代における、マルティン・ルターの言葉のまったくの誤用である。ルターはそれをまったく異なった歴史的状況下で、つまり上昇しつつある市民層の楽観的な表現として用いたのである。つまり、一方の者は世界の滅亡と引き換えに神の国のりんごの苗木を植え、他方の者は核武装と引き換えに薔薇の株を植える』と[152]」。

一週間後の「ルター生誕四七五年記念」の時、同じ『新時代』（Neue Zeit）という東ドイツ・キリスト教民主同盟の新聞が、もう一度その出来事にさかのぼって論じた。その教会編集者は彼のコラムの中で(153)、グローテヴォールの、あるいはグローテヴォールの演説を報じた記者の、思い違いがあるということで、ルターのこの言葉や、彼が補足して言うように、他の言葉も危険な誤用をされていると繰り返し警告を発している。しかしだからといって、グローテヴォールがりんごの苗木の言葉から読み取り、攻撃するために仕上げられたというよりもむしろ弁解するために確認された初期市民的楽観主義が、今やまったく当時この（社会主義の）地域でなお将来性のある社会主義の遺産活用に取り入れられ、一方的にソ連の平和宣伝に加担する意味で政治神学的に装飾されることの妨げになったわけではない。

「まったく別の側から、政治局員で、中央委員会書記のアルフレート・ノイマンは先ごろハレにあるマルティン・ルター大学の研究者を前に、選挙立会演説会で、ルターを腐敗政治に対する論拠として持ち出した。彼はルターの『わたしはドイツ人のために生まれ、彼らに仕えたい』という国民的信仰告白を論拠として、次のように述べた。『核戦争の脅威を斥けることが、今日ドイツに仕える最良の道である』と。オットー・グローテヴォールが上昇しつつある市民層の楽観主義を示すものと評価した、りんごの苗木の言葉は、信仰者以外にとっても神が守ってくださる恵みに対する絶対の信頼の表現でもあるが、今日のキリスト者にとっては、同時に生の肯定を示すものでもある。生の肯定とは、この世の事柄を神やその自然な成り行きに任せず、この世では精力的に活動し働きつつ、この世を自らの世として変え、形づくることである」。

東ドイツと西ドイツでりんごの苗木の言葉が政治的に重要なルターの言葉として使われる場合にその使われ方がどれほど互いにぶつかり合っているか、それでもそれらが、これからも見られるように、ある意味では互いにどれほど類似しているか、またやがてさらにどれほど類似するようになるか、そのことが認識できるようになったこの時点で、この言葉が本当にルターのものかという問題、また誰の言葉かという問題がいっそう差し迫って問われることになる。

第5章　手がかりを求めて
――歴史的由来に関する仮説

1　マルティン・ルターか－否か

この章では、ルターのりんごの苗木の言葉をほぼ年代順に叙述することをいったんやめるが、それで話が終わるわけではない。むしろ、歴史の経過の中で、その引用の言葉が本物かどうかという批判的問いが出され、答える試みがなされ、またそれがどのようになされたか、そしてそれでどのような結果になったのか、ということがこの段階で取り上げられることが当を得ているのである。

一九五〇年以降「ドイツ牧師新聞」に公表された、りんごの苗木の言葉がルターの著作に見出されるかという調査報告は、すでに触れたように、それが盛んに使われた最初の流行期であった五〇年代の終わりになってやっとその答えを見出した。そしてこの答えは明らかに否定的な結果に終わった。テオドール・クノレが亡くなる直前の一九五四年に熟考した上で、まったく明快な所見を述べたが、それは印刷されないままで、その内容はきわめて部分的に、また噂として、かなり多数の人びとの間に広まった後で、[154] われわれは一九五八年四月にやっとひとつの――最初の――ルターに由来することを否定する文書を読むことができた。しかもそれはフリードリヒ・グルーエナーゲルが「牧師新聞」に寄せた断定的な短い投書である。すなわち、

「世界の破滅に直面してりんごの苗木を植えるというあまりにもしばしば引用される言葉は、ルターのものではない。あるシュヴァーベンの敬虔主義者が最初にそれを使ったのだ[155]」と。

注目すべきことは、その後、基本的に、ルターのものとするのは誤っているということを最初に確認した一九五四年のクノレによる報告以後、誰もわずかでも反論する者はいなかったし、それでもルターをりんごの苗木の引用文の原作者だということを証明しようとする者はいなかったということである。さらに引き続きルターの言葉とする数多くの根拠のない主張や今や確かにさすがにいくらか問題を意識しているものの、このような言葉はやはりルターに最もふさわしく、まさにそれゆえ確かに彼から出たものだというような、呑気な発言だけがあった。こうした広く普及した無神経なルターに肩入れする議論と並んで、風変わりではあるが筋の通った議論もこれまでにあったし、今もある。それは例えば二次的な伝承を採用したもので、純粋に伝承の根拠を求める間接的証明という性格をもっているため、それに関しては確かに専門家や他の人でも間違った判断をする可能性があった[156]。

一九五八年から五九年にかけて「牧師新聞」紙上で行われた議論にはそれがないということは、すでに注目すべきことであった。そこでは、さしあたりその引用文はルターのもとでは見つからないと

いうことが確認されただけである。[157] 当時また今日まで「牧師新聞」の読者の中から、また神学の出版物全体の中から、その言葉がルターに由来することを擁護しようとする者も誰も出なかったし、また付け足しのように、（これについてはいずれ明らかになるであろうというような）時間稼ぎの逃げを援護するような議論も一度としてなかったことは、それだけでは何も証明にもならないが、しかし話の全体の関連からすれば、若干の意味はある。ルターに精通し、ルターを研究のために読む者は誰でも、ずっと以前からそれに留意すべきだということを知っている。それを発見したら嬉しいと思わない者がいるだろうか。しかし、誰も成果を挙げられなかった。彼らはそれに関してお互いに知っていたし、それについて奇異の念を抱くこともなかった。

監督クルーゼがこうしてルターの記念の年に発見者に対して出す報奨金を一〇〇万マルクまで引き上げることができたとしても——誰もそれを受け取らなかったであろう。一生涯かけても仕上げられなかったテユービンゲンにあるルター・インデックスは問い合わせに対して以前から型通りの拒否的答えをしているし、折に触れ教会の報道記者たちにあらかじめ啓蒙している。[158] そしてもし誰かがここでそのためだけにこのインデックスのページを開いて徹底的に調べることになっていたら、決定的な回答を避けてはならない。つまり、一九五八年のグルーエナーゲルの「この言葉はルターに由来するものではない」という確認が変わってはならないのである。そして、やはり今付け加えて言いたいことは、今日誤ってルターの名前で、あるいはルターの名前を挙げずに流布している、形も内容もきわめて類似しているため、われわれはただ推測されただけの、したがって消息不明の宗教改革者のりんごの苗木の言葉のひとつの——いかに伝承されているものとはいえ——変形を視野に入れなければならないのであるが、そうしたルターの言葉はけっして存在しないということである。同時に、きわめて早い時期の、彼の影響圏内にあり、また彼の考えを表現している第二のルターのことを考える正当な理由もない。それどころか、われわれはエルンスト・バンメルの先例に倣ってここで明確に「似て非なるルター」という言葉を使わなければならない。

他方、一九五八年から五九年にかけて「牧師新聞」に寄せられた読者からの投書は、なおいつまでもルターにこだわることなく、いち早く話を他の由来、まずは、シュヴァーベン敬虔主義者が最初にその言葉を使ったという、グルーエナーゲルの所見と結びついた簡潔な主張を行った。

その直後、キールの領邦教会監督（ヴィルヘルム・）ハルフマンの、この場合、次のようなラテン語の格言がキリスト教的に改変されたということがあるかどうか、を考えるべきではないかという文がその格言を見出しとして掲載された。

次の時代に役立つもので
何がより尊いであろうか
落ちついて木を植えることより外に〔原文はラテン語〕

次の時代に役立つもので、木を植えること以上に何がより尊いであろうか。「いずれにせよ、将来への望みをもって木を植えるという考えは、ルターのものと言われている言葉と共通する考えである」とハルフマンは言う(159)。

一九五九年初め（「牧師新聞」の）編集長自身が立場を明らかにし、[160]ルターに由来を求めることは無駄であることを確認した。その時彼は、「使徒パウロの同時代人のラビ、ヨハナン・ベン・ザッカイの」類似の言葉を参照せよと一般に言われているが、しかしこの（ザッカイの）言葉は原型ではあり得ない、その理由はそれは古過ぎ、突飛過ぎるからだと報告している。その代わりに彼は、その言葉の起源を、グルーエナーゲルにとってすでに確かだと思われた場所、すなわち、「一八三六年以前の一〇年間のシュヴァーベン敬虔主義者のグループ」の中にまず求めることに賛意を表す。彼はもはや名前まで挙げ、格言を引用して、結局一九五九年末に——簡潔に言えば——クノレの講演の活字化されたもの[161]によって、裏づける。「ラビのもの」という主張と「シュヴァーベンのもの」という主張を結びつける提案がエルンスト・バンメルによってなされるまでに、なお二年かかることになる。

われわれがすでに承知している第四の手がかりに、オスカー・ゼーンゲンがそれ以前にすでに注意を喚起し、その解明を呼びかけた。彼はゲルダ・ゴルヴィッツァーの園芸書の中に、フリードリヒ・クリスティアン・ラウクハルトのものとして引用されているその言葉を見出した。[162]

その言葉の由来をルター以外に求めるこれらの仮説は、こうして、りんごの苗木の言葉の原作者はルターだとする説が消えた直後に、表舞台に登場した。この引用文を用いる大多数の者は、さしあたりすべて引き続き古い説に留まったが、いまやさらに歴史的解明に関わった、また今も関わっている少数の者にとっては、なお不十分な方法ではあるが、ルターの話は終わり、関心が向けられるのはあの新たな仮説に対してである。ただ新たな仮説の場合でも、ルターの話は基本的にはその後も残っていた。[163]これらの仮説は今度はもう一度、しかもそれは三つの問いのもとに取り上げられることになる。

すなわち、問題の典拠の指摘は、ひとつは、その後も引き続き、その言葉の起源に導く、あるいは場合によってはその文の原作者が誰かを突き止める、真正な手がかりと見なすことができるのか、もうひとつは、部分的に他の手がかりと一緒になる、あるいは後にようやく新たな形が作られる際に間接的に役立つ可能性があるようなものを狙っているのか、最後にもうひとつは、単なる——明確にせよあいまいにせよ——類似の例を、まず過去を振り返って観察する者に注意を喚起するために示すのか、という三つの問いである。

2 シュヴァーベンの敬虔主義

もし、フリードリヒ・グルーエナーゲルが一九五八年にルターの話に終止符を打った後で自分の意見として付け加えた「シュヴァーベンの敬虔主義者がそれを最初に使った[164]」ということが本当ならば、世界の破滅の前にりんごの苗木を植えるという二〇世紀に引用された言葉の由来をいまだに探索することは、とっくに無駄なことであったのだろう。しかしまさにこのことこそ当時存在し、研究され、書かれたものによっては、確認されることができないのである。「それ」、つまり今日議論されている言葉については、二〇世紀半ば直前の時期に初めて文書で確証され、口頭でも、そこからそれほどさかのぼらない時期に使われたという信用すべき証言がある。

もちろんわれわれはいくつかの——さしあたり口伝えの——似たような言葉を知っている。それらの言葉は、終末に臨む気持ちを強く抱かせる一九世紀初頭、正確に言えば、敬虔で学識ある教師・大修道院長ヨーハン・アルブレヒト・ベンゲル博士（一六八七―一七五二）が千年王国の始まりであると前もって想定していた一八三六年六月一八日の前に、ヴュルテンベルクの敬虔主義の中から発せられたものである。[165]これらの呼びかけは、――いずれにせよ間もなくやって来る――猛り狂う反キリストの跳梁と主の来臨が今や直前に迫っていることが確かである場合にも、やり残したこの世の仕事を最後までないがしろにしない態度をとることを表明し、さらに促した。

あのベンゲルの予言がヴュルテンベルクの数多くの人びとの心をあれほど強く動かしたことは、やはり多くの理由から先鋭化した危機意識と関連する。無神論的フランス革命、ヴュルテンベルクにとっても影響の大きい、多くの者にとって反キリストと認められたナポレオンの登場、[166]旧帝国の終焉、ライン同盟時代の王権（一八〇六年）、経済的・社会的変革、同時に起こった教会の権利喪失、もちろん、例えば一七九一年の新しい讃美歌集や一八〇九年の新しい礼拝様式といった形をとった、「合理主義」の訪れなどが、信仰者たちにとっては終末の公然たる徴候であった。その上、ナポレオン戦争の出兵の際のヴュルテンベルク出身者の死亡と、一八一六年から一七年の大飢饉まで繰り返し起こった物質的窮乏があった。一八一六年の政権交代後それ以上は禁止された移住が、いまやアメリカとまたロシアを主な目的地として、熱狂的に洪水の氾濫のように行われた。[167]特に黙示録的な理由からも移住したいと思う人が少なからずいた。彼らが目指していたのは、終末の時に「神の用意された場所」（黙一二・六）を求めた東方であった。何人かはやはりエルサレムに向かった。時代とともに、こうした考えをもつ神学者や比較的若い人びとの中には、ベンゲルの黙示録解釈やその期日算定から方向は違うが、確かに重要な思想や態度を通して千年王国説の遺産と関わり続けた人びとがかなりいたが、[168]

少なからず――また新たに――覚醒した者のもとで、千年王国説は、この地方で大きな勢力になった。それにもかかわらず、一般に千年王国説によって結びついていたヴュルテンベルクの敬虔主義は、その個々の特徴においては多種多様であった。

われわれの議論との関連では、ふたつの重要な形態が興味をひく。コルンタール（レオンベルク近郊）の兄弟団[169]は、一八一八年に設立され、一八一九年に入会者が受け入れられ、新しい王によって特に他所への移住の流れをやめるように促されて生まれた集会・居住・教育のセンターをもった。それは、敬虔主義者の管理者で一般信徒のゴットリープ・ヴィルヘルム・ホフマン（一七七一―一八四六）による施設であった。さらに、すでにウーラハ近郊のアルプス高地の村ヒュルベン[170]には、かなり長い間、大きな学校があり、一七二二年以来二〇世紀に至るまで恵みのうちに教師クレンの家族が積極的に活動していた。その施設は、特に今日二二〇年以上続く古来の「祈りの時間」と月例の「会議」のためであるが、そこに周辺の地方から祈りの時間に責任をもつ人びとが参加したのである。それは聖書に基づき、現実生活に密着した、また良心的、共同体的で、また教会に忠実な信仰覚醒の源泉であった。非凡な教育者であるヨハンネス・クレン（一七八七―一八四二）がすでに最初から（一八一九年末）ヒュルベンからコルンタールにやって来た。それは、彼がコルンタールの教育のために招聘されていたからである。

しかし、特に彼らは終末の到来を待ち焦がれる思いにおいて結びついていた。それでもコルンタール兄弟団の人びとは、自ら早くも霊的な「神の用意される場所」（黙一二・六）を具現することによって、つまり、近年折に触れ言われるように、「内面的移住」の可能性を示すことによって、しかも無為なあきらめに陥らないことによって、その際周辺で起こり、まさに常に容易に陥る熱狂主義的な軽挙妄動に対して用心することが求められた。ヒュルベンの人びとも、コルンタール兄弟団の人びとと同じように、内的に豊かな学校生活・共同生活による、その地方の昔からの厳しい労働の毎日を過ごすことの中で、そうした用心をすることになった。したがってこの敬虔主義の重要な特徴は、繰り返し示される終末論的な「醒めた意識」であった。

この環境の中から、今や先に触れられ、部分的にはすでにクノレとフッテンによって引用された言葉が生まれた。その言葉は、すぐには文章で確認されていない。そして部分的には少なくともそのうちのひとつはおそらくすでに口伝えされた際に、そしてきっと後に再現された時に簡単に変えられ、違った表現と混ぜ合わされたらしい。それでも、最初は少なくとも三人の原作者による四つの違った言葉が問題となると言ってよいであろう[171]。

(1)二〇世紀の初め、二〇世紀初頭の時代精神や人物についてたびたび語って、思い出させ、注意を喚起した、テクに属するオーヴェン出身のアンドレアス・クラインによって[172]、一九二七年に旧敬虔主義の兄弟団の会報に、新たな報告がなされた[173]。この報告で、彼は特に彼の父親であるクリストフ・クラインについて語っているが、この父親は、オーヴェンで他の三人の青年と「祈りの時間」を持ったという。彼らはしばしばキルヒハイム近くに住む牧師のところへ行き、復活祭を過ごした後、コルンタールまで長い道のりを歩いて行ったという。

「それから牧師カップフ、兄弟団代表ホフマン、アダム・シュトラウプ、ヨハネス・クレン、そしてなお他の霊性豊かな兄弟たちによって豊かに恵みを受けて、再び故郷に帰った。ベンゲルが一八三六年に主の再臨を期待したので、これらの兄弟たちは独身を守った。確かに当時まったく覚醒を経験していない兄弟たちもいて、彼らは救い主がやがて来るならば、なお労働に精を出す必要はないと思っていた。それゆえ、彼らのうち何人かは全財産を失った。クレン兄弟は真剣に彼らに反対した。彼はあるとき会議で次のように言った。『わたしが救い主がおいでになることを確実に知ったなら、わたしはそれでもなお木を植えなければならないが、それは主が来られる前の話である。そしてもし、屋根瓦がない場合は、それは補われなければならない』と。しかし、期待された時に救い主がおいでにならなかったので、兄弟たちは、今やそれぞれ家庭を築き、キリストに結ばれて真に目覚めた父親になった[174]」。

(2)自分の生涯を叙述する形式や後の信仰書の形式など、さまざまな表現形式で、ヒュルベンの会議を支持していた祈りの時間の主宰者メガーキンゲン出身のハンス・マルティン・マーダー(一八〇四―一八五六)の生涯のエピソードが報告された。きわめて勤勉で、自分の一〇人の子供たちを厳格に労働に就かせたその父親は骨の折れる生垣作りの作業の時、子供たちのうちのひとりの天真爛漫な、というよりは、知恵を絞った問いを受ける経験をした。

「『お父さんはどうして生垣作りを止めないの? お父さんはいつも、反キリストが間もなくやって来ると言っていたじゃないか』。『そうだよ、そして反キリストがもう明日来ることを知っているとしても、わたしたちは今日なお一生懸命働かなければならないんだ。愛する神様がわたしたちにお求めになることは、誠実と、額に汗してわたしたちの糧を得ることだよ』[175]」。

(3)無名の兄弟たちの発言が、一八五二年ヨハネス・クレンの息子ザームエールが書いたヨハネス・クレンの生涯の中に、間接的な話として伝えられる。

「ベンゲルの想定による一八三六年に主が来られるということを依然として彼は期待していた。しかし彼は、あまり頑なにまた固定的にそれを期待することに警告を発していて、移住の発作に夢中になる人びととけっして同じ考えではなかった。しかし最も不穏な時代において、醒めた意識を保っていた人びともいなかったわけではない。彼らは、明日反キリストが来ることを知ったとしても、自分たちは今日なお生活のペースを乱さず畑を耕すであろうと言っていた[176]」。

(4)第四の言葉は、コルンタールから、しかも、兄弟団代表ゴットリープ・ホフマン自身に由来する。フリッツ・グリュンツヴァイクが一九五七年に伝えたその土地の伝承によると、彼はいつも次のように言っていたという。

「主が明日来られるかのように、われわれは待ち、祈り、備える。しかし、なお一〇〇〇年もの間そのような状況が続くように、われわれは家を建て、木を植え、地上で働く[177]」と。

これらの言葉が今日われわれに伝えられているりんごの苗木の言葉とどのように関連する可能性があるかについては、人によってまったく違った意見をもつことはあり得る。だから、ラインハルト・ブライマイアがここに緊密な結びつきを見るかと思えば、片やエルヴィン・ミュールハウプトはそれをまったく支持しない[178]。しかし、グルーエナーゲルが、今日ルターの名前のもとに、もちろん若干変化した形ではあるが、かなり確かな形で流布している、りんごの苗木の言葉が、何とひとりのシュヴァーベンの敬虔主義者により初めて用いられたということを、彼はあたかも明らかな証拠があるかのように主張したが、そのような主張をする者はもはや誰もいない。

第二の見解は、今ではそうした言い切り方を避けるが、しかし同じように、この言葉が当時シュヴァーベン地方にあったということを前提にしている。クアト・フッテンは一九五九年初めに「シュヴァーベンの敬虔主義者の世界の中へと入り込んでいる痕跡[179]」について語ったのみならず、その後また次のように総括した。「りんごの苗木の言葉は、同様な言い方をしたこれらの言葉ときわめて近い関係にあるので、その起源を一八三六年以前の一〇年間のシュヴァーベン敬虔主義者グループに求めることは、うなずけることである[180]」と。彼は明らかに、周知のりんごの苗木の言葉は、それらの言葉ときわめて似ているところから、同じ時代の、これらと同じグループの中で、新しく造られたと考えた。しかしそれを証明する最終的証拠は見出されておらず、しかもその後それをさらに探求し続けることもなされていない。われわれにとっては、この、もともと完全にシュヴァーベン敬虔主義から出た文章は、間違ってルターの名前で知られているにすぎない[181]。それらの文章に対するそれぞれの典拠がないということを別にしても、この見方のもうひとつの大きな弱みは、当時すでにあったとされているりんごの苗木の言葉が一〇〇年間もの間、なおまったく姿を消したままであったに違いないということである。

第三の見方は、それに対してははるかに慎重である。テオドール・クノレが一九五四年に次のように言った――ただ、文章として書かれたのはようやく一九五九年末になってからであったが――。「わたしは、その言葉にルターのものとは違う、少なくとも『ひとつの共通の出典を示す他の原作者を思わせるもの』を証明できそうに思う[182]」と。この場合、確かに（「少なくとも」）きわめて可能性が高いと言われてはいるが、しかしこれまた同様、現在流布している「ルターの言葉」がシュヴァーベン地方から生まれたとは、単純には主張されていない。むしろその「原作者を思わせるもの」は、したがってシュヴァーベンの言葉と現在流布している「ルターの言葉」に対してそれぞれ違った距離を持つひとつの共通の出典が見つかれば説明できる。これを見つけるのに、直接的な方法を用いるか、間接的な方法によるか、また、表現の違いをどのように解釈すべきかについては、クノレは触れていないが、彼はなおシュヴァーベンの声に関して次のようにほのめかしている。「これらの話がどの程度、たとえばベンゲルにさかのぼるのか、もっと古い起源をもつ他の著作者がその背後に潜んでいるかは、なお確認されなければならない[183]」と。彼がそう言うことによって同時に二〇世紀のその言葉の引用について何かを言わんとしているのか、したがって、この場合も先に推測されたあの「共通の出典」のことが考えられているのかは、未解決のままである[184]。

「ルターの言葉」とヴュルテンベルクとの関係に関する第四の見方は、ラインハルト・ブライマイアの見方である。彼は、初めてより広い範囲の比較的古いテキストと比較的新しいテキストを援用して、さまざまな異文を鑑定し、意味の異同、文章の混交、広い範囲のねじれた結びつき[185]、また象徴の伝統が現在持つ意味をも比較考察している。彼もまた「りんごの苗木」の言葉の起源は、シュヴァーベンの敬虔主義者にあるとするが[186]、その場合、彼は「りんごの苗木」というように括弧付きで表現して、その言葉がすでに当時現在の形をとっていたという考えに反対している。この形は、むしろシュヴァーベンの言葉をより新しい、世俗化したイメージに合わせて現代化したものであるというのである。そして、この言葉がルターのものであるとする考えは、ただ効果的で、確かに分かりやすい権威づけを意図しているだけで、人びとは宗教改革者によっても示されている勤勉さと大胆不敵さに目を向けているのであり[187]、そういうものとしてその言葉の引用は、二〇世紀において引き続き使用され、またまさに誤用されてもいるという。

しかしこの言葉はブライマイアにとってはもともとヴュルテンベルクから出たものである。彼はクアト・フッテンがラビ文書の類似例に対して向けた疑いに賛意を表している。しかもそれは次のような表現さえとっている。「その引用文は、一八二六年直前の時代にすでに確かに作られていたようである[188]」と。しかし、それではどういう形がその文に適しているかについては、明確には言われていない。時に――あの括弧付きの留保にもかかわらず――現在のりんごの苗木の言葉の「引用文」は、基本的にはすでに当時存在していた言葉であると考えられている[189]。「引用文」あるいは「格言」は時として、さまざまな時代に生まれた、多くのこれに関連する一般に重要な発言や象徴に対して与えられる、共通の総括的な名称のように聞こえる。しかし、もしかするとブライマイアは同時に、まだ見つからない、おそらく口伝のため消え去ってしまうか、あるいはもはや見つからない、それゆえ正確には言葉で再現できない「もとの形」を考えているのであろうか。――あるいは、その原型は、より以前のものをやはりもとの形として「現代化したもの」であるかもしれないので、少なくとも中心となる「標準形」を考えているのであろうか。[190] そのように事態が複雑であることは、われわれがここで実際文献批判的方法だけで目標に達することはできず、口頭による伝承も考慮に入れなければならない、ということからも大半の説明はつく。その伝承は、われわれにとってはまったく隠されて、消え去りかつ互いに交錯した道筋を辿っているし、その際しばしばただ推測せざるを得ない融合や変更が起こっているため、きわめて不確かになっている。

したがって、ブライマイアがきわめて慎重に吟味し、何とか到達した細目にわたる結果が、本当に説得的であるかどうかは、疑問である。つまり彼にとっては、「引用文」の原作者がかなり明らかに確実であるように思われる。それは、先に触れたヒュルベン出身のコルンタールの教師ヨハネス・クレンである。ブライマイアにとって、二〇世紀のりんごの苗木の言葉がシュヴァーベンの敬虔主義者たちの名言を「現代化したもの」であるということ、[191] したがって第二次世界大戦後に「ルターの言葉」[192] が使われているすべてのケースについて古い敬虔主義の原形を基準として比較することができることは確かだというだけではない。そればかりかさらに、彼にとってはヴュルテンベルクの伝承内でやはりすでに明確な優先順位があるのである。すなわち、われわれのリストで最初に挙げたヨハネス・クレンの言葉がまさに最初の言葉であるということ、あるいは彼にとってはその言葉がその作者を通してきわめて馴染みのあるものとなっていたため、他の言葉は「変容」という意味で、その言葉の変化形にすぎないと見るべきであるということである[193]。

しかしこれは、当然疑問を持たれることである。またその疑問から、彼の説明のようにその言葉の起源をシュヴァーベンの敬虔主義者個人に求める仮説を立てることに反対する考えも生まれる。当時ヴュルテンベルクにわれわれの「りんごの苗木の言葉」だけがあったのではなく、類似した言葉の伝承が多くあった。その伝承全体の中でも、二〇世紀との関係を探究し、それを整理して順序をつけて組み入れることができるような、あの慣れ親しんだ原形、あるいは標準形はけっして確定できない[194]。四つの異なった言葉の間に互いに、結局何らかの依存関係があるとは認められない。最初のものかどうか、誰による言葉が最初か、そして当時コルンタール、ヒュルベン、メガーキンゲン、あるいは他の場所においてどのような順序で、そのような表現で、または類似の表現で語られていたのか、誰も言うことはできない[195]。四つの言葉のうち、およそいくらか木について（他のことと並べて）言っているのはひとつだけで、しかもりんごの木について言っているのはひとつもない。そしてこの言葉もこれが最初だと証明されているわけでも、あるいは他のものより重要だとされているわけでもない。

しかしこのような問題はおそらく、ほんの小さな問題、あるいはまったく大した問題ではないであろう。なぜならば、この場合は、むしろ地域的に限定された範囲で多元的に発生したことが考えられなければならないであろうからである。ところで一八三六年直前ではなく、まさにすでにコルンタール共同体の創設時にも広がっていた黙示録的雰囲気がおそらくこうした問題やさまざまなこうした答え、あるいはこれらに類似した答えを生み出したのであろう。それらも、おそらくあの四つの言葉だけに留まらず、それ以上に多くが、必ずしも他の言葉から派生したに違いないとは言えないものである。

それらに共通していることは、今ややはりこれらの昔の敬虔主義の言葉と現代のいわゆるルターの言葉との間の実際の違いがきわめて大きいので、同一の「引用文」をただ「現代化したもの」あるいは意味を適合させたものにすぎないとしてだけでは十分な説明がほとんどできないということである。新しい言葉はすべて、――大抵は恐れを抱かせる――世界の破滅あるいは崩壊を語るが、シュヴァーベンの言葉は、そうではなく、ただ反キリストと救い主、主の到来だけを語る。世界の破滅あるいは崩壊は、そのように語った者にとって、いささかも期待されない、あるいはまったく望ましくないことでは必ずしもないのであるが、問題になることは、むしろすでに知られた、間近の日を前にした彼らの態度の問題である。この態度に関しては、動揺しないで終わりの日まで彼らのこの世の職業労働に普段通りに励もうということである。話題になっているのは、生垣のこと、木のこと、屋根瓦のこと、畑のこと、すべて、特別な意味のない何か日常の事柄、そうした単にやり残したような日常の事柄についてである。[196] 新しいことが始まるまで古いことの中で誠実であることが大切である。現代の、その言葉の使用者の場合はそれとはまったく違う。彼らはあるものという漠然としたものではなく、「りんごの苗木」、あるいは、「木」を植えるのである。彼らは、習慣的にすべきことではなく、何か習慣的には絶対しないこと、少なくとも二〇世紀の同時代人たちがしないことを考えている。木を植えることはこの場合特別な、象徴的な行為であり、したがって引用文は単なる誠実さを表す言葉ではなく、明るい希望を表す言葉である。それは、先に見たように、特別な慰め、大きな励まし、確認のための言葉であり、それどころか、さらに後で見るように、抵抗のためやユートピア意識の象徴としての言葉である。したがってこの場合、フッテンの場合に前提にされていた、昔のシュヴァーベンの「(終末に対して)醒めた」名言に対して持っていた親和関係はまったく問題にならない。

さらに一世紀を越える未解決の伝承の問題がある。われわれの以前の調査結果も考慮しながら、確認しなければならないことは、一八三六年(あるいはそれ以前)と一九四四年、われわれの、きわめて形の違ったりんごの苗木の言葉に至るまでの間に連続しつつ、なおきわめて細いながら、明白にあるいはほぼ確実に切れ目なくつながった線に関して、推測以上のことは言えないということである。もちろん、早期のものでなくとも、まさに後にばらばらにヴュルテンベルクの共同体文書に繰り返し現れる表現「ある時」「いつか」から、「混交」と「現代化」によって、われわれの似て非なるルターの言葉が「生まれ」た可能性を最初から排除することはできない[197]。しかし、その証拠もないし、明確な兆候もない。この場合、この仮説に有利な判断を下すには、あまりに多くの「かもしれない」と「おそらく」が重なり合っていて、またあまりに多くのテキスト、内容、状況の違いがある一方で、この人だと思える原作者も少ない。

確かに第二次世界大戦末期に現れたルターのりんごの苗木の言葉の最初の典拠もヴュルテンベルクからのものではなかった。これは偶然かもしれないが、しかしともかくこれが意味するところは、ヴュルテンベルクだからこそ——なお現存する、それに対してもたらされたシュヴァーベンの敬虔主義者たちの格言に関する知識のゆえに——新しいりんごの苗木の言葉が他の場所より早くしかも頻繁に出所が明らかではないまま浮かび上がったのだろうという説がこれまで見られなかったということである。その言葉が外から入ってきた可能性もあるが、その後ここで広く伝えられ、さらになおこの地の心性からの影響で変形と整理が行われたということは――そこで特にしばしば見られた「負債の文が付け加えられたこと」だけでも想起されるがよい[198]――、通常よく起こることにすぎず、いずれにせよ誰が原作者かという問題にとって重要なことではない。

二〇世紀にクレン家の中で、またその周囲で、ここに関連する文に関して聞かれたことですら、出自はさまざまであると言ってよいであろう。それは、ひとつは、キリストの再臨と職業労働に関連しているので、一八三六年以前の敬虔主義者たちの忠実を表現する言葉[199]をその後継者たちが想い起こしたことに関係していた可能性がある。またもうひとつは、それは、ルターによる、世界の破滅とりんごの苗木の言葉として他のところを出自としていたかもしれないが、それにもかかわらずそれは未知の言葉として評価されたのは、確かにほとんど聞き慣れた意味で理解されたからだという可能性がある。それゆえ、クレンの後継者のひとりは、クレン家では「どこでもこの言葉の特徴となっている敬虔が満ち満ちている」ということを「きわめて常識的なこととして」判断することができる。しかも、にもかかわらず、彼にとってはこのルターの言葉は「何か深い意味もなく『ブッシュ・クレン伝承』と結びついた」というように確認することができるのである[200]。

こうして二〇世紀にシュヴァーベン敬虔主義から口伝えで、また文書で伝承されたものは、独自のものであり、古い格言か、それらと類似したものであった。それに対して、りんごの苗木の似て非なるルターの言葉は、彼独特の、「忠実さの言葉」に適合しない意味を伴っていて、やはりいくらか新しいタイプであった。キリスト再臨と職業労働の関係に関するマルティン・ルターの見方と、ヴュルテンベルクの古い敬虔主義の見方との間に、やはり基本的な一致が存在する――後者には至福千年説の考え方と、一部復興という考え方が見られる[201]にもかかわらず——ということがなおある別の文書に書かれている。そのふたつの見方をここで結びつける共通点が、おそらく同時にそれらとの共通点に欠ける、似て非なるルターから区別するのであろう。

3 キケロ——古代様式を模倣した寓意表現

似て非なるルターの言葉の由来に関して第二に立てられた仮説の中で、ヴィルヘルム・ハルフマンは古代ローマに由来するひとつの文に注目する。すでに引用されたその格言[202]は、キケロが、彼の最も有名で、また最も広範囲に伝えられた作品のひとつであり、学校の読本としても大変よく取り上げられる小論文『老カトー[203]』の中で引用しているひとつの文にさかのぼる。

政治から離れて年老いていくキケロは人生の晩年について思いめぐらしている。老年について普通よくもたれる四つの先入観——老年は、われわれの活動を妨げる、力を奪う、もはや官能的喜びを許さない、死が近いことでわれわれを虐げる——に反対して、彼はカトーに彼の論拠を言わせている。次の引用は、最初の先入観に対する論駁に際して書かれているものである。老人が大変元気になお何かを為し得ることが、政治、航海、戦争遂行、法制、詩作、哲学などの分野からの多くの例によって示されているが、さらに次のように言う。

「しかし、これらのかなり高度な学問に関して今やけっしてもう問題にしてはいない。すなわち、わたしは、諸君にサビニ地方出身の何人かのローマの農民の名前を言うことができる。彼らは、わたしにとって隣人として親しくしている人たちである。彼らは、かなり大切な畑仕事ができたときは、種蒔きだろうと、刈入れだろうと、収穫物の貯蔵だろうとまったく同じように、ほとんど常に身近にいて助けてくれる。それにしても、これらの仕事の場合、これはけっしてそれほど驚くことでさえない――誰も来年なお生きることができるとはもはや思わないほどには年とってはいない、ということである。しかし、彼らは、よく知っているように、彼らにもはやそもそもさせることができないような（大変な）仕事にもまったく同じように精を出している。

それでも彼は、将来初めて役に立つ木を植える、

とわれわれのスタティウスが彼の『青年時代』の中で言っている。どの農民も、たとえ彼がどんなに年をとっていても、誰のために植えるのかという問いに対してためらいなく答えることができる。『不死の神々のために。その神々の願いは、このわたしの財産は先祖から相続したが、しかし、またわたしの子孫に引き渡していかなければならないということだから』と」[204]。

世界の終末や大きな変化についてここでは問題になっていない。また個人的死についても明らかに問題にさえなっていない。それよりも不死の神々が望む任期満了に、そして一族の世代交替の際生ずる義務において自分がふさわしい働きをすることが問題になっている。ここでは最後まで共同作業の

際、年ごとに繰り返される行為だけでなく、——さらに引用文にあるように——個人の存在を支配する、かなり長期にわたり伝えられる植樹、一族の一連の相続全体の利益のための働きが行われていて、これが老年期にも意味を与えている。[205]

われわれは今やこの古代の格言とわれわれのりんごの苗木の言葉との結びつきをどのように考えたらよいのだろうか。すでにハルフマンによってまだ曖昧にしか理解されていない「両者の文献上の結びつき」という考えは、少なくともルターに関しては片づいている。[206]彼にとっては、ルターの言葉とされている言葉は「ラテン語の格言をキリスト教的に改変したもの」であり、いずれにしても「将来に対する希望をもって木を植えるという考えは、ルターの言葉とされているものと共通している」[207]ということが、よりあり得そうだと思われる。ところで、今日支配的な理解にとっては、これは妥当するが、キケロやスタティウスにとっては、もともと妥当しない。ここでは、希望の行為が問題なのではまったくなく、忠実な行為、宗教的な義務を果たすこと、しかもその義務を子孫たちの利益になることを十分確信して果たすことが問題なのである。その際、将来子孫が存在することに対してはいささかの疑いも表明されてない。ここに希望の思想が取り込まれている。

ところで、ラインハルト・ブライマイアは、シュヴァーベンの敬虔主義者たちに由来するという仮説を、この古代の格言を一種の予備段階と捉えることによって補っている。彼は、ラテン語教師であったコルンタールのヨハネス・クレンはキケロの立場を知っていたであろうと指摘することができた。彼はまた、「祈りの時間」の中で時として古代の実例を引用したという。[208]さらにブライマイアは、主題が類似していて、アルンハイムで一六一一年に発行されたガブリエル・ロレンハーゲンによるヌクレウス格言集からキケロの立場に、さほど明確にではないが、結びつく格言を参照するようにと言う[209]。その格言は、植樹をしている老人の絵と、「子孫たちへ」という表題と、自己本位ではない結婚生活と親としての配慮に関する文と署名から成り立っている[210]。

この指摘とキケロの文章から、ヴュルテンベルクの敬虔主義的格言と結びついている可能性があるとすることはきわめて難しい。考えられる仲介の経路はここでも信じ難いほど不確かであるばかりか、内容的にも、どこか互いにほとんどしっくりしないところがある。コルンタール、ヒュルベン、メガーキンゲンでは、年老いていく人間、結婚生活や親の義務、これからの世代について問題になってはいない。そもそも、個人の死やその個人のこの世における成果への期待は今や問題になっていなかった。問題になっていたのは、ただ反キリストと神の子の到来が間近に迫っていることである。最も強い結びつきを示す要素としてただわずかに木を植えるというモチーフが残されていれば都合がよいのだが、しかしわれわれがすでに見たのは、そのモチーフがシュヴァーベンの格言のうちのいくつかに現れたにすぎないこと、またその場合でも単独ではなく、あるいは完全に寓意的な特例として現れたことである[211]。

シュヴァーベンの敬虔主義者たちの場合、あの古代の格言の再現について語ることは、直接の引用と考えられる。あるいは——そうした特殊な——樹木の寓意表現の伝統という媒介を通じてとも考えられるが、これを裏づけることはできない。またはきわめて仮説的にしか裏づけられない。ちなみに、りんごの苗木に関する似て非なるルターの言葉も樹木の寓意表現の伝統の中に「一部……『根ざしている』[212]」のである。それでも、そうしたテキストと寓意表現を追求することは結構なことであり、ハルフマンの指摘以来きわめて望ましいことでもある。二〇世紀においてわれわれが取り上げている格言が使われた歴史の中で、該当する古代における、人文主義的、またさらに啓蒙的意見や態度との類似性が存在したが、それは、つまり十分興味深いが、また議論の余地もあり、ルターの名前を挙げ関連づける視点からするとしばしば疑わしい類似性である。確かにこの格言の起源に関する仮説の視点からも、そうした関連をさらに追求することは、なお意味のあることではある(213)。

4 ヨハナン・ベン・ザッカイ

ところが最近なお、りんごの苗木の言葉をまったく別の関連の人物に帰する提案が現れた。すでに一九五九年初めにクアト・フッテンは「牧師新聞」に次のように書いた。

「使徒パウロの同時代人であるユダヤ教ラビのヨハナン・ベン・ザッカイに由来する言葉が示されている。『お前が苗木を持っていて、彼らが、見よ、救い主が来た、と言うならば、――来て苗木を植え、それから外に出て、彼を迎えよ』と。りんごの苗木の言葉ときわめて類似している。しかし、このラビの格言はきわめて古く、とっぴなものなので、りんごの苗木の言葉の基になったとは思えない(214)」。

およそ八〇―八五年に亡くなったヨハナン・ベン・ザッカイは、エルサレムにいた教師であり、指導者であるが、七〇年のエルサレムの町と神殿の破壊後、ユダヤ教を救った人とされている。彼はそれ以前にエルサレムを追われ、ローマ人との交渉によってヤブネに学問所を設立する認可を得て、そこでユダヤ教の伝統と生活を守り、一層組織化するために決定的な役割を果たしたと言われている。彼により伝えられ、また彼の名で伝えられている多くのことは、伝説的な性格を持っている[215]にしても、しかしわれわれは彼が黙示思想による神秘主義の扇動者ではなく、メシア待望の問題では控え目でつつましい態度をとっていたであろうことを知っている[216]。

さらに、ザッカイの格言は、したがって、すでに一九〇五年メクレンブルクの牧師A・ヴィーガントがアードルフ・シュラッターに対して確言したこととよく合っているであろう[217]。シュラッターは、ヨハナン・ベン・ザッカイのメシア待望を過大評価したばかりか、それに関連して、文章の重要なポイントを別のところに見出していた。

「ヨハナンは、パレスチナにおいて樹木の生育の維持と増加について自分にどれほど多くの責任がかかっていたか、もっと強く主張できなかった」。

当然ながらこのかなり大胆な解釈がなぜ後にもなおまったく別の関連で、すなわちシオニズムの中で、また環境保護運動の中で繰り返された[218]のかは、実際すでに当時重大な問題であった[219]。しかし、ヴィーガントによれば、ヨハナンの格言の狙いは、別のところにあった。つまり、それは「メシア到来の約束は彼にとってさほど重要な意味を持たなかったこと、また彼は高揚した民衆の希望を意図的に鎮静させようとしたことによる」ように思われるということである。

後にエルンスト・バンメルも、一九六〇年に刊行された彼の論文の中でヨハナン・ベン・ザッカイの格言について取り上げたとき、同じ結論に達した。

しかも彼は、今や、初めてのことではないが、われわれが問題にしている「ルターの言葉」に注目して論じたのである。[220] 彼にとってヨハナンの言葉は古すぎも、馴染みのなさすぎるものでもなく、終始二〇世紀の似て非なるルターのりんごの苗木の言葉にまでつながる一連の伝承の最初の輪として考慮の対象となるのである。[221] その際シュヴァーベンの敬虔主義者たちはひとつの絆になっている。その場合バンメルが、あり得たこととしているのは、シュヴァーベンの敬虔主義者たちが「終末の時期はさておいて、この言葉をやはりベンゲルの言った終末に関連づけた[222]」ということである。もっともベンゲルがどのようにヨハナンの格言について知識を得たかは、門外漢の想像力を著しく超えたことであり、結局バンメル自身きわめて慎重に判断している。しかし、最後に彼は次のように言っている。

「しかし、文献上の関連をたぐることは不必要である。というのは、この言葉は格言の常で短いからである。そういうものとして――変更されながら――口伝えされた可能性はある。つまり、謎めいた道を経る途上で終末論に関心を持つ信仰心を身に着け、さらに伝えられ続け、時に新たな内容を吸収し、変形したのである[223]」。

この考えをまったく排除することはもちろんできないが、わたしはこの考えには賛成できない。ヴュルテンベルクの古い敬虔主義の格言から現代の似て非なるルターの言葉に至るまでの道の――未解決の――問題に関しては、今や依然三つのさらなる道が不明なものとして存在するであろう。

第一の道は、ベンゲルから次世代の彼の信奉者まで。ベンゲルの口から発せられたこのような「終末に対する言葉」が他の場所ではどこにも、また今日まで知られないままであったとはあまり考えられないということは別としても、ベンゲルは、二、三世代後の、意識された終わりの時期をより間近にして生きていたヴュルテンベルクの敬虔主義者たちとはまったく別の状況の中にあった。彼らの格言の場合には、むしろベンゲルと比べてヨハナンの文章に類似の度合いがより強いことが見て取れる。[224]しかし、ヨハナンの文章についての特別な知識をベンゲル経由で得たことは、彼らの場合おそらくあり得ないであろう。

さらに不明な第二の道は、何世紀にもわたり、この場合なおきわめて狭いユダヤの伝承からベンゲルに至る道であるが、この道に関してはこれまで確かな手がかりがない。

そして最後の道は、ヨハナン・ベン・ザッカイから後期ユダヤ教のラビの歴史的に確かな伝承に至る道である。極端な批判はこの格言自体も多くの別の伝承によって偽作であると説明した。[225]

もちろん、この最後の、使徒時代にまでさかのぼる道が今や閉ざされているのか、あるいはやはり閉ざされていないのかということについては、大した違いはなかった。そうした考えはすでにあった。そして、その考えがまだほとんど実証されておらず、周知の「ルターの言葉」が何らかの方法でユダヤ教の伝承に由来するとしても、それは独自の魅力を発揮している。[226]とはいえ、――他の道も確かなものとして辿れるわけではない。したがって、この由来に関する仮説全体は、歴史的にけっして解明されることのない思考の遊びに留まっている。
しかし、ただ迂遠な比較ではあるが――ここで隣接する言葉の意味の歴史に短い議論を加えることが望ましい――ユダヤの苗木の言葉に着目することは、後のために、すなわち、さまざまな現代のわれわれが取り扱っている「ルターの言葉」の使用を比較したり、理解したりするために、なお必要であることが分かる。シュラッターに従ったクラウスナーのシオニズム的解釈[227]以上に、口伝のタルムードに由来するヨハナン・ベン・ザッカイの言葉は、ユダヤ的精神と生活のタイプというなおふたつの特徴ある関連の中にあることが分かる。
マックス・ブロートは自伝の最後のところで、その格言を自分の思考の中心を特徴づけるために用いている。ここに彼は、「高貴な不幸」と「高貴でない不幸」に分類されている、「ふたつの世界[228]と生活態度の逆説的関わり合いを伴った『この世の奇跡』」が表現されていると見ている。こうして彼は、タルムードの言葉に対して、「フランツ・カフカの格言」を引用している。

「死はわれわれの前にある。例えば学校の教室の壁に掛かっているアレクサンドロス大王の戦さの絵のように。問題なのは、この生の中でなおわれわれの行為によってその絵を暗くしたり、あるいは消したりさえすることだ[229]」。

ユダヤの生活の暦の中で新しい祝日、すなわち特に若者が植樹をして祝う二月の「木の新年」に関する苗木の言葉をここで持ち出すことがおそらく最も効果的であるように思われる[230]。この「宗教的というよりもむしろ熱狂的自然主義の[231]」特徴をもった習慣は、イスラエルへの移住者のところに、いつの間にかしっかり根づき、そればかりか、全世界で祝われている。ユダヤ人学校の教師向けの、一般に普及しているアメリカの教科書は何節かをこの習慣のために割いていて[232]、次のように記している。

樹木、特に実をつける樹木は、イスラエルにとって他の植物とは違い、命、人間、民族のシンボルである。これは、最初からエデンの園の二本の木を示し、また果樹を最も重要な戦争目的のためであっても切り倒してはならないという掟を示している[233]。荒野からやって来た民族にとって、その果樹は水、食物、日陰を意味している。神が彼らを他の多くの人間より長らえさせるために、そしてこれらの果樹を彼らが植え、育てなければならないため、ユダヤ人はそれらの果樹の中に神の変わらない恵みと同時に人間の変わらない義務を認める。タルムードの話によれば、――われわれがキケロの格言に見たように――一七歳の少年が次のように言う。

「僕が生まれたとき、世界が木の実で豊かであることを知ったのとまさに同じように、僕は、後の世代がそこから食べてもよいように、果樹を植える」と。

そしてその後、次のように締めくくられる。

「実際、ユダヤ人は植樹をとても大切に考えるので、ラビであるヨハナン・ベン・ザッカイは言う。『救い主が来る時、君が若木を手に持って立っているなら、まずその木を植え、それから行って救い主を迎えなさい』と[234]」。

時期に関する説明と植樹の習慣を伴った人気のある祭りの伝統との（当人も認めているように弱い）結びつきに関する説明によれば、その祭りは特にイスラエルの国に対する愛を示す機会としての意味があると認められている。計画的かつ広範に行われる植樹の習慣は、イスラエルの国の生活、経済、政治生活にとって根本的な意味を持ち、それは、エルサレムに通ずる道沿いにある六〇〇万本の木をもった森によって、戦死者の思い出を象徴的また現実的に取り入れることによって、ますます盛んにされている。このアメリカの子供たちにとっても、植樹は生命の決定的なしるし、また将来とユダヤ民族の団結に対する信仰[235]と、全世界の存続に対する信仰の決定的なしるしである。これは、新約聖書や教会の終末論とは、確かに間違いなく無縁な、目標に向かって精を出す態度であり、その態度から次のような言葉が出てくる。すなわち、「わたしたちは木の新年と世界の将来に対するわたしたち自身の信仰を祝う」と。その前に言われていることは、次の通りである。

「木を植えるということは、次のように言うことです。わたしは信じる。わたしはわたしたちが抱えている問題を克服することを信じる。わたしは世界がよくなる可能性があるし、実際よくなるということを信じる。わたしは、聖書が語るように、誰もが自分自身のイチジクの木の下に座ることができ、恐れることがない日が来ることを信じる。世界が明日あるいは来年終わることを恐れる者は木を植えないであろう、と[236]」。

信仰と終末への期待が互いに原理的には相入れないということは、もとよりさほど明確には表現されていないが、キリスト教の終末論、特にルターの終末論との距離はかなり大きいのである。

5　フリードリヒ・クリスティアン・ラウクハルト

「たとえわたしが明日世界が滅びることを知ったとしても、わたしはそれでもなお今日一本の木を植えるであろう」

という形の引用文がフリードリヒ・クリスティアン・ラウクハルト修士（一七五七―一八二二）のものであるということについてはすでに報告がある。[237] りんごの苗木に関する似て非なるルターの言葉の原作者を探究する者のうち、まずオスカー・ゼーンゲンが一九五九年「牧師新聞」紙上、この説が一九五六年に出版されたゲルダ・ゴルヴィツァーの『庭の楽しみ』の中にあることを指摘した。その説は根拠を挙げて証明されていなかったので、ゼーンゲンは今日まで完全には忘れられていない、ショッキングで興味深いラウクハルトの「主著」、つまり彼の一八〇二年までの自叙伝『生涯と運命――著者自身による』（一七九二―一八〇二年）の稿閲のために、引退した牧師仲間を呼び寄せた。[238] ゼーンゲンはわたしのアンケートにもう一度、自分にとってこの言葉は依然としてどうしても必要なものであると繰り返し言い、それに加えて「わたしの感じからすると、その言葉には、合理主義的・楽観的な部分が若干あることを聞き逃すことはできない[239]」と言った。その間に、協力者による場合と、よらない場合もあったが、少なくとも三つの箇所に対する問いに対して、答えが得られた[240]。もっとも、結果は明確に否定的なものであったが。

しかし、ラウクハルトの引用文、またラウクハルトに対する探求はそれでまだ終わったわけではない。エルヴィン・ミュールハウプトは、わたしが一九七六年にアンケートを出した時にはまだシュヴァーベンにつながる手がかりの探究をようやく始めたばかりで、ラウクハルトには言及していなかったが、その後、一九八六年に出版された彼の論文の中で、この手がかりを引き続き探究することを強く支持した[241]。つまり彼は、当の言葉がラウクハルトのものであるとする説が最初に見られるのは、一九五六年のゲルダ・ゴルヴィツァーの本においてではなく、すでに一九四八年に出版された、フリッツ・カスパリの本『実り多き庭』の初版においてであると指摘することができた[242]。そして彼は、それゆえそもそも最初に原作者として名前を挙げられたのは[243]、ルターではなく、ラウクハルトであるということを指摘することができた。実のところこの説はまだ一九八六年までの出版物の状況には対応していたが、今日ではもはや維持できないのであるが[244]。

にもかかわらず、この独自の手がかりを最初から探究することは依然としてきわめて興味深いことには変わりない。ラウクハルトに関しては、具体的に言えば、およそ一五〇〇頁、したがって彼の自叙伝の五倍以上の頁数が出版された[245]。ミュールハウプトが一九六四年に八〇歳で亡くなったカスパリの綿密な調査について知ったところによれば、カスパリはそれをラウクハルトの本自体の中で読んだのでないとすれば、他の文献や他の人がラウクハルトに由来するとしているのを読み、あるいは聞いたのを、信じられるとしているに違いないということである。その間、ラウクハルトに関する探究が進んだが[246]、これまでに成果は挙がっていない。しかし、これはまた簡単に決着がつけられることではない。図書館では場所によってはまったく、あるいは稀にしか検索できない素人の書いたものを入手したり閲覧したりすることが困難であるということがあり、それは、専門家にとっても研究の妨げになるし、手間暇かかることである。これまでそれに気づかなかった専門家も、専門家の間で、また例えば読者層のような周辺の人びととの間でもさらに探究を継続することは、意味のあることであるし、明らかに望ましいことである考えている[247]。探究の継続を拒んではいけない理由は、ミュールハウプトの見解から、また彼の言葉をもって説明されるのがよいであろう。

「しかし、フリードリヒ・クリスティアン・ラウクハルトとはいったい誰か。

答　プファルツ生まれ。一八世紀末という神学的、政治的混乱の時代の代表的人物。性格は弱いが、彼の大学で、またプロイセン人やフランス人や移民たちのもとで兵士として過ごした冒険的生涯にもかかわらず、能力を発揮し、あらゆる状況の中で機敏に動き、極端に偏見のない人物で、大胆でスキャンダルの多い自叙伝によって知られていた。フランスやイギリスの啓蒙主義者で理神論者のヴォルテールやヒュームは彼の知り合いであった。そしてまさにカスパリが彼の『実り多き庭』のモットーとして選んだ言葉は、その意味や内容からして、ライプニッツへの論駁書『カンディド』の有名な最後の箇所を思い出させる。というのは、その書は、幸薄きカンディドの生涯を描いた後、断念されていた要求がなされて終わるからである。その要求は、『庭に行って仕事をしよう』というのである。まさにこの断念されたが、まだ諦められたわけではない思いはラウクハルトの『たとえわたしが……を知ったとしても、……』という言葉に表現されている。ラウクハルトは、確かに神学の鑑のような人ではないし、また人びとに感銘を与えるような人ではないが、彼が一七八〇年から一八一〇年までの間の革命的で血なまぐさい時代と向かい合っていたことは了解できる[248]」。

作家フリードリヒ・シュナックも、すでに触れたように、頑として明確にラウクハルトが原作者であるとする説に賛意を表した。もっとも彼が言うように、このような植樹の格言が、ラウクハルトが典型的に園芸で生計を立てていたとされる理由で[249]、彼に由来すると言えるかどうかはきわめて疑わしい。そうしたことについてわれわれは何も知らないし、そうでなくても、それは不安定であることが多い生活にそぐわない。また比較的安定した時期があったかどうかに関して、この点で実際特別なことは何も認められない[250]。

しかしむろん具体的ではないにせよ、一般的にラウクハルトはおそらく『カンディド』の終末における生活態度に大いに恩義を感じていたと言ってよいであろう。もっともそれは、確かに革命の時代に生まれた希望と失望にまさに関連しているのであろう。さまざまな点でラウクハルトはジャコバン派に近いが、けっして彼らの仲間とされることはない。特にやがて新しい宗教に取り込まれたために、心の関心事にはならなかったにしても、しばらくの間何千もの行動や図像表現の中で常に存在した国民と人類の自由の木の象徴[251]が頼りにしたのは、まさにその彼である。カスパリの場合と違ってそもそもさほど宗教色のない解釈をすれば、この言葉はラウクハルトに似合っているであろう。世界の破滅ではなく、世界の没落と言えば、まさにキリスト教で普通行われる話し方の聞き慣れた響きがない。そして、「わたしはそれでも今日なお一本の木を植えるであろう」という言葉は、それに比べれば、いくらか控え目な、場合によれば、より従順に聞こえる「わたしは今日なおわたしのりんごの苗木を植えるであろう」という言葉のニュアンスよりは、むしろ啓蒙主義的自由のパトスと自律的・自発的意志のニュアンスを確かに含む。にもかかわらず、もちろん別の関連からすれば、後者の言い方でも前者の含意と機能を持つことは可能である。

このように事実に即した根拠からラウクハルトにりんごの苗木の言葉の由来を帰することに何が疑念を抱かせるのかと言えば、そうすることによって、「ルターの言葉」が引用される場合、特に解放を目指した言外の響きが引用される場合、それも終末論的なものが空洞化された上で引用されるので、しばしば近代的特徴がよりたやすく組み入れられる可能性があるということである。抗議の声が響くのは、ただ来たるべき終末に対する誤った態度に対してだけでなく、そもそも終末自体に対しても感じられる。この終末の受容拒否はなお控え目な態度においてすら含まれる可能性があるし、破滅の中でなおわずかながらとることができる行動に影響を与える可能性がある。

りんごの苗木の言葉が後に使われるようになると、そのうちの二、三のものは、さまざまな形をとるようになる。しかし、それがすでに啓蒙主義の時代に、理神論の特徴を示すラウクハルトの場合に、カスパリの場合の定式化によっても伝えられた表現をとっていたのかどうかは、まだ証明されていない。その究明にはおそらくなおしばらくかかるであろう。信頼の置ける引用者であると証明されたカスパリは、この場合、純粋にラウクハルトの考えの引き立て役よりもむしろおそらく引用の伝達者であるだろう。彼自身は、自然科学者でありプロセス工学の専門家として、熱心に庭の手入れの大規模な実践と理論化に取り組み、とりわけ最初は「生物力学的な農業経営方法による友人たち、また一九二五年に亡くなったルードルフ・シュタイナーの創作」に感謝して、「君の研究サークルと彼らの思想の世界の成果がわたしの研究の形成にも大きく関わっている」と言っているが[252]、精神科学の分野へ入ることを自己抑制している。彼にとって何が問題なのかは、実践の中に隠されているが、最後にお取り上げることとする。それは特に優位な有機体との意味深い関係に適合することを通して獲得される健康なのである。したがって、そのことにも「ラウクハルトのモットー」が当てはまる。すなわち、

「この全体性が今日技術によって破壊され、それによって生物の多様な作用がますます害虫や病気の影響を受けるようになることは人類の変えることのできない運命のように見える。この本で示されたことは、それにもかかわらず、いかに自然に適応して行われる園芸から新たな意味が祝福されて成長し、実り豊かになるかということである[253]」と。

したがって、カスパリが多くの点で、キリスト教的終末への期待よりもむしろ宇宙の調和あるいは宇宙の循環思想に近い考え方をもっていたと推定できるが、それには理由がある。間近に迫っていることは、最後の日に主が審判（と救い）の完成のために来られることではなく、生物の滅び、生物学

的死の恐怖、おそらく「人類の変えることのできない運命」を、できることならなお防ぎ、少なくとも行動が創り出す新たな「意味」によって命を健康に保ち、――推測できるところだが――後退する中でなお再びいっそう高い関連の中へ持ち込むという価値ある試みである。それゆえに、「ラウクハルト」のモットーの中で「木を植える」の前に置かれた「それでもなお」という力強い言葉は、やはり抵抗、少なくとも対抗手段の契機をも含んでいる。しかもそれゆえに、この思想世界におそらくもう少しよく合致しているのは、世界の破滅を語る黙示録的表現よりもむしろ、「崩壊する」という（歴史内的、運命的に他人あるいは自己に責任を帰する）表現である。両者の文のニュアンスは、この場合やはり事実に即してみると、カスパリをその特異なラウクハルト修士と結びつけるか、少なくともカスパリが描いたラウクハルトのイメージによく合致するかもしれない。

しかしそうであれば、カスパリはラウクハルトについて、少なくとも彼の略伝以上のことは十分知らなかった可能性もある。そうであるとすると、彼がその引用文をラウクハルトの本で読んだということは、あり得ないであろう。逆にたぶん彼はそれをすでにラウクハルトのものと思って、他のところから取って、しかも――おそらく彼の生没年を付け加えて――、伝えたのであろう。それによって開かれた一九四八年以前の全体状況は、時代的に場合によってはラウクハルトの近くまで達するかもしれないが、その全体状況を知りかつ明らかにすることは、ラウクハルト自身が書き残したものを調べるよりも、おそらくはるかに長くかかるであろう。というのは、それは、すでに遠の昔、神話づくりになってしまった風変わりで落ちぶれた修士に関する話(254)から、われわれに既知であれ、また未知であれ、ジャーナリズム的な言及、ささいなことのための使用や誰かに捧げた詩、しかしまた文学的な

使用にまで至っているからである。(255)

ラウクハルトの足跡を探索する際に、最も難しい問題は、依然カスパリがどのようにしてラウクハルトの引用文やラウクハルトの署名に辿り着いたかであるが、それについては以下のようになお二、三の可能性があるかもしれない。その場合、ラウクハルト自身のもとで（または早い段階で彼について報告されたことの中で）幸運にも発見されたものと、カスパリに一九四八年以前おそらく知られるようになったラウクハルトに関する誰かの文書あるいは口頭によるコメントとの間に隔たりがある。その手本とされるものは、口頭の場合、おそらく文書で「ルターの言葉」が出回り始めたことによって刺激を受けたこともあって、その後そのつど発見され、あるいはその他のところで同様に聞き取られた文章の特徴を帯びるようになった。

それどころか、つまらない聞き間違いを受け入れた可能性すらある。すなわち、「ルター」と「ラウクハルト」は発音上、まったく違っているとは言えない。われわれには、確かに不明瞭に聞こえたことを、まさにこれまで取り組んできたこと、あるいは以前の時代から思いついたことに結びつける傾向がある。おそらくカスパリ自身に、あるいは情報提供者にそういうことが起こったのであろうか。そして、それが起こったのはいつか。要するに、このような聞き違いや聞いたことを再現するときにも、生活態度や特定の精神の履歴から生ずる視点が示されるかもしれない。そして、そうであればその視点は、カスパリが第二版からモットーの署名をラウクハルトからルターへと変更させ、あるいは変更することを認め、後にゲルダ・ゴルヴィツァーがカスパリに従ったということで片づけられてはならないであろう。

したがって、この言葉がラウクハルトに由来するという仮説を決定的に判断することはまだできない。ミュールハウプトは、「全体として、ルターはりんごの苗木の言葉をけっして言ったり、書いたりしなかったということの方が、ラウクハルトが言ったり、書いたりしたということを言うよりも、はるかに容易である(256)」と証言しているが、それは正しい。しかしそれだけでなく、ラウクハルトを除外することもまた、さらに知識が増えているにもかかわらず、今日の研究状況からすると、まだ根拠をもって説明できない。いわんや、ラウクハルトの書物の読者、あるいは一九四八年のカスパリに対して程度の違いはあるにしても隔たりをもったラウクハルトの一時的な崇拝者の中にいるかもしれない他の原作者を除外することもできない。似て非なるラウクハルトの言葉が存在したとしてもよいのではないのか。

しかしわれわれにとって重要なことは、「ラウクハルトの言葉」が本物か、あるいは、後にラウクハルトに由来するとした評価をまったく妥当だとするのかといった問題よりも、今やさらに明確な知識、すなわち、すでに遠の昔に、といってもわれわれの最初の、まだ公刊されていない一九四四年の典拠のわずか四年後に、別の表現をとった格言があり、それは、もともとキリスト教思想界のものではなく、ミュールハウプトが鋭く表現したように、「まさに宗教とすら関わりのない(257)」ものであるという知識の方である。カスパリ・ラウクハルトの言葉が今や似て非なるルターの言葉より古いのか、あるいはもっと新しいのか、という問題もある。つまり、両者の間に結びつきがあったとするならば、そして両者が、ありそうにないことだが、まったく互いに無関係に現れたのではないとしても、それは別の文の変化形であろう。この件に関して、これまでのラウクハルト、あるいはラウクハルト伝承の史料状況に基づき、どれが先かと言うことはできないとしても、やはり次のように確認することはできる。すなわち、もともとなのか、それとも結果的になのかは分からないが、すでに早くも巷間にいささか別の名言があって、その後また間もなくルターの名前の署名が付けられた。その名言は、関係者の想定に反して、どうもルターよりもラウクハルト、あるいはラウクハルトが考えていた人びと、ヴォルテールであろうと、またルソーであろうと、あるいはなお別の人であろうと、そういった人びとの方が適しているということである。

第6章 新作説
――似て非なるルター説、ルターと近代との関係

先に予告したように、この章では、実際の検討の結果明らかになる、成立史に関するわれわれ独自の見解を説明する。それは、これまで検討してきたことから引き出される結論になる。

りんごの苗木の――ルターに由来しない――言葉の手がかりを何らかの別の方法で捉え、その起源を見出すという、一九五〇年代以来行われてきたすべての試みは、成果のない状態である。仮説のどれもが明確に正しいと認められることができないか、あるいは十分にありそうだともされなかった。確かに調査の際、さまざまな類似の言葉や――ほんの部分的にせよ――類似例が明らかになったが、それらは、われわれの取り上げている言葉の使用・意味の歴史にとって、ぜひとも比較しながら考慮する価値がある。しかし全体として、一九五〇年代直前に証言されたりんごの苗木の言葉の、重要だと主張された比較的早期の成立を立証する、つまりその言葉の由来を推測の域を越えて決定する、という課題は、そのつど実現されずに今日に至っている。

同様に一九四四年以来、したがって最初から言われ続けたが、歴史的には根拠のない、ルターが原

作者だという主張に説得力のある説明をすることも行われていない。その場合、奇妙なことに最も分かりやすいのは、つねに次のような推測だけである。つまり、二〇世紀よりもはるかに早く現れた、この形あるいは類似した形の格言が、後のある時点でルターという宗教改革者のものとされた。しかもそれは、彼が高い名声を持ち、また勘違いか事実かは別として、分かりやすい上、内容的にも親しみを感じるものであったからだ、という推測である。しかし、それについてそれ以上の考察はほとんど報告されなかった。ただ、ブライマイアは別である。彼はクノレと共に、つまりは彼にとってはヨハネス・クレンに由来する昔のシュヴァーベンの格言が、二〇世紀においては勤勉かつ大胆さを支持するルターの名前のもとに「権威づけ」が行われたことについて、またこの場合、近代主義的に変化させせて乱用する「現代化」について語ったが[258]、これは、中心的部分については他の仮説と同様さほど正しいとは認められない、ひとつの仮説である。しかし、この場合、いったい誰が、まったくすでに比較的古い名言に、同じように古いが、いっそう強い権威づけのレッテルを付け、その際、さらに現代化の変形が行われたはずだと言うのか。

二〇世紀になって初めて「格言」が文書上に現れる少し前に、たぶん何かまったく独自のもの、本質的に新しいものが現れたという別の可能性には、ほとんど考慮が払われてこなかった。つまり、誰かが（ひとりであったかは分からないが）りんごの苗木の文を（一挙にか徐々にかは分からないが）完全に創作し、しかもすぐさまルターの格言として作り出したのかもしれないということである。そもそもそういう可能性があってもよいのではないのか。これは、折に触れてすでに、明確にわたしの話相手である教会に属する人びとによって[259]、あるいはそれよりもっとしばしば面識のない同時代人によって考えられていた。

たとえわたしが名前を挙げることができなくても、実際わたしにはこの見解の中に答えがあるように思われる。戦中あるいは戦前に「ルターの言葉」を新たに作り出すという考えを真剣に検討することは、確かにまだ仮説の域から完全に脱するには至らない。いったいどの似て非なるルターが――われわれは今やルターの化身となったそうした人を考えなければならないが――、おそらく告白のようなもの、あるいはそれどころか彼の創造的活動の記録のようなものを後に残したのであろうか。特にその活動が証言風に歴史を叙述しながら、あるいは詩作しながら想像的なものや無意識的なものの中にまで入り込んだとするならば、なおのこと、そうした興味が湧く。これは、仕事に真剣に取り組む考えと確かに無縁ではないし、主観的には直ちに知的誠実さと調和している。第一世代においても第二世代においても、激動の時代、特に教会闘争と戦争中に、力強い預言者的精神をもって宗教改革者的なものに拠り所を求めた人物が多くは存在しなかったのならば、その考えはいったい個々の場合につねに歴史的かつ具体的に確実であると保証されていたのか、それともそれほどでもなかったのか。あるいは、おそらくより控え目なキリスト教ヒューマニズム的感覚によって、プロテスタント的な生きる勇気だけを思い出そうとした人びとでもあろうか。あるいは、まったく別の考え方を持っているのに、勇気をもってルターに飛びついた人びとであろうか。

したがって、これまでの、大抵はなおかなり興味深い比較的古い教会史・神学史の伝統全体から由来を探り出そうとする試みの成果が挙がらないばかりでなく、このように分かりやすい、あるいは類似の成立条件が十分考えられるとするならば、特にりんごの苗木についての「ルターの言葉」が最初に現れる以前の時代に目を向ける必要が出てくる。

似て非なるルターはまったく無から創られたわけではなく、すでに存在した可能性がきわめて高いものを持ってきたのであり、この場合したがって、ルターの実際の、あるいは想像上ルターのものとされた思想あるいは断片的な思想を再現した、だからここにルターの言葉、彼の完全な形の名言が何らかの仕方で伝えられたと言う必要がないのは確かであろう。こうした問題をわれわれが探究してきた後で、おそらく少なくともいくつかの類似した言葉がある文章に比べて、おそらく単に似ているように見える内容をもった[260]、ルターの完全な文章が問題になることはまずないであろう。しかしこの場合も注意が必要である。この問題を探求する際に、時として似て非なるルターの働きをほとんど単に編集者としての働きや別にあった文章の単なる仲介者の働きに近いものにしてしまったということである。こうして、――一時的ではあるが――テオドール・マールマン、同様にラインハルト・シュヴァルツ、その他の人びとは、とにかく多少とも不正確な記憶や恣意的な結合によって、ルターの特定のテキストの中に適合する表現やイメージを創り出してみせた。こうして作られた格言には、いわば因果的にルターのテキストが基礎になっている可能性があるというわけである[261]。それでももちろん、だからといって間接的にルターの言葉らしきものが話題になるところまではいかないで、常にルターとの直接的関係が話題になった。

特にエルヴィン・ミュールハウプトは、そうしたテキストやそのテキストに類似した言葉を強調することから、どうにかりんごの苗木の言葉が得られることになるとするような遊びごとにならないように注意を喚起した。このことは、むしろまず全体として近代的心性という点において真剣に考慮されなければならないであろう。[262] こうして彼と、それ以外にもちろんシュヴァルツや他の人びとも、まさにここで見られる世界の破滅の考えの中に、ルターとは無縁な近代主義の心性を認めたのである。[263] これは、その格言を用いる多くの者に当てはまるであろう。ただ、表現法においては似て非なるルターの方が宗教改革者にいくらか近い。というのは、あの近代主義的特徴は、ただ「世界の破滅」という名詞に当てはまるのであって、そのままでわれわれの格言の文中の動詞の表現に当てはまるわけではないからである。奇妙なことにほとんど一度も注目されなかったこと、[264] つまり格言の前半部分はほとんど逐語的にすでに詩編第四六編三節のルターの聖書翻訳に対応している。すなわち、

「それゆえ、わたしたちは恐れない／すぐに世界が滅びようとも／また山々が海の中に沈もうとも[265]」と。

したがって、似て非なるルターがルターから何らかの言葉を聞いた時、それはまさに接続法の形であったことは確かだ。一方彼は、このよく知られた「宗教改革の詩編」の言葉を、その前に置かれた「たとえ……であっても」という大げさな言い回しによって、さらになお周知の「ルター讃美歌」、それはキリスト教的解釈を施して対句として作り直したあの詩編の讃美歌であるが、その第三節と結びつけた。[266] すなわち、

「たとえ世界に悪魔が満ちていて／わたしたちを貪り食おうとしようとも／わたしたちはさほど

恐れることはない／それでもわたしたちは必ず勝利する／……」

なるほどわれわれは似て非なるルターのテキストを正確には知らないが、一九四四年のロッツの書物にあった、これまでで最も古い典拠の主文の前の従属文（「たとえ明日世界が滅びるとしても……」）(267)を、当時広く知られていてすべてのプロテスタントの血肉となっていたルターの表現と比較すれば、この新しい「ルターの言葉」を作った者が、彼がこの場合、そう言ったと望まれたルターに対して近いところ、それどころかまさにルターのものと言ってもおかしくないところに難なく達したことを証明できるであろう。このこと、つまり、無意識のうちになおほんのわずかながら変更、あるいは改ざんする傾向を言葉全体がその後、確かにすでに最初の部分の中でも受け入れたのであろう、ということを今度はよく考えていただきたい。

ルターが、キリスト教の観点から読まれた詩編第四六編やその讃美歌の場合にも、世界やこの世の生の全般的脅威、あるいは、ヨーロッパの「没落」、この世の「王国」あるいはその類いの「没落」についてさえ考えることはいかに少なかったかということが、似て非なるルターにとって——当然のことながら——必ずしもまったく明らかではなかったのかというと、それを言うことは確かに難しい。それゆえメランヒトンは少なからず心配することになった。(268)ルターはむしろ何よりもまずサタンの攻撃の刃の切先が教会論的・終末論的に見て、福音と苦境に立たされたキリストの教会に対して向けられているのを見た。サタンが彼の全領域にいる被造物を制圧し、神があらゆる三つの秩序、あるいは「場」（経済、政治、教会）によってサタンに立ち向かえば向かうほど、(269)ルターにとっては教会の中で福音のために戦うことが、明白な主要問題となり、彼のきわめて激しい反抗の態度は、見かけは圧倒的に見える、黙示録的次元において見られる敵に対して向けられることになる[270]。似て非なるルターが、教会闘争の危急の中にいた人びとのうちのひとりなのか、あるいはいずれにせよ、このルターが、より一層重要になったのは全人類的人物としてなのか、それとも国民的人物としてなのか、それは誰にも分からない。この言葉の証言となった最初の文書の中でこの言葉がどのような文の構成になっていたかについては、これ以上詳しくは何も知ることができない。しかし、一九四四年にカール・ロッツの感じたところによると、おそらく両者は互いに結びつけられたのであろうと推測できる。

似て非なるルターがなお他の要素をルター自身から「借用」したとは認められない。しかし確かに――おそらくルターに由来する、またはルターにそっくりだとして――別の場所で読まれ、聞かれ、感じられたことが彼にそう思わせたか、あるいは記憶の中で混じりあったかという可能性はあるであろう。その際、シュヴーベン由来の何かがあったのかどうかは、未解決のままであるとせざるを得ない。そうした前提条件で見ると、最も早いのはおそらく「わたしが知ったとしても」という言葉より、やはりシュヴァーベンの文書に出てくる対置された言葉、「明日」－「今日」であろう。というのは、前者はやはりとにかく木も登場するヴュルテンベルクの格言(1)〔一二七頁に既出〕の中にはたまたまなく、また一九四四年のロッツの場合にもないが、戦後の「女子聖書サークル」の格言カードに初めて出てくるからである[271]。しかしわれわれは、もちろん似て非なるルター自身の関与を、なお文書になる以前に別の人びとによって添加されたことさえ考慮しなければならない。

それに対して、後半の部分にある「植える」という言葉は、おそらく最初からそこにあったのであろう。それは、――ごく一般的に言えば――コルンタールのG・W・ホフマンによって伝えられたが、[272] しかし同様に、もしも、否、必ずしもまったくの仮定ではなく、もしも、その格言の第二の部分が自由に創作されたものか、あるいはいっそう正確に言えば、憶測されたルターに倣って作られたものかであれば、確かにどこか別のところで広く知られたキケロの老カトー[273]に由来するかもしれない。

しかし、すでに古代との関連を考えるにしても、世界大戦の世紀に生きたドイツ人たちにとって、古代のサビニ人の農民の場合に見られる穏やかな世代間継承に対する成熟したまなざしを受け入れる気分よりも、魅惑されてか、不承不承かは別として、当時――わたくしもまだ覚えているが――しばしば引用された次のホラティウスの手紙に響いているような破局的なものの挑戦を経験したような気分の方が強かったのである。すなわち、

もし全世界が粉ごなになって崩壊したら、その破片は大胆不敵な者たちに当たるであろう[274]〔原文はラテン語〕。

りんごの苗木の言葉とホラティウスの手紙との間に、これまでの文献中にありながらわれわれがまだ気づいていない著しい親近性があるのだが、そのことにわれわれが気づくならば、すでに世界の破滅についての似て非なるルターの言葉の中に、明らかにルターにとっては教会論的な詩編第四六編の彼による翻訳であり創作であるにもかかわらず、まさに現代のあの時代の危機・戦争・絶滅の不安の中に示されているような悲劇的な生活感情がはっきり反映されているであろうと、やはりこれまで以上

に明確に推測しなければならない。確かに、似て非なるルター自身は、この脈絡から出ている可能性はあり得るが、もともとそうである必然性は必ずしもないか、そうであれば、すべてのことに対して断固として戦う戦士である必然性も必ずしもない。しかし、特におそらく自分が抱くルター像の一部がそれに合致しているとしても、言外の、それに近いニュアンスの響きにはとても太刀打ちできない。近代の観念であり不安の源泉である「世界の破滅」はとにかくわれわれが多かれ少なかれ意識的に取り上げている、部分的には比較的昔の人の格言の中に入っている(275)のは避けることができない。そしてこれは似て非なるルターによって認められ、あるいは同時に意図されたことである。何のためかは、今もう一度後半の文を見ると、いくつかのことが見えてくる。

実際また、差し迫った破滅に直面した態度が個々にどのように描かれているかということも、「ルターの言葉」とされているものが二〇世紀に新しく作られたというわれわれの仮説を検証し推定する際に、なお重要である。つまりここでも、前半の文にまさにルターの表現を持ってきたり、結びつけたりする点で発揮されることができるような、ある程度独自な創作力が認められないとすれば、似て非なるルターの存在を承認することはおそらくやはり撤回されなければならないか、似て非なるルターはせいぜいいわば自分の意志を持たない仲介役、またはまとめ役と見なされなければならないであろう。しかもそれは、もともと自ずから変化しながら、一部は自分の価値を認められていくことになるが、結局根本は持続する伝統的財産、つまりおそらく最後の瞬間になって初めて異化効果を演出したり、乱用に任せたりすることが起こる可能性がある、伝統的財産のただ中であればの話である。わたしはこれはありそうにないことであると思うが。

しかし、やはりなお、独自に創作する似て非なるルターの存在があり得るという、新たな積極的な論拠は存在しないのか。彼が「ルターの」前半の文を作る場合、われわれは確かにすでに彼の書き方——言い方を見ることができた。そこにそのようなルターの「先取り」がないにもかかわらず、後半の文にもなおそうした言い方が存在するのか。ここに実際誰かが意識的に、あるいは半ば意識的に「何か」を発見したという何らかの状況証拠が確認されないのか。むろんその「何か」というのは、ルター的なものと推測されるものだが、やはりまさに新しいと見分けがつくものである。それは、他の、古代、ユダヤ教、バロック時代の寓意表現による表現、敬虔主義、啓蒙主義から引き合いに出された「類似表現」の中にけっして見られない「何か」である。それは、似て非なるルターがおそらくまた不明瞭な連想としてなおまったく別のところから持ってきたといわれるもの、しかし、この脈絡で言えば、彼が正体を現すようにして、やはり自らを持ち込んだ「何か」である。

さて、そうした新しい、これまで馴染みのない要素があるとして、それは何か。それは「りんごの苗木」である。他のすべての表現はまさにこれまでどこかで見出すことができる。「たとえ……としても」から「植える」に至るまで、どの個々の単語あるいは細かい部分にも見出すことができる。すべての表現は、どこかで見られる。何回も見られるものも相当数ある、時には「木」という単語ですらそうである。けれども「りんごの苗木」という表現はどこにもない。この「苗木」という縮小の後綴りをつけた語は、早くもすでに一九四四年から一九四七年までの使用例に出てくる（ただし、格言入り葉書の場合は縮小の後綴りは「ヒェン」でなく「ライン」である）。その上さらにもうひとつのことが加わる。すなわち、それは、同時にそこにルターの名前が付けられて出てくるということである。[276]

したがって、似て非なるルターがこの表現を、前面には出ていない、縮小の後綴り「ライン」も付けない形でルター自身からも、またこれまで使用されてこなかった比較的古い部分的類似表現からも取った可能性はなく、むしろ彼がここで自作の文から作った——もちろんルターが意味するところを推定して——という結論は、わたしには説得力があることだと思う。

その場合、どこかから触発されてか[277]どうかは別として、ルターの庭の「りんごの苗木」というイメージは近代主義のものである。それは、すでに雰囲気としては一九世紀から受け継がれた市民的宗教改革者像に合致している。この像は、ある一定の、しかしルターの自然に対する感受性や家庭生活について知られていることを背景にして描かれてはいないが、やはり牧歌的な、否、時にはセンチメンタルな面を持っている[278]。このルター像の影響は、二〇世紀に至るまで、あらゆる集団の女性にも男性にも、一般信徒にも神学者にも、自由主義者にも保守主義者にも、教会闘争に加わった者にも、教会闘争に加わらない慎重な牧会者にも及んだ。青年運動や新しい神学的刺激、さらに歴史的ルターについてのより正確な知識がまがい物や感傷を著しく抑え込んでも、彼の像がそれでもなお肯定的な評価を受けることには変わりはなかった。例えば一九一七年に初めてパウル・ショイルレンによる『わが家の友ルター』という書物が発行され、第二次世界大戦後まで出版されたのはそうした事情からである[279]。それは一五二五年以降の時代を神学的に手堅く、(具体的)出来事を豊富に載せて記述し、ルターに対する心からの愛をもって証言している書物である。自然の友としてのルターについて記述された美しい章には、次のような文章がある。「彼(ルター)は、造り主を喜んでいるので、静かに密かに咲いていているスミレを見て元気を回復する。というのは、『人間が喜んでいると、小さな木(縮小の後綴りライン付きの)が、いや美しい花、あるいは灌木さえもが彼を喜ばせる』からである。他方、悲しむ者は『木をまともに見ようとしない』のである」[280]。これは、何箇所かに関しては、われわれの取り扱っている格言、また「りんごの苗木(縮小の後綴りヒェン付きの)」という表現から隔たっていることはますます明らかだが、「小さな苗木(縮小の後綴りライン付きの)」は、確かに一九四七年の格言入り葉書に書かれた影絵に類似した、慰めを与える力と、ここに出てくる反対像(サタンの攻撃に対して戦うというイメージ)がやはりかなり目立つにもかかわらず、それに比べ確かにより大きな魅力を発揮した[281]。

要するに、似て非なるルターによってそのように類似した文、あるいは自由な想像から持ち込まれた「りんごの苗木」がもともと何を表現するはずだったかを、もはや確かめることはできない。それは、偉大な模範による、(教会的にか、国際政治的にか、宇宙的にかは別として)望みのない残りの時間、終わりの時間を生きる者に対する純然たる慰めかもしれない。しかしそれはまた、すでにそれでも積極的な将来への新しい方向を示す問題提起として考えられるかもしれない。確かにそれが現れ、定着する過程において当初はわれわれにとって第二の意味に重心を置きつつ両方の意味を持っていた。ここでやはり想い起こされなければならないことは、まったく変わりなく仕事を続けるシュヴァーベンの敬虔主義者たちと違って、いまや明確にこうした態度の非日常的性格と特殊な性格について、まさに木、それどころかりんごの苗木を植えるという象徴の持つ豊かな魅力について言われているということである[282]。ところでそれはつまり、そうした先例に見られる好ましさ、優しさ、無防備なところが、差し迫る破滅という破局の悲惨さに直面した時、敬虔な――あるいは悲劇的な――順応を極端にまで推し進めることができるだけでなく、低く、その中に叫んでいるとまではいかないが際立って聞き取れる、災いに対する反抗の表現にすることもできる。テオドール・クノレが正確に感じたこと、また彼がそれに名前を与えようとした、あるいは彼がそれが見えるように思えた時、おそらくすでにその先にあったこと[283]、つまり、「ルターの言葉」の使用が、――ここで「りんごの苗木」という表現をとった際に、もっと長くこの世で生き続ける約束として、それと混じって響き合った。「忠実さを表す言葉」から「希望を表す言葉」へ、単に怠慢とか熱狂ばかりでなく、それに臨む人間的行為が強調される、すべての終わりという考え方に対する抵抗へと流れが変わっていることは、見誤りようがない。これが似て非なるルターの場合、まったくそうなのかどうかは分からない。しかしそれが十分あり得ることならば、それは、そのルター像へひとつの光を投ずるであろう。

しかしそれはさておき、似て非なるルターに――彼にだけか、彼の対話仲間にもかは分からないが――、決定的に独創性があるということは確かであるようにわたしには思われる。文の前半のルターから影響を受けた部分に対してばかりでなく、後半の部分に対しても、似て非なるルターの言葉が新たに作られる際に、何らかの連想が背後にあったり、先例が考えられたりするとしても[284]、いずれにせよ新たに作る力には、どんな考え得る遺された文と比べてもより力強く、より深い意味がある。われわれはその力の中に近代の保守主義に匹敵する態度を認めることができるであろう。それは、伝統の中で少しずつ挫けながら生きているのではなく、伝統を多少なりとも意識的に守り形成する態度である。結果として、その際やはり進歩に向けられた何かが現れる可能性がある。似て非なるルターは今や新しい教会観の特徴を持っているのか、あるいはむしろ自由なプロテスタンティズムに属するのか、あるいはまったく別の人生観に属するものなのか。とにかくなおきわめてルター的な響きを持つテキストがどのように理解される可能性があるかと考えてみると、やはりかなり宗教に縁遠い理解がなされる可能性があるように思われる。

第7章　どういう意味で広く使われたのか
——将来の言葉、楽観主義の慣用表現、生の象徴（一九六〇年代以降）

1　希望の言葉、進歩主義者の台頭に伴う後退と、将来の不安に対して新たに使われる可能性

りんごの苗木の言葉の由来に対する問いと諸説を検討した後、今やわれわれはもう一度使用の歴史に取り組みたいと思う。五〇年代から六〇年代の変わり目の時期は、確かに一定の中断を示す時期であった。われわれの記述の順序は（いくつかの順序の可能性の中から）選択されたものであるが、それは、ここで今まとめられた痕跡の探究そのものがこの格言の歴史の重要な一部だからという理由で、こうした順序がよいという勧めを受けたのである。当時すでにさまざまな仮説が立てられたが、それらの仮説に今日まで加えられたものはさほど多くはない。しかし最も重要なことは、この時期に真剣に歴史的にこの問題を調査するほとんどの者にとって明らかだったことは、われわれが扱っているりんごの苗木の言葉がルターに由来するものではないということであった。このことがすぐに至るとこ

ろに浸透することはまったくなく、多くのそれを知る者によってでも繰り返し実際に無視されたにしても、新たな状況が生まれた。教会闘争・戦時中からブリュッセルの反響に至るまで見られた、最後は時にはあたかも教会や国家の公式見解であるかのようにルターを引き合いに出す古い無邪気な態度は、多くの者にとって次第になくなっていった。それでもこの言葉は、特に歴史に無頓着な多数の人びとによって、必要とされ使われた。それは、由来の指摘も含めて、すでに独り歩きするようになり、広く知られ承認された一般常識になった。

この章では、六〇年代から九〇年代までのこの複雑な歴史に一瞥を与えることになる。もともとは、それを年代を追って叙述する形で、しかも一〇年間あるいは五年間ずつ進む、またはもっと別の、より適切な章立てで叙述しようと思っていた。ところが、それは、史料がきわめて内容豊富で複雑であるため、特に絶えず重複し、並行して進む経過が多岐にわたっているため、分量がとんでもないほど増えたり、しばしば繰り返したりしないと、不可能であろうということが判明した。そこで、具体例を示した叙述の方法をとることになる。もちろん、その際典型的なものをある程度完全に叙述することに努め、必要と思われる場合には、ある程度時間的に見分けられるまとまり、結びつき、言い回しに注意を向けることになる。格言が日常的なことや個人的なこと——すでに触れた、死亡広告に反映されている文言のような——は、それ自体詳しく論議せず、折に触れて取り扱い、最終章で考察されるであろう。

出発点として重要なことは、一九六〇年代初めにはとっくに、またそれ以前であればあるほど、ますます、「ルターの言葉」は教会生活や一般の社会生活の中で、終末の到来が確実であるにもかかわらず忠実に（この世の）仕事を継続することを表現する言葉としてはもはやほとんど理解されることはなかった。[285]というよりはむしろ、それは西ドイツにおいても、時として東ドイツにおいても、この世の生がさらに長く続く見通しがさしあたりますますはっきりつけられるようになり、その希望を支える言葉として、再びこの世に向けられた教会の歩みに対する効果的な励ましの言葉として、また政治的組織化や協力への要請の言葉として、ますます際立たされるようになった。それがいちばん最初の、まだ文書化されていない段階でどれほど強調されていたか、ということを言うのは難しい。われわれが似て非なるルターに関して思い違いをしていないとしたら、まさに「りんごの苗木」についての根拠のある推測に従って、確かに彼の場合にも、場合によっては「忠実さを表す言葉」として、悲劇の英雄的な傾向をもつ理解と並んで、確かに「希望の言葉」としての「りんごの苗木」も存在したかもしれない。この「希望の言葉」としての「りんごの苗木」はその後、年月を経るとともに優勢になってきたことは確かであろう。いずれにせよ、ハルフマン領邦教会監督が、彼にとっては一九五八年にルターの言葉として通用していた理解（「将来への希望をもって木を植える考え」）に従って、すでにキケロないしスタティウスの詩をいくらか歪めて引用することが起こり得た。[286]

前半の文を事実上排除するか、[287]そのメッセージを、脅威が一時的なものにすぎないとして受け入れるために密かに（緊張感を）和らげる傾向は、繰り返しあったし、また今もある。そうなると、後半の文は、特定の状況のもとで生き続ける者や仕事を続ける者に対する一種の約束として、それどころか、この世の生が滅びないでなお続くという約束として解釈されることになる。往々にしてそのあいまいな背景がつねに認められ、またそれが時に拡大して、繰り返し脅威として経験されたまさにその時、――りんごの苗木の言葉が一般に定着した後、その言葉に対する人気は、先に触れたように、基本的にやはりいわば「希望の言葉」としての性格が一般に広く確認されるところに落ち着いた。われわれはその言葉によって、もはや年老いたこの世の終わりまで、ただ忠実にというだけでなく、なお若干の事態の改善もしながら先に進もうとする。その場合、この世の終わりとは、その後何かまったく新しいことが続いて現れ、本当のルターがとった、将来を楽しみにして待つ態度、また本来遠い昔のシュヴァーベンの格言の文面にも合致するようなものであろう[288]。もっと正確に言えば、われわれは、この言葉に合った行動によって、結局は終わりに逆らって、いずれにせよ終わりを一切無視して、今や新たなこの世の展望を開こうとする。この言葉は、次第に多くの者にとって、ほとんど脅威を積極的に克服する楽観主義の表現となった。そして間もなくりんごの苗木はかなり多くの人にとって、救いを示するし以上のものにすらなった。それは彼らに新しい世界を知らせた。

しかし、さしあたり六〇年代にはりんごの苗木という言葉の使用頻度は明らかに後退した。それは、われわれの蓄積された史料から明らかになったし、ラインハルト・ブライマイアとクアト・フッテンがそのことを指摘した。ブライマイアは言った。「キューバ危機以降高まった核戦争の危機の結果、もはや破局を考えないわけにはいかなくなった」。そしてさらに「一九六六年に始まったドイツ連邦共和国の経済危機に直面して、まさに『ルター』の言葉として引用された文に表現されているような楽観主義は突然時代に合わなくなった[289]」と。ユートピア的思想(ブロッホ、学生運動)の中に、またもちろん新しく登場した将来志向の終末論(モルトマン等が主張する)の中にも示されているような、改めて将来を積極的に見る見方が現れてようやく、りんごの苗木の言葉――ブライマイアにとってはまさにもともとシュヴァーベンに由来するのだが――に新たな場が与えられた、という。それとは逆にわたしは、楽観主義とわれわれが取り上げている格言をより頻繁に使用することとが反比例の関係にあると見る方がたいていの場合むしろ妥当であると思う。その格言は、希望が現実のものとなればなるほど、脅威が減少すればするほど、進歩信仰的態度が広まれば広まるほど、不必要になった。状況が悪くなった時、それは改めて取り上げられた。一九六一年のベルリンの壁建設がまさに同時に情勢の安定化の作用を果たし、まさに一九六二年のキューバ危機の始まりが緊張緩和の兆しを孕んでいた。アデナウアーとエアハルト以後の西ドイツの内政の変動もまたさまざまな希望を伴っていた。次の七〇年代になってやっと西ドイツの新たな危機意識によって、りんごの苗木は再び盛んに用いられた。

序に言えば、ルターの言葉の盛況が一時的に衰退した理由として、なおいくつか他の事情も確かに推測できる。とにかく一九五〇年にこの言葉の新鮮さに与えられたプラス点が今や次第に消耗したのかもしれない。たぶん本物のルターの言葉かどうかについて二、三に留まらない疑問が生じたことが衰退へと導いたのかもしれない。さらに第二ヴァチカン公会議と教会再一致の気分の高揚感みなぎる六〇年代に、真のルターへの関心が台頭すると共に、推測上のルターもいくらか影が薄れた可能性があるかもしれない。他方、当時かなりの数のカトリック教徒の間で、ルターへの関心が生まれたが、しかしこれは確かにほとんどそれと認められるほどにはならなかった。決定的だったのは、すでに触れたように、根本的雰囲気の変化であった。その変化が、戦後という時代に対して、この格言の機能を失わせた。

しかし、七〇年代前半に今や改めて起こった環境の変化、つまりまさにユートピア意識がますます強まり、ちょうどようやく実際に転換が始まる時期に、そのユートピア意識が徐々に衰退するということは、社会にとってまた教会にとって、特に神学的思考にとっても、ひとつの新たな、特別な苦労をしなければ受け入れることが困難な挑戦であった[290]。しかし、時折いくらか増加したり減少したりするりんごの苗木の言葉の使用頻度の歴史にとって、その結果はやがて見えてきた。それはただ衰退しただけであり、忘れ去られたわけではないということが明らかになる。まさに比較的短期間の衰退の間でも、多くの人びとがこの言葉を記憶していたし、教会、学校、日常生活の中でかなり多くの人びとが口にしていた。この「ルター」が再び流行するようになった時、信頼のおける人として、ひとりの年配の知り合いクアト・フッテンがいた。

その時起こったことを、彼はわたし宛に次のように書き送ってきた。

「六〇年代にルターの言葉の使用頻度が減少したことは、七〇年代に再びそれがより増加したことと同様、理解できることとです。どちらも将来の不安と黙示録的期待の曲線が上がるか、あるいは下がるかということと密接に関連しています。六〇年代には、国際政治の状況の緊張は緩和され、経済は好況で、科学技術の進歩への信仰は揺らぐことはありませんでした。七〇年代になると生態系の危機が突然場合によっては不可避的で、恐ろしい世界の破局が来るという見通しをもたらしました。メドウズの報告『成長の限界』は、世界の破局は、人類の態度の急速かつ根本的な修正の取り組みが行われなければ、二〇二〇年と二〇七〇年の間に来ると見立てました。パウル・エアリヒ教授や英国の学者三〇人からなるチームのような他の人びとは、破局が早くも一九九〇年ないし二〇〇〇年に始まると発表しました。学問的に裏付けられた生態系黙示録の性格をもつ書物が大量に出版されました。題名のいくつかを挙げますと、『最後の審判の書』『忠告のための黙示録』『死亡志願者の世界』『住めなくなるある惑星』『プログラム化されたカオス』『カオスとの競争』『壺が壊れるまで』です。こうした黙示録を満載した状況において、ルターのものとされる言葉も再び大流行することになりました[291]」。

実際、一九七二年に刊行されたローマクラブによる報告[292]は、当初なおしばしば右からも左からも不信の目で見られ、それどころか馬鹿にされながら、一九七三年にドイツの書籍出版業の平和賞受賞により表彰されたが、この報告はりんごの苗木の言葉がどのように使用されたかを語る歴史において、ひとつの画期および質の飛躍を意味した。この言葉は、大体のところ希望の言葉として確定されて、今や予想外であったが、時宜にかなった、また直接生態系に関わる問題をはるかに越えた広い範囲にまで及んで、実際的に使用できることになった。つまり、それは、さしあたりもはやひとつの生態系のレヴェル後退の時の単なる慰めの言葉としてはほとんど使用されず、わたしの手もとにあるその後数年間のさまざまな例証によれば、むしろ試みに対抗策を講ずる際の勇気づけとして使用された。こうした関連におけるその言葉の意味は、非常に後になってからやっと再び疑念を抱かれたが、しかし今や、突然不安を引き起こさせるように束になってやってくる諸問題に直面して、「ルターの言葉」は希望を与えるモティベーションを高める力を発揮するようになった。ちなみに、七〇年代、八〇年代にその言葉の使用可能性が、表現・意味・分野に関し、大きく広がり、またきわめてさまざまに組み合わされたので、前述のように、明確な時間的順序を確定することはもはや容易なことではない。

2　生態系に関する言葉として

書籍販売市場で、クアト・フッテンによって名前を挙げられたあの新刊書の中のかなり多くのものは、黙示録的劇場の大歓声をもって迎えられたということ、またその事実がやはり何事かを意味することが、やがて明らかになった。なお他に多くの新刊書があった。しかもそれらの真面目な出版物もきわめて真剣な警告を含んでいた。さらに一九七三年秋のオイルショックという具体的な経験をする事態になった。まさに次第に盛んになった「生活の質」に関する議論は、拡大・洗練の問題から生存の問題に方向転換した。破滅が突然イメージできるようになった。

これは、似て非なるルターの言葉にとっては、新たな、否それどころか以前からもはや同じような表現はできない状況であった。われわれが破滅ということで具体的にイメージできたことが、聖書の証言に満足しない場合、再び変わってきた。それは、この格言が成立あるいは登場した時代には、例えば教会組織、国家、帝国、西欧の破滅であったとすれば、原子爆弾が確かにまだ部分的な破滅をもたらすものから、場合によっては広範な破滅への重要な一歩となったということである。しかし、最初の恐怖が鎮静化され、制御不可能な、しばしば素人考えの全般的連鎖反応に対する恐れが消えた――この連鎖反応に、一九五八年にブリュッセルにおいてなされた原子力平和利用のための宣伝の際にはまだ配慮しなければならなかった――後、やがて次第に増加する、さまざまな過剰殺戮を可能にする核弾道弾の数が、さし当たり感染力はわずかだったものの、なお引き続く潜在的不安になった。感染力がわずかであったというのは、七〇年代末に至るまで――ブレジネフによりSS20ミサイルが東欧に配備される以前――安全保障ということで登場する核の均衡が、以前から到底起こるとは考え難い、したがって多くの人びとにとって非現実的な傾向をもつこれらの危険を後退させたからである。しかし今や、突然新たな不安が現れた。しかもその不安は、なおまったく別の人類の死に対する不安、つまり資源の枯渇による不安であるが、それがもとで、生存の可能性を破壊する多くの他の要因が、結局のところ止めることができない人類の発展志向によって、もたらされる。結局自滅という、以前の時代に比べて、新しい世界の破滅のイメージが二〇世紀に、今やもはや核によるばかりでなく、生態系破壊によっても避けがたく現れている[293]。このことも次第に森林の絶滅という問題領域で、具体的に経験できるようになっている。

すでに一九七二年ないし七三年に生態系の世界、あるいは少なくとも生物圏という意味における世界の破滅に関して、性質と明確さにおいて新しいイメージの可能性が非常に広がったので、多くの人びとが突然再び「ルターの言葉」を取り上げるようになった。というのは、今ややはり特にその中に具体的キーワードが含まれているからである。すなわち、おそらく初めて今や後半の文が文字通りに、単に象徴的に植樹の作業のためだけではなくそれ以外のことにも向けられた要求として、受け取られるようになった。多数の類似のメッセージからわたしが最初のものとして知った典拠は、「公共精神に訴える活動」とハンス・ディートリヒ・ゲンシャー指導下のドイツ連邦共和国内務省により広範に

広められたパンフレットの中にあり、それは、目的に十分合わせられた変化形によって、次のように述べられている。すなわち、

「マルティン・ルターはかつて言った。『たとえわたしが三日のうちに世界が滅びることを知ったとしても、わたしは今日苗木を植えるであろう』と。今日誰に対しても、世界が滅びないように、できるだけ多くの木を植えることが求められている」と。[294]

これに今日まで多くの類似したアピール、植樹活動のための解説、生態系保護の象徴行動、関連する展示の際の掲示板による掲示などが続いて行われている。その最初のころに生態系保護倫理やその類いの会議、講演会、政治家の討論会、教会の集会に出席した者は、この意味で熱狂的に文字通り受け取られた「ルターの言葉」を繰り返し聞き、読むことができた。そして、新たに教会から環境問題の議論のため委任を受けた委員のような学者たちは、より一般化して、より慎重に神学的に熟考し、確認した。いわく、「ルターのものとされた周知の言葉は、環境世界に迫る危機に直面して、新たな現実性と規範性を得た」[295]と。それは、今やこうして「終末論の条件付き」ではあるが、希望の言葉となり、同時に規範性のある教えになっている。この終末論の条件付きに関しては、比較的些細な箇所や基本語が取り替えられた場合、ほとんどもはやあまり気づかれることはない。その格言の前半の文は、まさに今でも再び除外されるか、それどころか、しばしばかなり確実に終末は来ないということを承認するように解釈し直されることさえ起こる。ところで、「世界が破滅しないように」、木を植え

ることは誰もが望むことである。本当にその格言を文字通り取るならば、われわれは自分からそれをもはや使うことはないであろう。あるいは、われわれは「明日」ではなく「三日のうちに」と言わなければならない。そして、それによって十分長い期間を考えるか、あるいは、それを、他の何らかの方法で期間を短縮して実現可能な将来の約束へ変えるかしなければならないであろう。(296)

3　政治的スローガンとして

りんごの苗木の言葉が五〇年代にすでに市民宗教の意味内容を持つものとなっていたとすれば、新たな条件のもとで、その言葉が使用されることを期待するのは当然である。その際、必要な変更を加えて、ということも自明なことである。そのことに関してさしあたり言われなければならないことは、一九五八年にブリュッセルで起こった、ほとんど公式と言えるようなデモンストレーションは起こらなかった、ということである。それは確かに進捗する社会の多元化と関係することである。それにもかかわらず、その言葉をある程度公式に引き合いに出す可能性は維持され続け、新たな関連の中でも根づかされたのは、何も教会サイドからばかりではなかった。われわれは、繰り返しさまざまな傾向の政治家や政治に積極的に参加する者、またむしろ社会主義者が生態系の問題設定と並んで、また部分的にはそれとまったく別に周知の文を引き合いに出すのを目にする。彼らは、自分が理解するような、その文のもつ将来志向性を意識して、聴衆や読者たちに励ましを与え活性化をもたらすばかりか、また聴衆や読者の危機にさらされたイデオロギーが揺らがないように安定させ、あるいは反対にそのイデオロギーに変化をもたらしたいのである。

最後に挙げたことの感動的例は、なお六〇年代末に、それも作家のルードルフ・ハーゲルシュタンゲの場合である。彼は、一九六八年の「プラハの春」が無理やり中断されていた間、またその直後、彼の自由詩の形で書かれた風刺詩のパンフレット[297]の第一〇章において、「すべての木々の中の木」の主題を、「変質させられ、裏切られた社会主義」に適用し、最後に「悲しむが、しかし希望を失ったわけではなく、マルティン・ルター博士のりんごの苗木」のもとで、落ち着きを取り戻す趣旨のことを次のように表現した。すなわち、

彼らは一本の宇宙樹を植えることを約束した
それは、ユグドラシル〔宇宙を支えるトネリコの大木で、その三本の根はそれぞれ神の国、人間界および死者の国を覆っているといわれる〕よりも美しい
その下で地上の諸民族は
出会い語り合うであろう
あらゆる木々の中の木を、その木陰で
耕す人、働く人、考える人は憩う
苗木はすばらしい
だが、苗木が見出すのは
ひとりのみじめな庭師[298]

それでもなお、さんざん絶望した後でも引き続き啓蒙が求められる。「騙され、平手打ちを食わされ、口を封じられたプロレタリアートの新たな、原初の革命」と、「偏見に囚われない自由な会話のために」[299]新たな苗木もまた引き続き求められる。彼（ハーゲルシュタンゲ）は実は次のことを知っているのだが。愚かさが生き残り、われわれは、

泣き、つねに平和、理性、正義を希望するが空しく終わることを

それでもなお若干の苗木が取り寄せられ
その下で二、三の善意の人びとが
釈明するために、出会うことができる
春が来て、暖かい風が吹くとき
わたしはマルティン・ルターと共に言うだろう

たとえ明日世界が滅びることになっても
わたしはそれでもなお庭と家の手入れをして
今日なお植えるであろう
りんごの苗木を[300]

やがて、間もなく絶え間なく続き、激化する階級闘争に向けてイデオロギーを揺るがないように安定させ、力を獲得することも起こった。七〇年代としばしばその後もなお、まさに急進的社会主義の思想に近い人びとの間では、困難と反動に直面して、りんごの苗木の言葉に避難所と新たな希望を得ることがいかにしばしば起こったか。そしてそれが特別目立つ現象になり得た。それは、例えば学生の討論の際に、時には同時に教会の活動家たちによって、議論された。われわれは、今日でもなおかなり多くの説教壇で、こうした慰めと励ましの余韻を耳にする。ヘルムート・ゴルヴィツァーは、当時キリスト者はただ社会主義者でしかあり得ないと神学的に明言したが、彼ならではのやり方でそのことを論証したのである。それゆえ彼は、血なまぐさい「ドイツの秋」の三年前、一九七四年に、次のような人びとについて、今日からすると恐ろしい感じを与えるインタビュー(301)の中で、語った。

すなわち、「(彼らは)これから迎える闘いの中で、政党を味方につけ、そのことによって多くの責任を負わなければならない人びとである。そうなると彼らには慰めが必要になるが、望むらくは、われわれキリスト者はキリスト者ではない社会主義者よりもさらに責任を負わなければならない。なぜならば、われわれは有名なりんごの苗木の言葉が言うように、最期の息を引き取るまで、将来のために何事かを為すことには意味があると信じるからである」と。

その当時作家のペーター・パウル・ツァールは、一五年の禁固刑の判決を受けていて、個人的にはまだ知り合いではなかった「ゴレ」（ゴルヴィツァー）と手紙のやりとりをする関係にあったが、このゴルヴィツァーの言葉を、刑務所から送った、ゴルヴィツァー退官記念論文集のための寄稿論文によって、高く評価した。すなわち、

「彼のような人間はきわめて稀なので、われわれは彼を必要としている。……何がキリスト教的であり得るのかを示すキリスト者として、共に考える者として、共に苦しむ者として、仲間の人間として。

すべてが終わりになっても、ここで、わたしは喜んで彼と共にりんごの木の下に座っていたい。彼が良質のエルザスワインを飲むのを好むかどうか知らないが(302)」と。

しかし、他の社会主義者たちも、「ルターの言葉」を使用した。その中には、――いささか驚くことに――スウェーデンの政治家オロフ・パルメがいる。彼の野党時代（一九七六―一九八二年）に、党首としての職務に飽き飽きしていることや国連の課題に対する考えについていろいろ取り沙汰された時期の、あるインタビューの中で、もし世界が今のように思わしくない状況にあっても、平和、武装解除、連帯について語ることができるかとの質問に答えて、

「もちろん、語ることはできるし、語られなければならない。将来に対する信仰は弱まっている。われわれの国だけでなく、西欧全体で。マルティン・ルターはかつて言った。『たとえわたしが、

明日世界が滅びることを知ったとしても、それにもかかわらずわたしはわたしのりんごの木を植えるであろう』と。これは素晴らしい考えだ。まさに世界が大戦への道を辿りつつあるならば、われわれは平和について語らなければならない。経済発展の見通しが暗ければ、われわれは貧しい者との連帯について語らなければならない。また将来に対する信仰が弱まるように見えるなら、われわれにはは可能性はある、希望はあると言わなければならない(303)」と言った。

これは、「ルターの言葉」を意識的で決然とした、また首尾一貫した対抗策のための声明として理解する、特によい例である。ところでその数週間前に『フランクフルター・アルゲマイネ』の経済欄に年頭の社説が同様な考えを展開した。その社説はやはりルターのものとされている「言葉」で終わっている(304)。

オロフ・パルメ同様、ヘルムート・コールも、まだ野党にいたが、しかし彼が一九八一年にハンブルクのキリスト教民主同盟の党大会でマルティン・ルターを引き合いに出した時は、すでに一九八二年の「政権交代」を前にしていた。

ボンのホーフガルテンで開かれた反ミサイルの大規模な示威集会は、首相ヘルムート・シュミットの立場を決定的に弱めたが、その三週間後に、コールは次のように言った。

「今や――正当にも――われわれが議論しているいわゆる平和運動は、その支持者の多くにとっては、不安感、文明への倦怠感や技術に対する不快感、そして特に注意を喚起するために申しますと、神や信仰を時代遅れのものとして排除しようとする世界における、生活や未来に対する不安の深層から発するひとつの爆発です。多くの人びとにとって、かつてマルティン・ルターをして言わしめた希望や信仰はどこにあるのでしょうか。すなわち、ルターは『明日世界が滅びても、わたしはわたしのりんごの木を植え、わたしの負債を支払いたい』と言ったのです。ルターの時代は、けっして牧歌的時代ではありません。デューラーはあの時代に黙示録の騎士の木版画を製作しました、云々[305]」。

その二年後にコールはヴォルムスでまったく同様なことを言った。それは、一九八三年一〇月三〇日、ドイツ福音主義教会のルター生誕五〇〇年記念祭における演説であるが、今や確かに歴史的には前より慎重なものであったけれども、しかし聴衆にとっては、すぐにその言葉を連想することができるような演説であった。すなわち、

「そして、彼の人生に対する確信――この世における生を最後の瞬間に至るまで建設的に送ろうとする覚悟は、われわれ誰にとっても模範となり続けています。ルターのこのキリスト教的確信は、われわれの時代における信仰の喪失から来る生の不安に抗するものであり、苦境や決定を迫られる窮地について何も知りたくないとする、この世からの逃避に抗するものです[306]」。

こうしたまったく異なった、また一部分は逆の結論をもった、この格言の政治的使用の場合に注目

すべきことは、無力から新たな生の確かさへ、特にそれを根拠として、「最後の瞬間まで」（コール）、あるいは「最後の息を引き取るまで」（ゴルヴィツァー）新たな政治的戦いの行動へと導く、その格言のもつ力に対する信頼である。

しかし、目標の違いは、やはり、ルターのものと推測されているその格言を、直接的にせよ間接的にせよ、どのように使えば有益かというための、言葉の使い方に現れる言語信号によって認識できる。コールは実際希望についても、しかしまた――なおかつ――「確信」と「人生に対する確信」についても語った。これは当時多くの進歩的神学者にとっては、まさに不快な表現であり、彼らにとっては、まさに「希望」に対して本来的な「反対概念」であった。「確信」の方は、静寂主義と革命拒否の立場に立つ概念だったのである。ブロッホは、まさにテュービンゲンへ移る時、ふたつの概念（確信と希望）を『希望の原理』の綱領に則して切り離したが、[307]それに対してモルトマンによる「確信」という概念を（部分的に）救おうとする試みは、されなかった。[308]「キリスト教における無神論」がのさばるようになった。まさに「神に憩う」[309]また神に向けられた希望の聖書的理解に関して、あまり評価されなかった。これは一二年後に祝われたルター生誕五〇〇年記念の年に至るまで影響を残した。そういうわけで、一九八三年には「確信」という概念は、教会人からよりも政治家から聞くことができたのであるが、教会人は新しい言語使用法に気を配らなければならなかった。連邦大統領カール・カールステンの演説は、ニュルンベルク（六月二四日）とヴォルムス（一〇月三〇日）その他で行われたが、彼独特のルター通のところと、それによって強められた、教会内の傾向に対する批判のゆえに、いくらか注目されたが、[310]彼本来の、また事実に即した辛辣な皮肉によって、つまり、ルターが意味するキリスト教信仰は「何よりも神の恵みに対する確信と信頼」であると言って、[311]いくらか西ドイツの教会から距離を置いた発言となった。ヘルムート・ヒルトは、神への信頼について（テキストは、ヘブライ一〇・三五）ヴォルムスで朝礼拝の説教を行った。これは、テキストにふさわしく、また印象的な説教ではあったが、しかし、「確信」というキーワードを使わないものだった。[312]そして「ドイツ福音主義教会の評議員会の言葉」は、年頭にあたって将来に対する疑念に対して次のように述べている。「神の確かさから自己の確かさが導き出される」[313]と。ハノーファーの西ドイツ福音主義教会信徒大会（主題は「生への転換」）は八月、完全にルターの思い出全体と宗教改革的なものへの追憶、また宗教改革的信仰の確信――その周辺現象に至るまで――を削除した。その信徒大会はそれをほとんどこれみよがしに拒否したと、断言してもよいであろう。

それに対して互いに調整し合ってさまざまな場所で一九八三年夏に開催された東ドイツの信徒大会[314]は、同時に教会によるルター生誕五〇〇年記念祭という理解のもとに、開催された。それらの信徒大会には、（西ドイツに比べて）東ドイツの住民、教会員の人数がはるかに少ないにもかかわらず、ハノーファーの信徒大会よりも二倍も多い人びとが集まった。ルターの『小教理問答』からとられた「何にもまさって神を畏れ、愛し、信頼する」という言葉は、西側ではさりげなく触れられたにすぎなかったが、東側では喜ばしいことに全体標語とされ、この標語から（社会主義）独裁政権の下では驚くような「大胆に信ずる」という言葉が、導き出された。そこには実際またりんごの苗木の言葉もあった。それは、七か所で開催された全部の信徒大会への共通の招待案内パンフレットの封筒裏面全体に燦然と書かれていた。

ところで、一九八三年に、西側においても東側においても、多くの場所でほとんど必ず、しばしば一般的に困難な状況下で、このしごく手近にある「ルターの言葉」が引用されたということには、あまりわれわれの関心が払われていない。教会によって国家に代わって行われる政治的活性化の場合に、むしろこの格言は、例えば、まさにデリケートで、長くタブー視されている環境問題に関わるところで、使用されている。おそらくやはり——それを明確に示す例は見当たらないが——包括的非武装政策に、同時に東方ブロックのミサイル配備に関わるか、あるいはまったく一般的に、といっても、きわめて重要なこと、端的に言えば、「変革」に関わるところで、使用されている。少なくとも二か所の地方信徒大会で、デモンストレーションとして植樹活動が行われた。それは、ロストックの場合（一九八三年六月一〇—一二日）[315]とドレスデンにおけるきわめて大規模な集会や会議の場合（一九八三年六月七—一〇日）である。「グローサー・ガルテン」における中央集会のクライマックスは、「大胆な信頼が変革を起こす」と題された四番目と最後の部で、息づまるような雰囲気の中、多くの拍手を引き起こした。

それは次のように始まった[316]。

女性アナウンサー　大胆な信頼、それが変革を起こします。
男性アナウンサー　多くの人は変革が起こるとは信じていません。
女性アナウンサー　マルティン・ルターは次のように言ったということです。たとえ明日世界が滅びるとしても、わたしは今日なおわたしのりんごの苗木を植えるでしょう、と。

男性アナウンサー　これは、希望と信頼です。希望と信頼はふたりの友達のようなものです。

ここで希望と信頼が、神学的に結び合わされている。これは、またおそらくルターの『大教理問答』の最初にある「信仰」と「確信」という概念をいくらか想起しつつ、理解されるべきであろう。しかし同時に、また特にこの希望と信頼というふたつの概念の結びつきは、政治的にとるべきであろう。この後、子供たちが、歓声に迎えられ、薔薇の花を振りながら、一本の木を載せた馬車とともに入場してきた。これはマルティン・ルターのりんごの苗木ではありません、とひとりの子供がマイクで知らせた。しかしその木は美しい木であった。それは、つまり市の緑化のための寄贈の、すなわち、多くの木をドレスデン市に贈る手始めであった。ドレスデン市の緑化のためにその後続いて献金が集められた。木は希望のしるしであると、その時言われたのは、一九四五年二月一三日にドレスデンを襲った恐怖の夜〔イギリス空軍による激しい爆撃〕がけっして繰り返されないようにという意味の永続的平和を希望する象徴である、ということである。

われわれがそれ以降数年の発展、環境問題を討議するために、また比較的古い平和と正義というテーマを掲げて集められた討論会が発揮した、長期間続いた爆発的力、さらにまた再びドレスデンでやや遅れて（一九八九年四月）開かれた「教会再一致の集会」のことを想起するならば、遅ればせながらなお、一九五八年オットー・グローテヴォールがりんごの苗木の言葉の潜在的破壊力に対して示した控え目な態度を、理解することができる。それは、もしそれが社会主義を危険に晒すとすれば、まさに「初期市民的」進歩の信仰なのかもしれない。この間大規模に増加した「遺産相続」〔「ルターの苗木の言葉」に込められた意味を受け継ぐこと〕はまさにきわめて多様なトロイの馬〔外見と違う意味内容が込められているという意〕と関わり合わねばならなかった。しかしその中で最も危険で苦々しかったことは、おそらく平和の宣伝の方向が逆に変わったことであろう。この動きが何十年にもわたってきわめて特異な意味で促進され、西側で歓迎され、また裏工作に支えられ、今や東側に戻ってきて、最も正統と推定された宣伝の担い手に逆らっているのである。その逆効果は次のことから生じ、ますます強くなっている。つまり、すべては教会内でますます明確に表現されていることであるが、不可避的に生ずる全般的軍縮要求、次第に広がる兵役準備教育拒否の態度、および兵役拒否の問題からである。そこでこの場合、決定的になるのは、とりわけドイツ福音主義教会総会によってさしあたり目立ってためらいがちに実行されている、「世界教会協議会からの」刺激を受けつつ生態系問題と正義の問題を結びつけ、束ねるというまさにかなり危険なことが起こっていることである。これらふたつのことは同時に固有の分野に関連しているのであって、ふたつが結びつけられるところに問題がある。(317)

したがって、まさにもし少数の人びとが考えたこと、つまり、この「遺産」がまったくルターに由来するものではない、あるいはルター以外の一六世紀の「初期市民的性格」に由来するものでもない、それよりもむしろまさにその——どちらかといえば——「後期市民的性格」のゆえに二〇世紀の似て非なるルターに由来するとしても、今や結局再びりんごの苗木の言葉に対する不信が主張されているのであろう。おそらくこの似て非なるルターの場合、いやそれどころか、もちろん似て非なるルターの言葉を使う多くのその後継者の場合も、使っているうちにその言葉ときわめて多くのさまざまな内容、特にきわめて解放的現世肯定的態度についての雑多な、こっそり持ち込まれた内容が結びつけられたので、例えば、プレゼントされた木と薔薇の花を配る子供たちを伴って、馬車に乗ってくるというように、なおそうした無害なシンボルを反論の余地なく持ち込まれた場合には、政治的にコントロールして抑えることは困難であった。

われわれは、教会の年次報告書には触れられていないが、今日より広く知られているまた別の象徴的行為がドレスデンで、次いでヴィッテンベルクで一九八三年九月二二―二五日に行われた信徒大会の際、つまりフリードリヒ・ショーレマーによる（剣を鋤に変える）鍛冶屋のキャンペーンがヴィッテンベルクのルター館で行われたことをふと考えると、これは確かにいささか争いの種になりかねない象徴的行為であった。しかし西側の部外者は、その受容と効果に関していまさら参考にしない方がよい。これら信徒大会におけるふたつの出来事は全体像を捉えるのに必要不可欠である。

その場合、そのふたつがあれば完全だからというためだけでなく、一九八九年の東ドイツの政治的方向転換の間、またその後も将来への期待が危機や困難に遭遇すると、決まったように、東ドイツでりんごの苗木の言葉が使われたが、それは少しも不思議なことではないということもあるからである。残念ながらもはやその言葉の典拠を根本的に探索し、発見することはできなかった。しかしわれわれはふたつの興味深い、その時々で典型的な証拠資料を手に入れている。今やひとりの自由民主党の政治家、つまりハンス・ディートリヒ・ゲンシャーが自分の苗木を植え、それによって将来の希望のしるしとしたことは、すでにほとんど当たり前のことになっている。植樹は、ハレのライヒハルト公園において、大学および州立図書館へのかなり大規模な本の寄贈がヴュルテンベルクにおいて解散されたアメリカ軍駐屯地の在庫図書から行われた際にも、当然ながら行われた(318)。しかしそれには隠された意味がある。すなわち、かつてヴィリ・ブラントが首相官邸の庭で行ったように[319]、ゲンシャーはゲーテ風の二種類の銀杏の木を一対にして、しかもそればかりでなく今や「ルターの言葉」まで引用しながら植えたことである。もうひとつ別の証拠資料は、すでにその二年前のこと、ベルリンの壁崩壊の一か月後、そして最初で最後の東ドイツ人民議会の自由選挙の一か月前、一九九〇年三月一八日に起こったことである。「ポツダム教会」の会報の「談話室」という欄[320]で、ルッ・ボルクマンは、「雰囲気が変わる」というまたほっとさせるような冒頭の文章をもって、要するに商売人たちの振舞いにいらつきながら、市場経済、通貨統一、急速な統一についてきわめて批判的に書いている。その際、彼はひとりの西ドイツのことさら反資本主義を標榜する牧師の手紙から引用した後、最後は、彼自身の言葉で次のように結んでいる。

「これを『左寄り』に過ぎると受け取る人はかなりいるでしょう。ですから、あなたがたはわれわれのところに怒りの手紙を書いてくるでしょう。しかし、とにかく正確に聞き取ってください。すなわち、政治家の言うことと、経済専門家がわれわれのところに歩み寄ってくるのを見ることとの間に注目すべき違いがあるのです。たぶんわれわれはこの裂け目に（たとえ明日東ドイツが滅びようとも）、今日なおわれわれの『りんごの苗木を植え』なければならないでしょう。このりんごの苗木がわれわれわれからいくらか不安を取り除くことができるでしょう」と。

東ドイツの滅亡と世界の滅亡が比肩できることとなっている。われわれはドイツ統一の条約が夜開かれた人民議会で批准された際、グレゴーア・ギシが今や東ドイツの滅亡とまったく同じことが決議されたのだという確認をした時、議場は感動し、それどころか、笑いと拍手によって応えた、そのことをふと思う。その「談話室」の記事の最後のふたつの文章が厳密に何を意味していたのか、を言うことは困難である。きわめてありそうなことは、その記事を書いた者が破滅しない東ドイツ、今や民主主義的で、今後ともまがりなりにも社会主義的な東ドイツを考えていた人びとの中のひとりだということである。おそらく東ドイツの崩壊の中で、もう一度りんごの苗木が、「第三の道」に有利になるような最後の、しかしまだ微力なものにすぎない政治的活性化のために提供されたのであろう。しかしこの「第三の道」は、当時かなり多くのゴルバチョフの支持者たちが注目していたスウェーデンにも、けっして実際には存在しなかったのである。

4　包括的な平和への希望のしるしから宗教的救いのシンボルへ

りんごの苗木の言葉が六〇年代以降使用された歴史を辿り、主としてどういう領域で、どこに重点を置いて使用されたかを概観してきたが、その最後にあたり、これまでもすでにしばしば述べられてきた大筋、あるいは傾向がなお示されなければならない。木を植えることに対する特別の意味づけがその格言の後半の文の中に実際ある、あるいはあると推測されるのだが、その意味づけが次第に重要性を増していて、ある程度それだけで独立してきたように思える。例えば——より確かな歴史的情報を持っている場合ですら——時には樹木、あるいは植樹しようとすることがルターにとってどういう意味を持ち得たか、またまさにそれに応じて、生態系の意味を文字通り受け入れるという考えを伴うにしても、それを除外するにしても、その意味するところを今日どのように実現できるのかという問題に対する関心が一般にきわめて強まったということである。そしてそれゆえ普遍的宗教史・文化史上の樹木というシンボルの持つ力に際立った比重が与えられることになった。実践的でもあるこの、ルターと樹木ないし植樹との親和関係は、そうなると多くの人びとにとって一種の宗教的、まさに時にはほとんど神聖な、しかしまたしばしばむしろ教訓・教育のための絶好の機会を提供した。

これは、一部は合理的に克服することが困難なさまざまな脅威の複雑な絡み合いと関係しているかもしれない。実際それは当時やはり広く「世界教会協議会の会期間の審理」のプログラムの中に「正義、平和、創造」という形で反映されていた。すでにその数年前からこれらの、なお見通しのつかない次々起こる世界の問題群が不安症候群に反映されて増加したが、その不安症候群は、われわれがすでに以前経験した、今はかえっておそらくもっと強められている不安な精神状態にまったく匹敵するほどである。[321]この不安症候群のもとでは、言葉を使わないで表現することができたし、おしゃべりは盛んであるにもかかわらず、言葉に頼ることが、むしろすでに絵や式典に頼るよりも、次第に少なくなってきた。

その変遷はもちろん流動的であった。まずは印刷物を見てみよう。一九八〇年代初めのひどく感情的な平和をめぐる議論の中で、りんごの苗木とルターに関する、なお真剣な、それでいてかなり想像力豊かな論証の例[322]と並んで、脅威の状況下で植樹をするモチーフを掲げて執拗に党派心を煽る、その言葉を部分的に取り上げる議論[323]も存在した。他方、その後、意識的な不安要因に対する反応としてまさに寡黙で、不安を払いのける効果を持つ反証のための引用[324]もあった。

植樹キャンペーンについては、すでに何回か論じた。一九五一年に創設された女性聖書研究会のザルツウーファー・ハウス[325]の脇に植えられたりんごの苗木は、わたしの知る限り、最初に象徴的に植えられたものであるが、その後これに続いてなお多くのりんごの苗木が、しばしば特徴的な言葉が添えられて植えられた。植樹キャンペーンは特定の目的、何か新たに始められることに向けて、あるいは励ましや警告としての呼びかけを心に刻むためになされることが多い。苗木は、時に事実上お守り、場合によっては霊的なお守りと見なされた。

しかし、個別的な目的と一層強く結びつくかどうかにかかわらず、植樹することに、より広い意味が与えられることも、りんごの苗木が多くのことを一緒に合わせた意味を表すものとなることもしばしばあった[326]。その後、植樹を象徴的行為にして行われたキャンペーンは「世界教会協議会の会期間の審理」の中で、多くの人びとの参加を得た。それが最高潮に達したのは、一九八九年のバーゼルにおいてであった。それには、特にドイツにおけるさまざまな類似した出来事や表現や考察が準備され、付加されていた。一九八一年に「恐れるな」という主題で開かれたハンブルクの信徒大会では、およそ一万人の参加者が贈物としてもらったマロニエの苗木を一人ひとり自分で植木鉢に植え、その苗木に名前を付け、それを家に持ち帰えることができた。

「……新たな生命のしるし、希望のしるし。一万本のマロニエの木が、西ドイツの至るところに分けられた。それは成育するであろう。そしてハンブルクの信徒大会の目に見えるしるしとして残るであろう。ホールの正面の壁には、マルティン・ルターの言葉『たとえ……としても』が掲げられていた[327]」。

希望と生命の象徴としてのりんごの苗木はすでに以前から、「希望への招き」という主題で開催された一九七九年のニュルンベルクにおける信徒大会の時、比喩的に深められ、図像学的伝統[328]と結びつけられていた。そのイベント全体のシンボルは、皮を剝がれた太い黒の十字架で、そこから力強い緑の若枝が生えていたが、この十字架のシンボルは、聖ロレンツ教会における一四二〇年の戦勝の吊り十字架と関連するものである。伝説によれば、ゴルゴタの木の十字架は天国の生命の木から生え出たものだという。そして今や虹の上に立つ幹から、十字架を囲んで、四方八方へ小枝や葉や果実が生じて成長している。

神の誠実に基づいたキリストの十字架上の死に対する命の勝利――信徒大会の希望という主題設定に関わるこの使信と多くのさらに他の関連する事柄を、参加者たちは折よくニュルンベルクの教会の折り畳みのパンフレットに書かれた文を読むことによって心動かされつつじっくり考える機会をもった。そのパンフレットには、「自らを捧げる愛は、生かすと同時に（自らの）死をもたらす。愛は命と希望を生む[329]」と書いてある。その木の下で、その後この信徒大会の大変有名な催し、すなわち「祝いの晩餐」が行われた。参加者たちの報告によると、食事の間、彼らは興味深くこの命の木を象徴する十字架を仰ぎ見、その際、同じ場所で行われたヨーハン・バプティスト・メッツによる講演の言葉が心に残った、という。

「……そもそもこの人類の革命の道を進むために十分な時間があるのでしょうか。……ですから わたしには、わたしたちに十分な時間があるということは、けっして確かではありません。これをとにかくなおマルティン・ルターを参照することによって――あの有名な答えを引用することによって――論評させてください。それは、ルターが、もしあなたが明日世界が滅びることを知ったならば、あなたは何をしますか、という問いに対して与えた『わたしはわたしの庭に木を植えるであろう』という答えのことです。わたしにとってこれは、運命への弱々しい従順の表現でも、また黙示録的な雰囲気の中で他人の不幸を喜ぶ気持ちの表現でもありません。それはおそらくキリスト教的希望の泰然自若とした態度の表現でしょう。この希望なしには、確かにやはり、わたしたちは、わたしたちキリスト者に命のパンが力を与えてくれるあの人類の革命をあえて行わないでしょう(330)」と。

メッツの場合、「引用文」は格言の形をとっていて、ルターの態度とは違って――しかもシュヴァーベン敬虔主義者の場合のように――日常的なことが続くのではなく、終末に対する意識的なしるしが示されなければならない特別に明確な例になっている。

樹木のシンボルは、われわれが詳細に辿ることができない道をさらに進んだ。ちなみに、文芸欄や書籍市場も樹木や森林(の死滅)が絡み合った一連の問題に対する発言に満ちていた一九八七年から、三つの例だけを示そう。「シンボルを用いた教授法」が学校や教会でそのテーマを取り上げた(331)。プロテスタント教会のフェミニズムは、十字架（死）と命の木のシンボルの弁証法的対立と結合を熱心に論じた[332]。しかし殊更に似て非なるルターのりんごの苗木の言葉が引き合いに出されたのは、一九八七年「見よ、何という人」という主題の下に開催された、フランクフルト・アン・マインの信徒大会においてである。その時歌集に載せられたひとつの歌が歌われた。

1　困窮と死に直面しても
また世界を脅かすすべてのことに直面しても
われわれは、われわれの希望を運ぶりんごの木を植えよう
どの木も小さなしるしとして立つ
（繰り返し）
この地球が回るかぎり
われわれはどの木も守り、番をしよう
それはどの木も夢を
どの木も夢を
どの木も夢を運ぶからだ

2　うそ偽りに直面しても
またもう長い間世界を脅かすあらゆることに直面しても

われわれは、われわれの夢を運ぶりんごの木を植えよう

3

妬みと苦しみに直面しても
どんな辛い時にあっても
われわれは、われわれの夢を運ぶりんごの木を植えよう(333)

調子はいくらか軽やかで、気持ちを和らげる印象を与えるが、きわめて困難な時代をも克服する行為の楽観的な特徴を持っている。それは、ブロッホの希望に対してアドルノが評した特徴、すなわち、通俗的な表現様式による「喪章を付けて戦う楽天主義」を思わせる。序に言うと、まさに「繰り返しの節」の中の終末の時(「この地球が回る限り」)は、厳密に言えば、完全に永久に来ることがない日と理解される。信徒大会の歌の場合、確かに暗にルターに由来すると考えられるとされる、キリスト教的希望は、他方、好んで用いられるが、しかしまぎらわしい方法で、単純に夢と同一視される。木はその両方を運ぶのである。

この歌は、いささか不明瞭な隠喩を用いているが、生態系の問題を強調しているものの、同時にいかにより大きな諸問題がたくさん存在するか、またいかに歌の中にある植樹行為が象徴的表現全体を示しているか、ということのよい例である。その限りでは、この歌はすでに一九八三年ないし八四年に現れ、それでも個人倫理的には「忠実さを表す言葉」という理解、神学的にはルターにより近いところから出ているが、彼をやはり直接の典拠とはしないという理解のもとで書かれた、マンフレー

ト・ジーバルトの歌に似ている。

たとえ明日世界が滅びることになっても――
わたしは今日なお苗木を植え、
借金がある限り、それを支払うであろう
そして神と世界の間に決着をつける。
生きている限り、
わたしは休むことなく、
苗木を育て
神のよき被造物の世話に努めたい
たとえ明日世界が滅びることになっても……
わたしはなおわたしの言葉と行いとをもって
わたしがなおしなければならない
愛と義とを
行う時をもつ。
たとえ明日世界が滅びることになっても……
わたしはあえて、終わりの時が来る前に
神の仕事からこっそり抜け出すことはしない。

神の国の到来を楽しみにしている者は
この地上で罪を犯してはならない。
たとえ明日世界が滅びることになっても……
わたしがこの地上で為すことは、まだ不十分だ。
まずイエスが世界を変えるであろう。
主の大いなる日が始まるまで、
わたしは主の名において行動しなければならない。
たとえ明日世界が滅びることになっても……(334)

しかし今や、ルターの名前を引き合いに出した実際の植樹が、しかもあからさまに、まさにほとんど儀式のように行われた。それは、一九八九年の聖霊降臨祭後の三位一体主日である五月二一日に、バーゼル大聖堂の前で、「正義の実現による平和」(335)というテーマの下に開催されたヨーロッパ・エキュメニカル集会の閉会礼拝においてであったが、それは、一九九〇年ソウルにおいて「正義、平和、被造物の保護」というテーマで行われる世界教会協議会総会までの中途主要開催地がバーゼルであったからである。ミサに類似したその礼拝の順序（主要部　入祭の歌－十字架奉献／信仰告白－福音書朗読－説教－シグヌム－派遣－執り成しの祈り－主の祈り－祝福）によれば、十字を切る「シグヌム」は中心の位置に置かれた。

エルザス・ロートリンゲンで『アウクスブルク信仰告白』を規範としている教会の牧師ピエール・

ケムプフが、これを紹介し、ルターを最初に挙げて、その象徴との連関をつけた。

「われわれは木を植えようとしている。ある日、マルティン・ルターが、もし世界の終わりが明日に迫っていることを知ったなら、どうしますか、と問われた時、彼は『わたしはりんごの木を植えるでしょう』と答えた。われわれは庭に希望の木を植えようとしている……」〔原文はフランス語〕。

この「希望の木」の望まれる成長と、この集会の成果に対する希望とが結びついているのであるが、この希望の木は、次の言葉によって、今や古代教会の木の十字架に関連づけられた。すなわち、

「被造物全体、人間、動物、植物が平和のうちに生きる、花咲く野に植えられて。こうしてわれわれは今日この木を植えて、祈る。全世界の平和のために、われわれ自身のために、一方の人が他方の人のために、そして来たるべき世代のために。われわれはバーゼルにおいて一本の木を植えて、祈る。この木が平和と正義と命のためにわれわれが参加したしるしとなるように、と」[336]。

広い範囲の古代と近代の象徴的表現が収められている「木は息づく」という讃美歌によると[337]、ふたりの男が若々しい菩提樹の木を石灰岩の柱が林立する場所に——最終的な場所は他にあった——植えた。その上さらにヨーロッパ諸国から来た人びとが彼らの故郷にある象徴的な場所の土をまいた。そして

三人の子供がその木に、リレー走者によって運ばれたライン川の水源からの水を注いだ(338)。このこと全体は、テレビアナウンサーが強調し、教会が後でした最後のまとめの作業の中でも肯定的に解説されたように、ちょうど二〇〇年前「ナポレオンが自由の木を植えた」その場所で起こったのである(339)。十字を切る「シグヌム」の直後、カール・フリードリヒ・ヴァイツゼッカーが登場し、「放送」を行った。

「われわれは木を植えました。その木は、われわれに被造物の仲間、兄弟姉妹の絆で結びつけられた被造物の一枝です……。

友よ、われわれはひとつに結束してここで語ったことを行おうではありませんか。われわれがたった今語った美しい言葉が大切なのではありません。大切なのは、日々起こされる行動です。(それには)醒めていることが必要なのです……(340)」。

実際、ヴァイツゼッカーは同時に一九九〇年ソウルで開催される世界教会協議会総会の目標とする点に注意を喚起した。それは、本来聞き逃すわけにはいかない「平和を主題とした世界教会協議会総会」の目指す主題を普遍化したものであったが、首尾よくいかず、さほど注目されなかった。というのは、内容的にも技術的にも問題が多すぎたばかりか、ソ連帝国の崩壊が早まったこととアメリカがある程度脱悪魔化〔この機会にアメリカの傘下に入る地域を広げようとするあまり、国際秩序に新たな波乱や分裂を起こすような態度をとることを止めること〕したからでもある。バーゼルの信徒大会は、少なくともヨーロッパの諸教会の間ではいくらかより明確な記憶にとどまった。また古代教会の、創造やキリストの象徴表現というほぼ極限から、一七八九年の自由の木に示された反終末論的精神にまで至る、今やまったく広い範囲に広がった役割を果たしている「ルターのりんごの苗木」も多くの者にとって、そうした複雑な状況と関わっている。なぜその言葉が引き合いに出され、またますます多くの要求によって心を癒すような意味を満載するようになったか、その理由は明らかである。それは、その言葉が世俗的な将来に対する希望、一切の脅威を貫いて、まさに「危急と死に直面して」も世界の終末に対してきっぱりとした態度で、共に生き残る夢と実践を活性化するしるしとしての特徴と信頼性をもっているからである。

しかし、われわれが取り上げている「ルターの言葉」が本当にそうしたすべての意味を持っているのであろうか。とりわけ、木の象徴表現がますます強く自然宗教的な意味を持たされている状況の中で、そうしたすべての意味を持っているのであろうか。すでにゴアレーベンにおいて、またフランクフルト空港の西側離陸用滑走路の樹木の場合は、実際フランチェスコ（前者の場合）やアメリカ・インディアン（後者の場合）が利用されたし、樹木の「聖性」に対する尊敬の念が求められて[341]、ルターはほとんど、あるいはまったく持ち出されていないことは自明である。実際その言葉に含まれている創造信仰に対しては、微妙な限界がある。申命記（二〇・一九）では、町を攻略する際攻撃の材料として実のなる木を切り倒してはならない（これは、食料確保の理由からであり、環境保護の理由からではない）とされているが、この、場合によってはここでも繰り返し[342]引き合いに出すことができ、また自然宗教的に再解釈できる掟からですら、ルターは、生態系的な意味も、自然宗教的な意味も読み取っていない。彼にとっては、交戦権の洗練化〔みだりに戦いを仕掛けず、情勢を冷静に見て行動すること〕が問題なのである。(343)

ここから似て非なるルターの言葉がどのように使われてきたかを物語る近代史の本質的な問題と関わる章全体を顧みると、その言葉の理解が本当のルターに近づくよりもむしろ、彼からはるかに遠いところに移ってきたことは明らかである。この言葉が使われている数多くの例を厳密に考えると、種々さまざまな評価ができるものの、全体としてはやはりルターの場合にはそうは思えないいくつかの傾向、つまりキャッチフレーズのように、また多くの利用者の場合に確かにあまりにも十把一からげに扱われ、しかも反終末論的、神人協力説的、自然宗教的と言えるような傾向に変わってきている。自然宗教的なものは、したがってその場合、正しく理解されたキリスト教信仰的な自然に対する配慮や現実に対する解釈の意味ではなく、時として意識的・無意識的に循環論や有機体論に近づいて、(「明日世界が滅びるとしても」という) 終末に関する留保を省略することによって〔人間と世界が神によって創造されたという〕創造信仰を妨げることとして理解されざるを得ないだろう。(344) いずれにせよ、過去圧倒的に後半の文だけが取り上げられてきたということが確認される。その場合、りんごの苗木は、力づける希望と命のシンボルとして、時として自然による救いのシンボルと並んで、不安を抑えるために、また特にこの世の生き残りのための、ひとつの目標に向かって激しい行動を促すために、際立たせられた。

第8章　今後は使われないのか、それともまだ使われる可能性があるのか

1　終末のしるし

りんごの苗木の言葉が現在どのような役割を果たしているのか、またそれと関係する問題に、最後になお一瞥を加え、それと関連して——当然ながらさしあたり残っている——結論を導き出さなければならない。したがって大切なのは、この言葉の成立の経緯や使用されてきた歴史に従って、なおもう一度提起されるべき問い、つまりその言葉をルターに由来するものとする説の正当性に対する問いばかりでなく、とりわけまた今日、そもそももっと広い範囲の人びとがその言葉に興味を持っているのか、それとももはや興味をもっていないのか、そしてそれはどういう理由からか、またどの程度ルターや宗教改革的なものがそのことと関係しているのか、という問いである。

前章で述べたように、希望の言葉として使われたその格言も七〇年代と八〇年代を頂点として第二の活況を迎えた後、そうこうするうちに再び衰退したことは、たとえその最後の成り行きがどうなる

か、見通すことが難しいとしても、注意深い観察者の目に留まらないわけにはいかなかった。すでにしばらく前から意識的にせよ無意識的にせよ、それが「ルターの言葉」の意味することから隔たっているとする徴候はあった。

その例として、一九八三年の宗教改革記念祭の時、西ドイツ最大の朝刊新聞に載った社説を取り上げてみられるがよい。その中でヴォルムスで行われた記念祭における、ドイツ連邦共和国のカールステン大統領とドイツ連邦共和国のコール首相の演説(345)を批判的に扱った後、ルターの、神とこの世との関係に関する考え方について次のように言われている。

「他の人びとはまったく違った見方をするかもしれない。ハノーファーで行われた信徒大会の際、戦争の不安に怯えた若い世代の者たちが集まったのであるが、そこではルターについてはほとんど話題にならなかった。われわれは差し迫った戦争に直面した場合、なお落ち着いてりんごの苗木を植えるであろうか(346)」と。

この視点から見ると、ルターは自分を落ち着かせようとする誤った態度の側に位置づけなければならない。したがって、似て非なるルターのりんごの苗木の言葉——明らかにルターと切り離せない——には、政治的には役に立たないところと、時代遅れなところがある。その言葉には、一九七九年のニュルンベルクや一九八一年のハンブルクで見られた活性化のための希望と生のシンボルのこと、あるいは今やそれらに近い東ドイツの教会のこと、また一九八九年にバーゼルでそれらすべてに続いたこと、に対する考えはもはやない[347]。

その格言に対する――またルターに対する――不信の棘はすでに深いところに達している。ギュンター・クーナートは、彼の詩「ルターと木」の中でその格言を非難したが、誰も彼ほど激しい非難をもって、しかも同時に古典的に表現した者はいなかった。

われわれは大洪水について読んだ
そうした大洪水はまず繰り返されない
済んだことはまさに済んだこと
だからルターは木を植える

そしてドイツの川はゆったりと流れ去る
毒のある泡として
君は知ってるか、何を為すべきか――
ルターは彼の木を植える

そしてなお子供たちをつくることを勧める
世界には場所が足りない
すべての貧乏人や弱者のための場所が

彼は一所懸命彼の木を植える

そして地上がアウシュヴィッツのようになれば

彼は平和な狭い地条を見出すであろう

苦悩と労苦の彼方に

自分と彼の木のために(348)

これらすべては当然のことながら、実際のルターの態度とは違うし、時代のしるしに対して目を閉じることも、実践理性を働かせないことも、偏狭なエゴイズムも、苦しみに対する恐れから、あるいは不気味な眩惑のゆえに信心深く自分の内面へ引き籠もることも、ルターの態度とは違う。クーナートが考えたのは、歴史に対する素っ気ない態度よりも、現在「ルターの言葉」を扱っているかなり多くのケースに対する反論の方かもしれない。この詩は、まったくさまざまな関心からこの言葉を使用する者、反抗的な攻撃者のような盲目的伝統主義者、(庭の)壁の窪みに居座っている無精者に当てはまる。いずれにせよこの言葉は有害である。なぜならば、それは幻想(349)を促し、いずれにせよまさに差別を促すからである。それとも、単純にそれとはまったく違うものは何も残らないのか。クーナートの最終的判断はあるいはまだ多少見極めがついていない状態であるかもしれない。とにかくかつてゴットフリート・ベン(350)が示したようなルターに対する密かな称賛については何も感じ取れない。

その他、「ルターの言葉」から距離を置く林道も広くなった。われわれが見たように、その言葉は一九七九年、八一年のゴアレーベンでは使われなかった。

一般に、驚くことに事実を分析し、しかし文献的にも過去を想起する樹木と森林というテーマへの公の取り組みは、特に八〇年代半ば以後とりわけドイツで起こったり[351]、時にはまた姿を変えて神話的なものへの逃避として起こったりしたように、ほとんどの場合「ルターの言葉」を持ち出さないで為された。その時も、ギュンター・ネニンクの痛烈で警告を込めた批判は、その言葉としばしば結びついた「生態系保護の野蛮人」や彼らの「ファシスト的馬鹿らしさ[352]」の非合理主義に対して為されたが、その批判は最初はその言葉にまったく触れていない。しかしウタ・ランケ・ハイネマンがもう一度それを取り上げたが、ただそれは、この言葉が自分とは疎遠なものであることを強調して示すためにすぎなかった[353]。おそらく次のことも特徴的なことである。すなわち、『ロックムの文選』という、黙想のためのテキストを集めた内容豊かな新しい名言集は、その中に樹木の主題をもった分野のための比較的大きな文章群があるが、それはかつてハンス・リリエによってまさにきわめて高く評価された、ルターのものと誤解された格言に、もはや触れていない[354]。

もっとも、私的な事柄や日常的事柄の領域で、また時としてそれらと関わるショービジネスの中でも、われわれはその言葉をどうにかなお聞いたり読んだりした。りんごの木と希望の夢を歌ったフランクフルトの信徒大会の歌（一九八七年）は、実際再びその後の信徒大会の歌集から消えたにもかかわらず、人気歌手で語り手のラインハルト・マイは「わたしのりんごの苗木」というアルバムを引っ提げて登場し、そのアルバムは一九八九年一〇月二八日に同じ名前の第一テレビの番組でも紹介された[355]。その放送は、「子供たち」と「子供たちと共に経験する生の冒険」というテーマについての歌や詩や即興演奏を含んでいた。最後にマイは父親として常にすべてを間違いなくやるかどうかという質問について語った。「わたしは少なくとも愛をもってできるだけ間違いなくやっているように思えるようにする。そうするとわたしは、マルティン・ルターのものとされた格言の中にそれを支持してくれるものを見出す」と。タイトルにある歌によって始まったその放送はそういう形でまとめられていた。マイはその中で、自分の子供に話しかけながら、子供が今日その中で生まれた、危険をはらんだ世界情勢の矛盾について、そしてその後最後の節で、次のように歌った。

お前は不確かな時代の光だ
逃げ道のない状況からの脱出だ
……
目あてなく途方に暮れたままの世界の中で
われわれに遺されている唯一の希望は、子供たちだ

繰り返し

一切の希望が萎え干からびたならば
わたしはお前と一緒に最初から始める
そして実現不可能なことを実現する、絶対実現できるさ

お前は、わたしが植えたりんごの苗木だ

盛んな拍手によってこうした勇気づけの言葉が受け入れられた。ベルリンの壁の崩壊の数日前に放送されて、そのレコード吹き込みの成果がその後（東西対立の緊張が緩み）世界史的安堵が訪れると共に現れてきた。そして、ラインハルト・マイとわれわれの格言に関して、新聞紙上にひとつの、あるいは「われわれの四番目のりんごの苗木」の誕生についての広告が現れたのは間もなくのことである[356]。こうして今やわれわれはりんごの苗木の言葉に――相変わらず時折――死亡広告において出会うだけではなくなった。子供たちの誕生の場合にも、その言葉が使われ、いくらか定着することになる[357]。子供を授かるということは、多くの場合、まさに具体的な象徴行為と見なされる。もっともその解釈はさまざまであるが。もしその際、りんごの苗木の言葉が直接的にせよ間接的にせよ引き合いに出されるならば、それで、その引き合いに出した人が、主としてなお力強い「希望の言葉」の伝統の中に立つのか、それともむしろ昔の流儀で、あるいはまったく新しい流儀で「忠実の言葉」を考えているのか、確認することは難しい。幼児が場合によっては「われわれに残された唯一の希望」であると言われているとしても、必ずしもすべての者がその言葉をまさに政治的変動によって単純には消えない世界の問題全体と互角に取り上げようとしているわけではない。その正反対である。りんごの苗木の言葉はますます強く個人化しているのであって、その傾向はとにかく近年果てしなく続くようにわたしには思われる。それを肯定的に使う者は、とりわけ自分自身の生活領域に目を向けていることが多い[358]。

しかしまさにこの個人的、しかも最も個人的な領域において、今日りんごの苗木の言葉は時にはまさにその限界にまで、いやそれどころか、その言葉の使用できる範囲の究極点に達している。その言葉の前半で表現されている否応なく迫っている否定的な状況が優勢になっている。その反対に、これまでしばしば唯一重要な思想あるいは振舞いと思われてきた好ましい主文（その言葉の後半）が目に見えて追体験できる可能性を失ってきた。それは周知の約束として多くの者にとって味気のないものになった。それはたかだか直接の警戒信号、あるいは個人的救いとして彼らのためになお生き続けているにすぎない。市民宗教的にはりんごの苗木の言葉は確かに五〇年代に比べるとむしろ小さな庭の反抗者の中で、おそらくある程度の政治的遅咲きを経験したが、今やまた突然萎えてしまった。個人的敬虔、あるいは個人的世界観の片隅においてのみ、それはなおある程度誰にも妨げられずに成長しているように思われる[359]。しかしその場合でさえ、どこでもというわけではなく、例えば癌で亡くなったスイスの法学者で作家のペーター・ノルの有名になった日記の中に、一九八二年一月二八日の日付で次のように言うところがある。

「もし末期のガン患者がなお歯を全部磨いてもらい、あるいは喫煙を努力して止めるならば、それはルターの言葉とまったく同じように、無意味なことか、さもなければ意味深長なことである。ルターの言葉とは、すなわち、わたしがたとえ明日世界が滅びることを知ったとしても、わたしは今日なおりんごの苗木を植えるであろう、というのである。世界が明日滅びないことを知っている、あるいは世界が滅びることを知らない者のみが、そのように言うことができる[360]」と。

何という炯眼であろうか。何と醒めていることであろうか。まさに目からうろこが落ちるようだ。ノルはルターをなお彼にとっては無意味な言葉の元祖であると思っていたにもかかわらず、実際ルターに何と近いことか。それは、彼がルターの信仰をその通り共有していたということではない。聖書の読者は、プロテスタントの伝統にルターの遺産を哲学的な懐疑と結びつけたが、まさに批判的合理主義によって教育された者は、その思想の最も説得力のあるふたつのイメージ、死と神を排除しないことにあくまでこだわった。[361] 彼がしかしその格言に関して、またおそらくそれを使用することに関しても気づき、槍玉にあげたことは、状況をまったくあからさまに無視することと、意味深長な希望の言葉による、あるいは誇らしげなしかし無意味な行為による自己欺瞞であった。強調しておきたいが、彼はあわてふためいて降伏の言葉を語ったのではない。その逆である。その本全体は、決められた道を、慎重に身辺を整理しながら、生き生きとした、熟慮された、しかもその際、普通とは違って、人間や自然や体験に対してこだわりのない態度で、力強く前進することを証している。しかし多くの点で、この態度は、[362] しばしばあからさまな希望の象徴という形でしか現れない幻想の受容を拒否する態度より、むしろ「絶対他者」に対する期待の中で現れる醒めた終末時の忠実さに似ている。ノルが認めたように、確かに自己欺瞞を持たない最も小さい者たちが現れるが、それでも彼はそれを自分の境遇としては受け入れなかった。そのようにして、死にゆくノルは、やはり「生きなければならないという強制」、つまり医学的な生命維持の「自律性」に対して批判的に反論した。

「わたしは寄る辺ない者たちが助けもなく、弱い者たちが保護もなく放置されることを好まない。

むしろただ、死が確かにあるのだから、死との付き合いを続けなければならない。そして生が死との付き合いを排除することができるなどと考えてはならない[363]」と。

この根本的な幻想を育てる「ルターの言葉」を使う場合、その（希望の）幻想に関してはわれわれはすでにかなり多くの実例に接したが、個人的限界に達した批判的精神においては、次第に受け入れられなくなっている。

りんごの苗木の言葉からこのように、また他の場合も含め距離を置く態度は、そうした例をあまり一般化することは許されないが、今日稀ではない。それにもかかわらず、もう一度この格言を想い起こし、確認することに対して特に効果的促進力が加わることが一九八〇年代後半に起こった。すなわち、一九八五年に初めて出版されたホイマー・フォン・ディトフアトの長期にわたるベストセラー『さあ、それではりんごの苗木を植えよう。その時が来た[364]』のことである。このような鋭い筆法とこの本のとてつもない流布によって、りんごの苗木の言葉は強烈な印象を与え、またさらに広く知られた題名によって、新たなスローガンとしての性格を持つことになった。ある新しい引用事典は、まったく根拠がないわけではないが、その言葉をディトフアトのものとするということまで起こった[365]。

しかしその本によれば、その格言に関しては多くのことがもはや以前とは違っている。すでにフォン・ディトフアト自身の場合もかなり多くのことがさらに展開を見せている[366]。長い間政治的に、また神学的にこの言葉を使用する際、その内容を圧倒的に規定してきた、この世の希望に向かうという基本的方向づけを追求することは今や無駄である。ルターのものとされるりんごの苗木の言葉は[367]フォン・ディトフアトにとってはまさに最後の言葉にほかならないのであり、その本がおそらくやはりまだ何となく、キリスト者の挑戦であるにせよ、破滅を前にした、つまり終末に臨んだ「被造物の保護」と関わりを持つものであるにせよ、その拠り所となる一種の「基本思想」[368]ではない。これを言い換えると、むしろ人類の終末が今日「まったく確かに」[369]近づいているが、それでも「これは無を意味していない」[370]という理解に立つ者の「確信」にほかならない。したがってもしも、ディトフアトの本に基本思想があるとすれば、それはその本の輪郭をはっきりさせ、より適切にルター、つまりルターの「危急の祈り」、すなわち「終わりの日よ、来たれ」によって的確に述べられている思想である。その祈りは、その本の最後の箇所で、もはや――最初の箇所と違って――「意外な感じ」[371]を与えることはなく、われわれが間近に迫った終末を幻想を抱かずに見るならば、「われわれに真理とわれわれの存在の意味に対する洞察を開き」[372]、今や理解できるものとなる。精神的治癒過程はまだ始まったばかりである。彼岸に対して準備を整えることと結びついた確信は、今や理解できる。この「唯一の課題」のための時は今なのだ。それが――ぎりぎりの――その時、つまり生きとし生けるものの死からの帰還不可能となる限界点がすでに越えられている、「その時が来た」と言われるその時だとしてもである。りんごの苗木を植えるという要請によってフォン・ディトフアトが考えていることはまさにこのことである。

われわれは当然彼の哲学的思考の特徴とルターの終末論、特に外から到来する者を待つ姿勢との間に、若干違いがあることを批判することはできる[373]。しかし、われわれの問題との関連でより重要なことは、フォン・ディトフアトと共に、より長く続くこの世の将来の約束の意味における希望の標語としての、りんごの苗木の言葉が盛んに使われた時代はまずは終わった、ということを確認することであるように、わたしには思われる。ディトフアトは確かに理論的には、恐怖が前進を阻む作用を及ぼすかもしれないということをまったく考慮しないわけではない。しかし、彼はそのような精神的翻意、またその実際的帰結は、たぶんずっと後になって起こると考えている。彼は誰からも希望を奪うつもりはなく、むしろ、誕生と死との間にわれわれが果たすべき役割を確信をもって引き受けることを通して、彼らの失望を食い止めようと思っている。[374]

フォン・ディトフアトによってりんごの苗木の言葉がもう一度広く一般に知られたこと自体、何か両刃の剣のようなところがある。そのことについて——特に口頭で——意見を述べた人びとの中には、すすんで実際の使用例に当たって綿密に調べない人びとがいた。彼らにとっては、その言葉は依然彼らに馴染みのある「ルターの希望の神学のモットー」、あるいは「ルターの周知の原理」ということに留まった。ディトフアトの本の題名は、彼らにとっては、彼らの、長きにわたって将来を展望する、またもともとその題名に込められた、将来を志向する意味を込めて引用することを確認するものにすぎなかった。他の人びとはその本をもっとしっかり読んだが、哲学的で、宗教に対して価値判断保留の態度をとっていることには賛成することができなかった。彼らは分析の熱意は認め、その分析に賛成したり、反対したりしたが、その効果の点では、われわれの格言に対する結果と同じであった。すなわち、それはいつの間にか今や、それを受け入れるにせよ、拒否するにせよ、一種の一般的最後の言葉になり、りんごの苗木を植えることは、終末のしるしになった。救いになることがもはや何もない時に、われわれが為す何事かになった。[375] われわれは今や「その場合、りんごの苗木を植えることとしか残っていない」ということを聞くことが多い。それは、もしかすると、何かが駄目になった時、無神論者が口にする「その場合、助けになるのは祈ることしかない」という言葉に比べることができる。そしてこの「その時が来た」という言葉は、昔はあちこちで黒い服を着た牧師がある家に近づくと、ひそひそ声で言われた「もうその時ですか」という言葉を思い出させる。

死を知らせる使者としての「ルターの言葉」、りんごの苗木は、そのためもはや希望のシンボルではなく、そのまま終末のシンボル、諦めのシンボルとして、――実際いつの間にか多くの人びとから解釈されている。そしてまた時にはすでに――楽観主義者であり続ける人びとから――まさにそれゆえに拒否されている。したがってフォン・ディトフアトの結論に対して、一九九三年同じ出版社から刊行されたヴォルフガンク・パールの本『りんごの苗木を植えるのとは違う考え――発展的世界像の意見表明[376]』は反論している。彼は将来に対して明瞭なチャンスを見ている。

「われわれの置かれた状況の中では、なるほど楽観主義は諦めより苦労の多いことであるが、われわれは悲観主義的な本を必要としていないのだ。……

わたしには無意味な反抗をする気はまったくない。しかしわれわれが出口なしの状況に対して疑問を呈することができる以上――そしてこの本はこの疑問を強くもって書かれているのだ――、われわれは出口を見出そうとしなければならない。しかしそれは誰にももはや収穫をもたらすことのない、果物の木を植えることではない[377]」と。

このように人を見下すように、軽い嘲りによって、パールが意見を言えたのは、彼が例えばフリチョフ・カプラのような「総体的思想家」〔複眼的視点から物事を捉え、全体像を描く思想家〕に倣い、また自然科学、哲学、また――東アジア的であって、キリスト教的ではない――宗教に基づいた新しい「重荷に耐え得る模範」を将来への出口として提供することが期待される「調和的世界像」の代弁者として、自認しているからである[378]。最後に、彼はもう一度われわれの格言に触れる。

「マルティン・ルターと同様、まったく別の理由からであるが、わたしは終末を恐れない。むしろ彼とは逆に、わたしは災いを予言する叫びを聞いて庭仕事に駆り立てられることはない。したがって、りんごの苗木のことを忘れよう――もっと大切な、もっと希望に溢れる、もっと心躍る課題がある。ただその課題に対してお手上げになったら、その時は解決不能ということになるだけである[379]」と。

意図的か否かにかかわらず、ルターは「庭仕事」という標語によって、新時代の近くに位置づけられると同時に諦めを主張する啓蒙主義者ヴォルテールの『カンディド』の近くに――あるいはその一角に――位置づけられる。しかし、パールにとって果樹を植えることが無意味なのは、終末が確かで間近にあるからではなく――ペーター・ノルとは違って――世界のジレンマが彼にとってはまさに解決可能なものだからである。ただし、それは、仮にわれわれが精神的に別の、つまり彼の総体的で、発展的・進歩的世界像の方向をとるならばのことではあるが。

「ルターの言葉」はしたがってこの場合も、もはや少しも終末に向かう行動を勇気づけるものとしては理解されず、フォン・ディトフアトが述べたように、決定的に終末自体にふさわしい言葉と理解されている。それはまさに、パールにとって、救いの大きな思考の枠組みの転換が可能であるし、また必要であるがゆえに、庭の片隅で、破滅を迎えるという考えは不必要であり、[380]まさにあり得ないことだということにほかならない。

こうした議論に立ち入り、神学的に明らかにしようとする者、またその場合、露骨に黙示録的なパニックを説く議論に対しておそらくより確かな根拠によって反論したいと思う者にとって、別の仕方で「ルターの言葉」をもう一度持ち込むこと、あるいは、その論者が望むならば、あたかも「ルター」が、われわれは終末が近いことについて確かにまったく知ることはできないということだけを、あるいは特にそれを強調して言いたいかのように、その言葉を急いで脱黙示録的なものに改竄することによって、議論から外してしまうことは、あまり有益ではないであろう。[381]それはルターとはまったく無縁なことであろう。しかし近代に登場した、似て非なるルターの言葉の中にもこうした表現は通常は微塵もない。

特に世界像を志向して哲学的思索をしたり、新たな宗教的刺激を求めたりする思想が影響を及ぼす範囲内では、りんごの苗木の言葉に賛成・反対のあの意見表明はすべて、どんな普遍的展望をもっていても、やはり現代の知的議論の一部分のようなものにすぎない。現代の知的議論の場合、りんごの苗木の議論ではなく、例えば社会学者は、「危険要因を孕む社会」の議論から「絶滅の社会」の議論へかなり以前から移行している。[382]そしてグレゴリ・フラーの哲学的エッセイ『終末——生態系の破局に直面しつつ朗らかな絶望に生きることについて』[383]が広く読まれている。彼にとって、人類の終末が間もなく来ることは、まったく確かである。というのは、必要な「超パラダイム変換が現実的に不可能であることは明らかだったからである[384]」。今や大切なことは、傲慢にならず、人間嫌いにならず(ホルストマン)、「理性の虚構」に失敗する時代遅れの理性主義者(ハーバマス[385])の態度をとらずに、人類の死を学ぶことである。責任倫理(ヨーナス)は人びとの共感を呼んでいる。しかし、現実はその方向に向かわず、希望(ブロッホ)が人間の基本的精神態度でありつつ、現実は終末の決戦をこれまで以上に絶望的にしているので、希望の代わりに大切なことは、

「今やわれわれの魂が平和を見出すために、希望を放棄する時が近づいている。終末の時が始まった[386]」ということである。

今や大切なことは、「受容という原理」であり、「一種のポストモダンの精神的平静」であり、ある種の「根拠のある洞察に基づく朗らかな絶望」である。それは、倫理的・生態系保護の行動を排除しないし、英雄的に絶望する、「ヘミングウェイと同様な」態度であり、「グリーンピースとロビン・ウッドが言うところの、最後の日の真の聖人たち」である。われわれはなお「この種の人びとの存続のために尽力する[387]」ことができるし、自分自身のこと、また自分の子供たちのこととおそらくなお次の世代のことを考えることができるであろう。その際、特に大切なことは尊厳である。すなわち、

「われわれは破滅を受容するであろう。しかも、自然と人間を救うためにすべてのことを為すことによって、自分自身に耐えるであろう。もはや片づけなければならないことは多くはない。主なことどもは為し終えた。小規模な湿気のあるビオトープの救済、アウトバーン建設計画の拒否、木を植えること——この慎ましい行為はわれわれに求められていない。それは、われわれが自分と自然を尊重するなら、必然的に生ずる[388]」。

ここにもう一度植樹ということが出てくる。しかしそれは、ルターとは関係のない、まただ数ある主張の中のひとつとして、また終末の期待に対する励ましの象徴的主張を持たない、またかつてのシユヴァーベンの敬虔主義者の場合に類似しているにもかかわらず[389]、確かに彼らの場合にあった救い主の到来と彼による新しい世界の開始に対する確信を持たない、主張である。われわれはすっかり自立した状態である。

「もはや自然はまったく重要ではない。重要なのはただまったくの自尊心だけである。……自立した主体間のモラルという理想は、消え失せて二度と再び現れない。もはや法は存在しない。主体は、まったく自立に逆戻りする。ただ自尊心という個人的、不合理なモラルの残りかすによってのみ、われわれは硬直して怠惰になった状態から脱出し、行動することができる。このみすぼらしいモラルの名残りをわれわれは英雄モラルと呼ぶこともできる。なぜなら、それは最低限の行動を成し遂げるからである。同様に愚か者のモラルという概念が持ち出されるであろう。明朗な泰然自若な態度で行動する愚か者が――短命であるが――将来のシンボルになる[390]」。

2　ルターの説く生きる勇気

ところでルターはどうであろうか。グレゴリ・フラーの場合、問題になっているのは、木を「植える」ということであって、ルターやりんごの苗木ではないということはもっともなことであるが、やはりこれは彼に特徴的なことである。木を植えるということがもともとどこから来ているかを推測すると、特にまさに本質的にもドイツの言葉と親密な関係にあるとは思えないだけでなく、その言葉は特に今日の多くの言葉と同じように、非常に違う精神世界の中で生きている。彼の関心を惹くのは、たかだか例えば、時におそらくその言葉と結びつけられているホラティウス風の――廃墟の中で死にゆく英雄の[391]――連想かもしれない。他方、ルターに関心を持っていないが、その格言をフォン・ディトフアトを通じて知っているヴォルフガンク・パールのような人は、それを拒否して捨て去る。なぜなら、その格言がまさに今や終末のしるしとしての役割を果たすという固定的理解に捕らえられているように見えるからである。これらのことは、ごく最近、ルターと同一視されるりんごの苗木の言葉が再度盛んにもてはやされたが、それが再び使われなくなっているということを示している。

その言葉は、なるほど消滅したわけではないが、もはや特に頻繁に出会うことはない。他方、今やその格言をまったく知らないとは思えない人びとに出会うことがますます多くなった。確かにそれと同時に、徐々に大変な勢いで一般的にルターが忘れられるという結果になっているが、それには、宗教改革者に対する尊敬がキリスト教界全体で失われていることと、特にルター的プロテスタントに見られる宗教的諦めが危機的に起こっていることが反映されている。名前を挙げて誰かを引用する者は、それが歴史的に根拠があるか否かにかかわらず、肯定的に受け取っているか、あるいは少なくとも何らかの類似点を期待している。たとえそれが、名の知れた人物によって漠然と権威を強めるためだけに役立てようとする場合でもそうである。しかしこれすらも、今日ルターの場合、もはやさほどうまくいっていない。それに比べて、「ルターの言葉」が本物ではないことが広く知られたことが、その言葉の使用頻度の減少となったかといえば、それはさほど大きな影響はないであろう。引用文の使用頻度の減少が、やはり他の場合にも興味を抱いて引用する喜びを深刻に阻害したかといえばそれは稀である。いずれにせよ、似て非なるルターのりんごの苗木の言葉を引き合いに出すことが著しく少なくなった。

　しかしその言葉の愛好者は依然存在する。それは、ルターの言葉とされることもあれば、そうされないこともあるが、繰り返し読まれ聞かれている。それも、これまでこの言葉が使われてきた歴史の中で実際に現れた理解の仕方すべてに関連づけられて、――自分だけの流儀で、あるいは他の人と共通の理解のもとに――それぞれの考え方、またそれぞれの世界観に従いながら、読まれ聞かれている。それにもかかわらず、それは、普遍妥当性のあるもの、公共的なもの、市民宗教的なものから離れて、特殊なもの、個人的なもの、私的なものへと向かう傾向をますます強めているかもしれない。また、この格言を使用する際の重点が人類が引き返せない地点にまだ来ていないという仮定から出発して、この世の希望を強調することに置かれることは今やもはやさほど多くはないかもしれない[392]。その言葉が、——確かに問題は知りつつも、基本的には挫折していない——終末に対するどんな期待も持たないか、あるいは少なくともそれ以前になお手に入れることができる、ある程度長期の幸運な状況を期待する、進歩の信仰を表したものとして聞かれることは、さらに稀になっている。われわれがますます多く出会うのは、まったく宿命論的な気分を持ち、この言葉をせいぜい憤りの、あるいは静かな反抗の表現によって確認するほかないような同胞たちであるが、彼らはその時もう一度その格言を持ち出す可能性はある。このようなことは、もしかするとやはり悲劇的な歴史観・人生観によって一般に決定づけられている初期の「ルターの言葉」の性格に立ち戻っているのかもしれない[393]。

しかし、今やりんごの苗木の言葉をルターに由来するものとして、あるいはルターにふさわしいとすることをなお肯定して引用する人びとのほとんどが、慎重に、むしろそのトーンを弱めるように、それを引用している。彼らにとって大切なことは、特に何か個人的なこと、「生きる勇気」という標語によって示すことができること、無責任であることを嫌いつつ、さまざまな将来への明るい展望にさほど頼らない、積極的態度である。その例は、以前にもすでにそのつど触れたが、一定の人間的素質が見られる場所でまずは存在する。そういうわけで、一九八二年に、一度ある死亡広告でこの格言が掲載されたが[394]、今や数多くの書き方でさらに広い範囲で登場している。

「たとえわたしが、明日世界が滅びることを
知ったとしても、わたしはなお今日りんごの若木を植えるであろう
マルティン・ルター」

そしてその下に逝去者について、次のように記されている。彼は、

「彼の人生を肯定する、幸せな生き方で、
まさに彼の置かれた困難な時代にあって、きわめて大きな生きる勇気、彼の
確信と愛とをもって、多くの拠り所をわれわれに与えた」。

われわれは、その言葉を、――一〇年後――似たような意味で目にする。それは、ただ困難な時代を克服したことを振り返るばかりでなく、地球規模の人類の避けることのできない終末を基本的に認識する時期でもあった。ドイツの環境問題に取り組む運動の最も勇敢で注目すべき代表者のひとりであり、責任倫理の精神から、以前から警告的な著書と私欲のない政治参加によって活動してきたヘルバート・グルールが、彼の亡くなる一年前のあるインタビューで、最後に、次のような意見を言った。すなわち、「いまや大切なことは、多くの変革を行って、この地球という衛星において人間の生存期間をなおいくらか引き延ばすことである」と。またさらに個人的なことと、いったい人生は生きるに値するのか、という質問を受けて、彼は次のように答えた。

「まさにわたしの全力投球の活動が証明しているように、わたしは生きる勇気を失ったことはありません。わたしは地球が永遠に存続するかのように生きています。わたしは、おそらくこれま

で同様これからも真偽のほどを保証されないであろう、りんごの苗木についてのルターの言葉を思い浮かべます。わたしはなお毎年、そこから何が生まれるか考えることなく、二、三本の苗木を植えています。そしてわたしの子供たちもわたしと同意見で、大きな生きる勇気をもって生きています。たぶんわたしたちは、非常に多く耐えることができ、非常に多く持ちこたえることができる家族なのでしょう。わたしは他の人びとから生きる勇気をもらいたいとは思いません。しかし……わたしは自分と他人をあざむきたくありません……[395]」。

ところでこれは、この節の表題に掲げられた、ルターの説く生きる勇気だろうか。ルターの説く生きる勇気が、性格上の素質あるいは家族の重荷に耐える力という結果を生むにすぎないならばなおさら、そのようなものは、とにかく信仰問答の説く、神に祝福された創造の賜物であるが、ルターの説く生きる勇気ではないであろう。いずれにしても、ここでオーバーラウジッツの農民に由来する教会的態度の伝統がどの程度影響しているかを言うことは難しい[396]。したがって、ここでその格言が意味しているのと同じように、まったく非宗教的な格言としてならば、それは理解できる。もちろん、それは著しくあの楽観的な進歩主義との関わりから遠いばかりでなく、破局願望を持つ人間嫌いの、単に冷笑的に大袈裟に気取った表現からも遠い[397]。

しかし、りんごの苗木の言葉と関連する「生きる勇気」という標語は、神学的にも、しかも明瞭にルターの意味するところに近い形で、現れる。それは、例えばオスヴァルト・バイヤーの場合、倫理的進歩に対するキリスト教的視点と、近代の「形而上学的」な、一部は敬虔主義的な視点とを区別するために役立っている。

「ルター本来の生きる勇気――楽観主義と悲観主義を越えた――は、洗礼において基礎づけられているが、確かに彼自身に由来はしないが、彼の理解に合致した格言の形で、表現されている。すなわち、『たとえ明日世界が滅びるとしても、わたしは今日なおりんごの苗木を植えるであろう』と[398]」。

この格言は、これによって同時に歴史哲学的性急さと思い上がりの克服を表す象徴的意味を持っている。それは、バイヤーが他の箇所でも、ルターのりんごの苗木の言葉を「本来の生きる勇気――楽観主義と悲観主義を越えた――」という表現で解釈している通りである。

「創造信仰と希望を、恩恵の決定的勝利（ディダケー一〇・六参照）に関してよりも、世界の破滅に関してこのように限定して捉える形では、この断章は完成されない。棄却は必要不可欠なこととして理解されない。不都合なことは最後の有意義なこととして見られてはいない。罪責と赦しはこの世に内在するものではないとして結びつけられている。この世が続くことは、ただ自分の手の業を諦めない者の誠実さによってのみ期待される。その時われわれは、自分と他者に対する最後の審判が下されるという、あるいは世界史を世界審判として考える強迫観念から解放される[399]」。

同様な態度は、一九八八年八月一四日にオスロで開かれた、第七回国際ルター学会でのインゲ・レーニングによる全体主題に関する開会講演において見られる。その講演の最後に、次のように語られた。

「世界史の終末の前日に庭にりんごの苗木を植えることについての黙示録的言葉は――他のところでもこの格言の由来についてテーマとされていると聞きますが――、それが極端に天真爛漫であるために、ルターのものとは程遠いことを心に刻むこと、またルターの思想構造と根本的に別物として解釈されることが望ましいのです。確かに予期される世界の終末に直面して木を植える庭師の態度は、逆説的で、おそらく英雄的革命的態度として解釈されるかもしれません。しかしながら、より分かりやすいのは――わたしたちが仮説的にその格言をルターが語ったと推測したいならば――、解釈の可能性としては落ち着き払った態度の方です。そうであるとすれば、ルターが最後の日の前の晩、自分の庭でりんごの木を植えたことは、神に対する単純な信頼から生まれるこの世に対する誠実さを告げるという意味になるでしょう。世界の終末と救いは、いずれにしてもただ神だけが為すことができることです。わたしたちが為し得ることは、神の被造物として、世界を神の恵みの維持によってわたしたちになお委ねられているように、感謝をもってさらに長く将来にわたって耕すことです。

世界の救いについては、ただ神の摂理と人間の混乱というパースペクティヴからのみ、取り上げることができるでしょう[400]」。

この例によってわれわれは直ちにもう一度第二次世界大戦末の数週間が思い出される。ライプツィヒ市長であり、一九四四年七月二〇日にヒトラー暗殺計画共謀者たちにより帝国首相に予定されていたカール・ゲルデラーの栄誉を称えてウヴェ・ジーモン・ネット[401]は、彼の刑務所内の死の際の態度を、次のように描いた。

「きわめてルター的であった。彼は、……（なお温められていた）将来の諸計画を練り上げたが、その諸計画を彼はけっして経験しないであろうことを知っていた。『たとえわたしが明日世界が滅びることを知ったとしても、わたしは今日なおりんごの苗木を植えるであろう』。今日よく引用される『ルターの言葉』は、そのように言っている。これはおそらく偽作であろう。……しかしこの言葉はきわめてルター的である。というのは、それは一方でルターの終末の期待を、他方で人間は終末が来るまでは、彼がその市民であるこの世の国において自分の義務を果たすべきだという、ルターの信仰をも明確に表現しているからである。したがってその格言は、ルターの二王国説がこうした短い形で表現されたのである。ゲルデラーが抵抗運動の時期に、また刑務所内で死を迎える時期に、またもっぱらこの説に全面的に依拠して思想を形成したのかどうかは、不確かである。むしろ、おそらく彼はこの教えから生まれるエートスを内面化し、――そして彼はそれを導きの糸として生きたのであろう」。

このような、またこれと類似した――使徒信条第一項を解説するすべての信仰問答の説明の中にある「……〔神が天地万物の創造の後も被造物であるわたくしを〕今もなお保たれる」という言葉の意味での――解釈は、われわれの格言によって直接、間接に宗教改革者を拠り所としようとする多くの他の人びとの解釈に比べ、宗教改革者の態度と解釈に間違いなくはるかに近い。しかし、ここでもいまだに問題なのは、ルターの解釈ではなく、似て非なるルターの解釈である。似て非なるルターには、確かにルターも説く生きる勇気を志向するところ、つまり前半の文を真剣に受け取り、誠実さを強調するところがある。また徹底的かそうでないかは別として、永遠なる世界を喜びをもって期待するところがある。これは、まさにこの言葉を使う者のほとんどが、普通は、取り組むことができないか、あるいは、彼らには気に入らない態度である。それはおそらくすでに似て非なるルターにある、伝統継承の断絶に抵抗する、われわれの世紀にとって典型的な態度と同じである。

3　ルターの考えと一致しているか

ここで、また他のところでも見られるように、いずれにせよ格言の純然たるテキストだけの史料は、ルターの終末が近いことを説く終末論との結びつきを失わないために、あるいはとにかくそれを獲得するために、音楽の演奏になぞらえれば、もともとつねにその言葉をめぐって解釈するいわば伴奏にあたる理解、あるいはどのような形であれ、この格言を使用する者の人格を通じて、または聞き手の期待を通じて持ち込まれ前提にされている理解を必要としている。しかし大多数のケースに当てはまるのは、ルターの場合、より強く現れている終わりの日への憧憬[402]について、テオドア・クノレが初期に書いた考察である。後にオスカー・ゼーンゲンがこれを、またルターの――義認の問題に関して神人協力説から解放された――倫理との関連を、より強調して次のように表現した。

「わたしの考えによれば、この格言のテキストは、ルターがその到来をひたすら待ち望んでいた、終わりの日に対する彼の燃えるような期待と相容れない。しかしこの熱情には、人間の――終末の出来事に備えをする――行為を考えに入れる余地はない[403]」。

たとえルターとの一致が、まだ不確定であるにせよ、彼が自分の行為にほとんどこだわらなくても、あるいは彼の改革の考えによって時として慎重にいくらか先に進むこともできたにせよ、ゼーンゲンの言っていることは事実に近い[404]。愛による正しいキリスト者の行為――苦悩と同様――は、ルターにとってはキリスト信仰から発する。キリスト者はまさに自由とされているが、それにもかかわらず、その行為は自分独自の生き方をキリスト再臨の希望と並んで、あるいはあからさまにそれに対抗して持ち出すことはしない[405]。しかもその自分独自の生き方がたとえなおきわめてしなやかな象徴を伴っているとしても、である。この場合、独自の生き方が持ち出されるのは、希望が偽物である場合であって、被造物である隣人とこの世に対する奉仕において終末時の誠実さを発揮する場合は独自の生き方は持ち出されない、という違いがあるのであろう。しかし、そう考えると、その場合こそその格言がルターのものと思えないにもかかわらず、ルターに近いところにあるのである。その場合、そのことによって事実ルターの二王国説のいくぶんかのことが短い形で表現された可能性がある。

しかし、りんごの苗木の言葉の歴史を全般的に見てきて言えることは、ほとんどの場合、対照だけが一層明確になったということである。その主文、つまりりんごの苗木を植える後半の文と結びつくすべてのことを見ても、また前半の文を見ても、ほとんどは神の国の啓示の成就に対する先の見通しをまったく欠いて、終末がいかに一方で排除され、他方で懸命に克服の努力が為され、遂にはやっと受け入れられるかという、（終末の排除と克服という）対照である。いずれにせよ、「世界の滅亡」ということが、キリスト者の間に至るまで広く、今日では完全に世俗的に理解されている。

われわれの慎重な考察の際、つねに背後にあった問い、すなわち、りんごの苗木の言葉は「ルターの考えと一致している」か、という問いは、したがっておそらく、テキスト（類似表現ではなく）と多くの使い方に関しては、全体的には否定されなければならないであろう。それにしても、それはすべての事例に当てはまることではない。というのは、それを使い、聞く少なからぬ人びとがその場合なおいくらか別のことを考えているということと、彼らが教会や社会の多くの他の人びととよりもルターからの隔たりが少ないからである。したがって、妥当な措置は、繰り返し個々の事例の分析がなされ、似て非なるルターの言葉がその時々の背景と状況の中で、おそらくやはり名前を出している人の解釈にある程度対応して使われ、また理解されているかどうか、を問うことであろう。これは、答えを出すのに難しいことが多く、とにかくさほど首尾よくいくことではないが、関与している人びとがそれを普通吟味しないまま前提にしているとか、使用しているとかする場合に比べれば、難しい事例はずっと少ない。

　まして似て非なるルター自身の場合、われわれはこれら個々の事例のうちで最初のものを正確にはこれまでまったく知らない。しかし同様に明らかなことは、その言葉がやはり「うまくでっちあげられている」という広く伝えられた意見は、それによってルターへの当て擦りで言っているのだとすれば、支持できないということである。ルター的表現の要素の助けを借りて二〇世紀に現れた格言が宗教改革者の気持ちに添って真似ようとされているため、考え方や解釈が等しく適切に表現されているのかどうかは、確かに成立史的にはまだ正確な答えが出されていないが、しかしその時点で現れ、今日まで基本的にはそのまま、つまりルターの考えに一致していないままで残っているテキストは、もちろん影響の筋道を辿る歴史の傾向によっても確認されて、格好の証拠になっている。

　したがって通常、りんごの苗木の言葉が特別な文脈あるいは説明によらないで、違う形で確定された場合、それはもともとルターの終末論や倫理を表現したものではなく、明らかに二〇世紀半ば以前の同時代の信仰、あるいは人生観の関心事を表現しているのである。この場合、社会的・政治的考え方から時に挑戦を受けた際、その言葉は、特にドイツにおいて、戦中・戦後の混乱、復興の精神、改革を促す強い圧力、さらに危機意識、生存の不安、諦めといった文脈の中で、まさにさまざまな態度を明確に表現する際に、一定の、時にまた著しい役割を果たした。われわれがこの格言の歴史を通して検討して得た結果は、たとえ——半ば期待に反して、しかし半ば期待通りに——いずれ、似て非なるルターによりこの言葉が出現したことについて明瞭に証明できる痕跡が一八世紀ないし一九世紀に行き着くことが証明されたとしても、変わらないであろう。

われわれの結論が今述べたようなことであるからといって、誰がりんごの苗木の言葉を使おうが、それを妨げるものではないことは自明なことである。生きる勇気に対する助けが重要ならば、何が言葉の規制または思考禁止を求めるであろうか。わたしはすでに以前に言った。「この言葉を使いたいと思う者は、安心して使いなさい、ただ、あの三つの今日身近にある誤解に用心し、きっぱりした態度で臨みなさい。すなわち、お人好しの楽観主義、虚無的反抗、そして千年王国論の律法主義の誤解に」(406)と。さしあたり、なおさらに二、三のことを挙げなければならないであろう。それは、言ってみればかなり見られる自然宗教的熱狂のケースである。

全体としてもちろん特にマルティン・ルターの名を挙げることに対して、今日なお一層の注意を呼びかけたい。それはしかも、明白な歴史的理由からだけではない。今提示されている結論全体からして、わたしの考えでは、りんごの苗木の言葉と関連して、〔「これはルターが言ったらしい」と言って〕なお曖昧にし、目くばせしながらルターの名前を弄ぶことはもはや許されない。もちろんこれが禁じられているわけではない。ただ、何をしているかを知らなければならない。ルターは、人が望むと望まないとにかかわらず、けっして不特定な誰かではなく、彼や彼本来のメッセージとされていることが取り上げられる場合は、常に宗教改革的なもの、中心がキリスト教的なものが共にかけがえのないものとして提示されている、そういう人である。彼を今日何か疎遠な人として利用する者は、事実上単に歴史的記憶の突然変異よりもっと奇異なものをもたらす。しばしば間違った過剰変形をもたらした、さまざまな記念祭を振り返りながら、ゴットフリート・マロンはそうした出来事を過小評価することに警告を発して、適切にも次のように言った。すなわち、「ルターの喪失は、むしろすでに彼の

（言葉の）押収〔ルターの言葉を使わなくなること〕によって始まっている[407]」と。

しかし、ルターが必ずしも繰り返し多くのことに耐え、持ちこたえてきたとは限らないとすれば、本物ではないりんごの苗木の引用文のような些細なことが彼や教会に実際いくらか害を与えるかもしれないということに、異議を唱えることができるであろうか。ところで、わたしが案じるのは、この場合、問題はそう簡単ではないということである。なお存在するのは、わたしとしては、わたしを控え目な態度にさせている観点である。それは、最近数十年の間にルターを「引き合いに出すことができる」条件がまったく変わってしまったということに関係している。その条件は、まさに近ごろ非常に制約されてしまったので、そのことについての（かつての）あの広範な知識、あるいは少なくとも、それによっていつかすべてが正しい状態に戻されるであろう、ある程度維持できる最小限の知識に頼ることはもはやできない。「ルター」という名の傘下にある福音主義キリスト者の間ですら、おおよそ何か肯定的なこととして、ほとんどこのひとつの文しか連想しないとすれば、われわれはやはり何か本物の出現を期待したくなる。つまり世間一般の人びとの意識の中で宗教改革者の主要なメッセージとして、せいぜい、本物ではないが、特に影響力を及ぼし合う歴史・伝統や他からの影響を受ける歴史において厄介なこのひとつの思想だけが人びとの気を引くならば、自らと他の人びとに対してルター自身に関して決定的な最小限の知識を受け入れる余地を残しておくことが必要であるし、また今がその時であるように思われる。ルターにとってこれは同時に「聖書の核心[408]」として――あの格言には現れないが――主キリストに対する信仰の言葉でもあり、また彼とわれわれの最後の、必要な一切のことを与えてくれる、自由な行動でもある。

このためにもう一度新たな似て非なるルターが、わかりやすい言葉を作り出すかどうかが問われている。

注

第1章

（1）この問題に関するわたしの最初の試論は一九七五年に行われた講演 Martin *Schloemann*: Luthers Apfelbäumchen. Bemerkungen zu Optimismus und Pessimismus im christlichen Selbstverständnis, Wuppertal 1976 = Wuppertaler Hochschulreden 7. それ以前の時期に書かれたものとしては、Theodor *Knolle*: Legendäre Luther-Worte. Mitteilungen（現 Zeitschrift）der Luthergesellschaft 30. 1959, S. 114-120. 当時はまだ知らなかった二論文 Ernst *Bammel*: Das Wort vom Apfelbäumchen. In: Novum Testamentum 5. 1962, S. 219-228, ここでは、次の同筆者の論文の増補版が引用されている。Judaica. Kleine Schriften I. Tübingen 1986, S. 140-147. Reinhard *Breymyer* の未刊行修士論文 Untersuchungen zur Rhetorik pietistischer Texte. Magisterarbeit, Phil. Fak. Univ. Bonn 1971（Masch.）それ以後の時期に書かれたものとしては、Erwin *Mühlhaupt*: Das "Apfelbäumchen". In: Aufbruch. Evangelische Kirchenzeitung für Baden Nr. 39, 26. Sept. 1986, S. 7. Gottfried *Adam*: "Und wenn ich wüßte, daß morgen die Welt unterginge . . ." In: Deutsches Pfarrerblatt 87. 1987, S. 410-412. Reinhard *Breymayer*: "Gnomon typusque vitae Christianae". Zum emblematishen Hintergrund des "Gnomon"-Begriffs bei Heinrich Oraeus（1584-1646）und bei Johann Albrecht Bengel（1687-1752）. In: Blätter für Würtembergische Kirchengeshichte 88. 1988, S. 289-325, bes. 292-296. Nikolaus *Walter*: Die Botshaft vom Jüngsten Gericht im Neuen Testament. In: Eschatologie und Jüngstes Gericht. Hannover 1991 = Bekenntnis. Fuldaer Hefte 32, S.（10-48）33-35, Anm. 27.

（2）これに関して、他の側面から見られた文献 Wolfgang *Heinrichs*: Kirchengeschichte als Aspekt von Mentalitätsgeschichte: In: Die Bergischen. "Ein Volk von zugespitzter Reflexion". Festschrift für Karl-Hermann Beeck, hrsg. v. H. de Buhr, H. Küppers, V. Wittmütz. Wuppertal 1992, S. 306-331.

（3）Hoimar v. *Ditfurth*: So laßt uns denn ein Apfelbäumchen pflanzen. Es ist soweit. Hamburg 1985, als Taschenbuch München 1988. ――「ホイマー・フォン・ディトファトへの反論として（カヴァーの文言）書かれた」。Wolfgang *Pahl*: Umdenken statt Apfelbäumchen pflanzen. Plädoyer für ein Evolutionäres Weltbild. Hamburg 1993.

（4）Hellmuth *Benesch*: "Und wenn ich wüßte, morgen die Welt unterginge . . ." Zur Psychologie der Weltanshauungen. Weinheim 1984, S. 5. この論文には、ルターのひどい曲解がある。"Kopfrecht"（「頭脳の権利」）というのは、"Eine Predigt, daß man Kinder zur Schule halten soll"〔説教「子供たちを学校に行かせなければならない」の意〕, 1530（W A30 II, 557）から取った言葉であるが、そこでは、語呂合わせで "Faustrecht"〔「自力救済権」の意〕に対して使われていて、善良でしっかりした世俗の統治者の最も重要な印として、権力の代わりに、理性と知恵が用いられることが言われている。

（5）*Luther 83*. Eine kritische Bilanz. Hg. v. Claus-Jürgen Roepke. München 1984. *Das Luther-Erbe in Deutschland*. Vermittlung zwischen Wissenschaft und Öffentlichkeit. Hg. v. Süssmuth. Düsseldorf 1985. *Bilanz des Lutherjubiläums*. Gütersloh 1985=Kirchliches Jahrbuch 110（1983）Lfg. I.

（6）Berliner Sonntagsblatt Nr. 43,30. Okt. 1983.

（7）例えば、クラウス・メディングによる "Vermittlung zwischen Wissenschaft und Öffenntlichkeit"（本書注5を見よ）に掲載された巻の中で検証済みの史料として挙げられている次のものを参照のこと。Frankfurter Rundschau Nr. 254, 1. Nov. 1983. Westdeutsche Allgemeine Zeitung Nr. 235, 31. Oktober 1983 und Nr. 259, 8. Nov. 1983.

（8）Lore *Lorenz*, Wolfgang *Franke*: Eine schöne Geschichte. Eine historische Stunde im Kom(m)-ödchen. München 1985 = Knaur 2175, S. 113f. Das Folgende: S. 21-23. いずれにせよ、ルターは「まったく中世的な人間」であるが、彼のりんごの苗木も「中世の枠内でなおまさに常識的な現象」である（七三頁）。

（9）Heinz Werner *Zimmermann*: Kurt Hessenbergs Motette “O Herr, mache mich zum Werkzeug deines Friedens” . . . In: Musik und Kirche 48, 1978, S. (211-217) 212.

（10）宗教関係の小冊子の中で時折“Oetinger”の名前で現れ、“Anonymen Alkoholiker”〔「匿名のアルコール中毒者」の意〕という文書の中で“Chr. Fr. Oetinger (1702-1784)”にまで帰せられている祈りをテオドール・ヴィルヘルムは、彼の著書“Wendepunkt der politischen Erziehung - Partnerschaft als pädagogische Aufgabe”の中で「古い祈り」として引用している。この著書は、一九五一年出版禁止のため、承認された Friedrich Oetinger という仮名で出版され、第三版の題名は Partnerschaft. Die Aufgabe der politischen Erziehung. Stuttgart 1956, S. 262 である。ギュンター・ベッツェンベルガーによる指摘。Christian *Zippert*. Leben mit Gebeten. Gütersloh 1978, S. 111 und: Materialdienst der Evangelischen Zentralstelle für Weltanschauungsfragen 51, 1988, S. 94. その祈りは、アメリカの神学者ラインホルド・ニーバーに由来することについては、Frieder *Schulz*: Über die Herkunft des “Gebetes um Gelassenheit” Oetinger zugeschrieben. In: theologische beiträge 21. 1990, S. 98-99 参照。

（11）Wolfgang *Nethöfel* /Viola *Schmid*: Rabe fliegt nach Osten. Die indianische Alternative? München 1987, daraus: Häuptling Seattle - der Tod einer Legende (S. 43-46)：「世界中に広まった『地球の子ら』という映画の中のすべての……深い、黄金の、真の預言者的言葉は、ひとりの知的白人が書いた」（四四頁）。これと関連する書物として暴露者 Rudolf *Kaiser*: Die Erde ist uns heilig. Die Reden des Chief Seattle und anderer indianischer Häuptlinge. Freiburg 1992.

(12) Johannes *Luther*: Legenden um Luther. Berlin/Leipzig 1933 = Greifswalder Studien zur Lutherforschung und neuzeitlichen Geistesgeschichte 9. *Knolle*（本書注1を見よ）und Gerhard *Ebeling*: Der kontroverse Grund unserer Freiheit. In: Luterstudien III. Tübingen 1985, S. (366-394) 376f.

(13) 修正された引用 in: Martin *Schloemann*: Die Erwartung des Jüngsten Tages. In: Eschatologie in der Gegenwart. Erlangen 1988. =Veröffentlichungen der Luther - Akademie Ratzeburg 11, S. (9-24) 24 Anm. 22. vgl. Nikolaus *Walter*（本書注1を見よ）, S. 33f.

(14) Theodor *Mahlmann*: Art. Reformation. In: Historisches Wörterbuch der Philosophie 8 (1992), Sp. (416-427) 420f. Erwin *Mühlhaupt*: Immer währende Reformation? (1968). In ders.: Luther im 20. Jahrhundert. Göttingen 1982, S. 267-275. かなり多くの点で類似しているが、また別のより古い例として挙げられるのは、しばしばアウグスティヌスのものとされる格言 “In necessariis unitas, in non necessariis libertas, in utrisque caritas”〔「友人の中では一致を、友人でない者の中では自由を、友人と友人でない者の中では愛を」の意〕である。その話は、最近、同様な意味でテオドール・マールマンによって、再び、Meldenius, Rupertus の項目に記述されている。In: Biographisch-Bibliographisches Kirchenlexikon, hsg. v. Traugott Bautz, 5（1993）, Sp.（1202-1209）1205-1208.

(15) この時期にあたる文献として、なお次のもの、すなわちおそらくすでに少し前から計画され、とにかく一九六二年になって初めてエテルベルト・シュタウファーの還暦記念のために献呈され、思いがけない所で印刷されたので、見過ごされることの多いエルンスト・バメルの論文（本書注1を見よ）もある。二一九頁（1962）にある das “jüngst” という言葉は本書注220の *Knolle* (1959) を参照のこと。

第2章

(16) Georg *Büchmann*: Geflügelte Worte. Der Zitatenschatz des deutschen Volkes. 32. Aufl. 1972. S. 680f.;

36. Aufl. Bearb. v. Winfried *Hofmann*. Berlin ^{3}1987, S. 346. 訂正箇所 Gottfried Benn の詩は、一九五六年ではなく一九五〇年、正しい発見場所は、四四八頁（なお、本書注47以下を見よ）。他の後に刊行された辞典類もビュヒマンより以前にはさかのぼることはない（本書注365を見よ）。聞くところによると、近くビュヒマンの辞典の新版が出版されるようである。したがって、われわれの結論もその後にならないと確かなことは言えない。

（17）Nachlaß Hans *von Soden*（Korrespondenzen）im Archiv der Evangelischen Arbeitsgemeinschaft für kirchliche Zeitgeschichte, München（liegt mir in Kopie vor）. Ulrich *Schneider*: Bekennende Kirche zwischen "freudigem Ja" und antifaschistischen Widerstand. Kassel 1986（phil. Diss. Marburg）, S. 543 はおそらく最初これから引用したのであろう。ご教示をいただいたテオドール・マールマンに感謝する。

（18）Karl *Apel*: Die Pfarrer zu Hersfeld. Bad Hersfeld 1960, S. 91-93; *Schneider*（本書注17を見よ）, S. 506; Kurt *Meier*: Der evangelische Kirchenkampf. Bd. 3. Göttingen 1984, S. 419-423.

（19）前掲 *Schneider*（本書注17を見よ）, S. 543.「ほとんど喜んで」（fast froh）に対して「不愉快にではなく」（nicht verdrießen）とは言っていない。

（20）*Apel*（本書注18を見よ）, *Schneider*（本書注17を見よ）, S. 541.

（21）Ernst *Bammel*（本書注1を見よ）.「この言葉が先の戦争中に現れたということは以前聞いたことはない」（一四〇頁）。

（22）Rundbrief an die Freunde vom 6.2.1945, abgedruckt bei Wolfgang *Lehmann*: Hans Asmussen. Ein Leben für die Kirche. Göttingen 1988, S.（276-278）277.

（23）Willy *Kramp*, Brief vom 6. Juli 1980.

（24）Dietrich *Bonhoeffer*: Widerstand und Ergebung. Neuausgabe. München 1970, S.（11-27）25.

（25）AaO S. 25f. ちなみに最後の文は、とりわけドイツ宣教奉仕団（Diakonisches Werk）によって一九八四年以後格言入り葉書と、宣伝効果を高めるように緑の葉を下地にして赤い花の写真を載せたポスターで普及した。

(26) Karl *Immer*: Die Briefe des Coetus reformierter Prediger. Hg. Joachim Beckmann. Neukirchen 1976, S. 138.

(27) Eugen *Gerstenmaier*: Streit und Friede hat seine Zeit. Frankfurt/M. 1981, S. 185. この場合、Reinhold *Schneider* のことも考慮すべきである。

(28) *Asmussen* bei *Lehmann*（本書注22を見よ）, S. 278.

(29) AaO S. 277.

(30) Heinrich *Vogel*: Kurt Scharf. Versuch eines Portraits. In: *Männer der Evangelischen Kirche in Deutschland*. Eine Festgabe für Kurt Scharf zu seinem 60. Geburtstag. Hg. v. Heinrich *Vogel*. Berlin/Stuttgart (1962), 丁づけなしと前置きで断りがある。

(31) Melitta *Maschmann*: Begegnung im Internierungslager. In: Hermann Schafft. Ein Lebenswerk. Kassel 1960, S. (115-123) 121f. この表現は、ルターの、重要ではあるがドイツ語に訳されることの少ない手紙、一五一六年四月八日ゲオルク・シュペンライン宛のある箇所から引用したもの。"... per fiducialem desperationem tui et operum, pacem invenies"（WA BR 1, 35, 34f.）. "getroste Verzweiflung"〔「慰められた絶望」の意〕という翻訳は、in: Luthers Werke für das christliche Haus. Bd. 8 Braunschweig 1892, S. 314. 戦後のルター没後四〇〇年記念の際（18. Febr. 1946）に Hermann *Sasse*: Luthers Vermächtnis an die Christenheit. In: Jahrb. d. Martin-Luther-Bundes 1946, S. (38-41) 40 にも引用されている。

(32) Kurt *Meier* (Brief vom 4.1.1988); Lieselotte Saßmann（Brief vom 11. 2. 1988）. 後者からの手紙をもらって、彼女と電話でコンタクトをとったが、それは、前者の仲介のおかげである。前者の手紙によると、葉書は一九四六年初めに書かれた可能性があるが、一九四六年より後ではないということも確かである。というのは、発行の際言われたのは、マルティン・デルネは一九四七年ロストックへ行っていたからである。ザスマンがこの言葉を知ったのは、なお先の戦争の最中のことであったかもしれない。彼女は次のように書いている。「少しの間考えた後、わたしはこのルターのものと推測されている言葉をアルトゥア・オーリ牧師から聞いたことを確認した。この牧師は、一九三四年以降一九六〇年亡くなるまで、ヘッセン州のバート・ホムブルクで牧師であった。われわれの個人的文通は一九四四年に始まり、彼の亡くなる少し前まで続いた。彼はわたしにしばしば何らかのコピー（例えば、ラインホルド・シュナイダーの詩からの引用）を送ってきたが、その際この言葉もあったはずである」。この言葉をホムブルクのオーリが使う場合とヘルスフェルダーのロッツが使う場合（一九四四年）との間に何かヘッセン特有の関連性があると推測することに心惹かれる。しかし空間的に近いということは、やはり偶然であろう。

第3章

（33）本書注16を見よ。

（34）*Schloemann*（本書注1を見よ）, S. 9.

（35）*Knolle*（本書注1を見よ）, S. 118.

（36）*Breymayer*（1971［本書注1を見よ］）, S. 87f.

（37）Renate *Hagen*: Die Feuersäule. Gütersloh 1947, hier S. 20（in späteren Auflagen S. 18-19）.

（38）*Breymayer* によって「レナーテ・ハーゲンの例に見る、第二次世界大戦中のこの言葉の引用の現代化」（1971［本書注1を見よ］）という表題がつけられたが、これは言い過ぎである。彼女の息子エバーハルト・フォン・デアア・ハーゲンからの情報によれば、彼女が原稿を作成し始めたのは、やっと「ほぼ一九四六年初め」であり、書き終わったのは、「四六年終わりか四七年初め」である（Brief 14. 3. 1988）。

（39）In: Two Women and War by Grete *Paquin* and Pillar of Fire by Renate *Hagen*. Philadelphia (Muhlenberg Press) 1953.

（40）Fritz *Caspari*: Fruchtbarer Garten. Naturgemäße Gartenpraxis. Seebrück am Chiemsee 1948. - Hinweis bei Erwin *Mühlhaupt*（本書注1を見よ）.

（41）名前の正しい書き方は、次の文献を見よ。F. C. *Laukhard* - ein abenteuerliches Leben während der Französischen Revolution . . . bearb. v. Franz Dobmann. Heidenheim 1969（=Abenteuerliche Lebensläufe 1）, S. 166. 生誕年は、一七五七年。

（42）Gerda *Gollwitzer*: Gartenlust. München 1956, S. 213（so auch 2. Aufl. 1961）. ゴルヴィツァーとラウクハルトに典拠があることに注目したのは、オスカー・ゼーンゲンで、次の読者からの手紙の欄の彼の書いた記事であった。Das Apfelbäumchen und das Weltende. In Deutsches Pfarrerblatt 59. 1959, S. 130. ゲルダ・ゴルヴィツァーがおそらくカスパリに依拠していることは、主文の中で、通常あまり使われない表現（“pflanzte ich doch heute noch einen Baum”）が同じであることから分かる。わたしの知るところでは、カスパリの場合使われる“ZU GRUNDE GINGE”という表現を彼女はもっと一般に使われる“unterginge”に変えている。目立つことは、注で典拠を挙げているが、常に頁数まで完璧なのに、典拠が間違えていることと、彼女が後の絵入り版 Bäume - Bilder und Texte aus drei Jahrtausenden. Herrsching 1980, S. 210 の中でラウクハルトとルターを取り替えたことを追認している点である。

（43）Friedrich *Schnack*: Traum vom Paradies. Eine Kulturgeschichte des Gartens. München 1962 (Bertelsmann - Lesering 1967), S. 5（Motto）und S. 55. Schnack は、彼の周知の史料の中の、ゲル

ダ・ゴルヴィツァーの文を、感嘆符も含めて使った。にもかかわらず、彼はゴルヴィツァーとは違って、彼にはお気に入りのラウクハルトに典拠を求めることをもはや止めることはなかった。次の文献にある彼の読者への手紙を見よ。Süddeutsche Zeitung Nr. 217, 10./11. Sept. 1966, S. 78 (Hinweis von Martin *Elze*). しかしそこでも彼は、典拠を挙げることなく引用し、むしろ循環論法のような帰納法を示している。"Der schöne Satz, entstanden in einer Kulturlandschaft der Früchte und des Weines beweist, daß Laukhardt ein hochsinniger Naturfreund und Liebhaber - Gärtner war." (「果実とワインの文化風土に生まれた美しい文は、ラウクハルトが高潔な自然の友であり愛好家としての庭師であったことを示すものである」の意)。それでもどちらとも、後でも触れるようにさしあたり確定していない。

(44) Aus den Jahren 1949/50 s. In Gustav W. *Heinemann*: Glaubensfreiheit - Bürgerfreiheit . . . hg. v. Diether Koch. Frankfurt 1976 (=Reden und Schriften II), S. 68.82.

(45) ハーゲン（本書注37を見よ）には、たとえ静寂の中の声を聞いたとしてても（S. 47ff. 57ff.）、自然神秘主義が問題ではなく、むしろ隣人に仕えることが問題なのである。

"Es ist uns ja die Erde für die kurze Zeit unseres Lebens zur Bestellung anvertraut; und wir sind gerufen, dem lieben Land zu dienen . . . 'die Russen haben auch Hunger, und alle Kinder auf der ganzen Welt assen gerne Äpfel, nicht nur unsere eigenen'." (S. 12). (「まさに土地はわれわれの短い人生の間、耕作のために委ねられているのである。ロシア人も飢えている。また世界中の子供たちみんなが喜んでりんごを食べたのであり、われわれだけではないのである」の意)。

(46) *Breymayer* (1971 [本書注1を見よ]), S. 89.

(47) ビュヒマンの格言辞典（本書注16を見よ）ではベンの詩の作成年号が誤まっているが、その辞典は次の文書に従っている。Kurt *Ihlenfeld*: Erinnerung an einen Apfelbaum. In: Nachrichten der Evangelischen Kaiser - Friedrich - Gedächtnisgemeinde Berlin 8. 1970. Heft 5, S. 22-24. その文献では、ベンが

この詩を亡くなる直前に作ったという仮定のもとで、最終部分が大きく引き伸ばされている。イーレンフェルトは、この場合間違いを犯したか、少し以前の古くなった原稿を利用したかもしれない。というのは、正しい作成年号の一九五〇年、またそれに対応して、より注意深い言葉の整理がすでに次の論文に載っているからである。"... wirklich ein sehr großer Mann". Zu einem Luthergedicht von Gottfried Benn. In: Kurt *Ihlenfeld*: Angst vor Luther? Witten/Berlin 1967, S. 314-325.

（48）*Mülhaupt*（本書注1を見よ）.

（49）Gottfried *Benn*: Sämtliche Werke. Band II, Stuttgart 1986, S. 142（dazu die Anmerkungen S. 277）. 右のメモ用紙に書かれ、統一されて掲げられた表題の最初の行と同様下線を敷かれた名前が、"*Thilo Koch*"であることに気づく。複写で最初出版された自筆原稿は次の文献中にある。Thilo *Koch*: Gottfried Benn. Ein biographischer Essay. München 1957, S. 62-63（Taschenbuchausgaben 1970 u. 1986）. これは、コッホの書物全体でも、全集版の注において触れられていないのは理解できないことであるが、この点、次のリーメス版とは違っている。Gesammelte Werke in vier Bänden. III. Bd., Wiesbaden 1960, S. 591. それを前の注47のクアト・イーレンフェルトの一九六七年の論文は指摘している。ただ、この論文が、かなり細かい観察をしているにもかかわらず、しばしばベンの講話が虚構的なスタイルを持っているため、混乱を引き起こすのにもってこいの論文であることを、次の文献が指摘している。Wilhelm *Horkel*: Lutherfälschungen einst und heute. (o.O.) 1986, S. 16.

（50）Albrecht *Schöne*: Benn: Einsamer nie. In: Die Zeit Nr. 19, 2. Mai 1986, S. (55-56) 56.

（51）ついでに言えば、ベンの詩"Eine Hymne"（Sämtliche Werke. Bd. I, S. 255）は、ルターの詩"... eine Hymne solchem Mann"〔「……このような男への賛歌」の意〕と最後の結びの言葉がまったく同じである。

（52）おそらくティロ・コッホに由来するものではない、彼の"Essay"（1967〔本書注47を見よ〕）, S. 61中の、ベンの手書き原稿に関する編集上のメモにさかのぼる。

（53）Gottfried *Benn*: Ausgewählte Briefe. Mit einem Nachwort von Max Rychner. Wiesbaden 1957, S. 369（zu S. 191）; *Ihlenfeld*（1967〔本書注47を見よ〕）, S. 316.

（54）イーレンフェルトが言うように、いわゆるルターの言葉がベンにとってもまったく新しかったことは、推測する外ない。

（55）Vgl. Thilo *Koch*（本書注49を見よ）, S. 66.

（56）Adolf *Wischmann*: Führung und Fügung. Hannover 1987, S. 121.

（57）Berichte in: Sonntagsblatt. Hg. Hans Lilje. Nr. 20, 28. Mai 1950; dazu Vgl. Diether *Koch*: Heinemann und die Deutschlandfrage. München 1972, S. 136.

（58）Johanna *Vogel*: Kirche und Wiederbewaffnung. Göttingen 1978, passim; Frederic *Spotts*: Kirchen und Politik in Deutschland. Stuttgart 1979, S. 205ff. Diether *Koch*（本書注57を見よ）と違い、ヘルマンスブルクの会議は、このふたつの文献を取り上げていない。

（59）Hans *Zehrer*: Fünf Jahre danach. In: Sonntagsblatt. Hg. v. Hans Lilje. Nr. 18, 30. April 1950, S. 10f. und Nr. 19, 7. Mai 1950, S. 10f.

（60）Hans *Zehrer*: Hat Europa noch eine Chance? In: Sonntagsblatt Nr. 22, 28. Mai 1950, S. 16.

（61）*McCloy zur "Dritten Kraft"*（Redaktionsartikel）. In: Sonntagsblatt Nr. 22, 28. Mai 1950, S. 1.

（62）*Das Wesen der Moralischen Aufrüstung*. In: *Bergbau und soziale Verantwortung*. Essen - Kettwig 1948, darin *Heinemann* S.（49-52）52 und *Scheu* S.（53-54）54.

（63）Karl *Barth*: Die christliche Verkündigung im heutigen Europa. In: Zwei vorträge. München 1946 = ThEx NF3, S.（11-24）15.

（64）Karl *Barth*: Die Kirche zwischen Ost und West. München 1949 = ThEx NF 17, S. 8; 一九五二年には

さらに明確な主張になっている。ちなみに、後の彼の信奉者よりずっと限定的な主張となっている。いわく「そもそも第三の勢力なるものが存在するならば、それはただ教会だけであるであろう」と。したがって平和に対する教会の貢献は、独自なものである。「もちろんわれわれはこの場合、『平和運動』と言われていることに加わるべきではない。教会はいささか違うことを行わなければならない」と（Die Kirche und Friede, nach: Junge Kirche 13, 1952, S. 161f.）。

（65）次の文献による。*Europa als die "dritte Kraft"*（Redaktionsartikel）. In: Sonntagsblatt Nr. 21, 21.Mai 1950, S. 1. Bericht über Hermannsburg（Nr. 22, 28. Mai 1950, S. 1）の中で、次のように記されている。「同時に西ドイツ首相アデナウアー博士は、ケルン大学で同じテーマについて語った」と。

（66）*McCloy zur "Dritten Kraft"*（Redaktionsartikel）. In: Sonntagsblatt Nr. 22, 28. Mai 1950, S. 1.（省略と付加は筆者による）。

（67）Vgl. Richard *Löwenthal*: Der Traum der Dritten Kraft. In: Die Zeit Nr. 16, 10. April 1981; *Nationalismus von links?*（Redaktionsartikel）in: Evangelische Kommentare 15. 1982, S. 8-12.

（68）Diether *Koch*（本書注57を見よ）, S. 130.

（69）Ebd.

（70）AaO S.（131ff.）132.

（71）Conrad *Ahlers*: Der Pfingst - Bürgerkrieg fand nicht statt. In: Sonntagsblatt Nr. 23, 4. Juni 1950, S. 12f.

（72）以前に掲載された次の論説を参照のこと。Axel *Seeberg*: Kann ein dritter Weltkrieg vermieden werden? In: Sonntagsblatt Nr. 23, 4. Juni 1950, und dann die Aufmacher von Nr. 27, 2. Juni 1950（"Völker, hört die Signale"）und Nr. 31, 30. Juni 1950（"Die Stunde der Europa - Armee. Wer soll das Abendland verteidigen?", darunter der Artikel "Die Mobilmachung Amerikas"）.

(73) 会議の記録は、in: Jugendwacht. Ein Blatt evangelischer Jugend. Hrsg. v. Hermann *Ehlers*, Kurt *Hennig* und Udo *Smid*. 10. Jg. 1950. Nr. 7 Juli. 文献入手を助けてくれたのは、ヴェッター・ルーアのP・ラインハルト・ゲデケである。

(74) Kurt *Hennig*. Christus ante portas. AaO S. 1 und 2. 方向転換して切り札を出すことは、ゴットフリート・ベンによるルターの詩を想起させるが、この詩はこの時点でまだ刊行されていなかった（本書注49を見よ）。

(75) Karl - Heinz *Meyer*. Marburger Schwarzbrot. AaO S. (2-5) 3.

(76) AaO S. 4. 後に“Gnade des Nullpunktes”〔「零点の恵み」の意〕の思想は、（信仰と行為の）危険な連続性ゆえに、批判された。これはハイネマンの言葉にしばしば登場するが、彼の場合に当てはまるか、疑問である。彼のその言葉は、おそらくキリスト教的悔い改めの思想に結びつけられていて、言うまでもなく道徳再武装運動の理想主義に近い考え方である。これについては、一九四八年の彼の証言（本書注62を見よ）を参照のこと。

(77) Meyer（本書注75を見よ）: “Lutherzitat”〔「ルターの言葉の引用」の意〕という表現は、おそらく初めてひとつのテキストの中で使われる。わたしと同年代のヨハネス・ラウにその点について一九八〇年六月六日に尋ねたところ、彼はこれまで聞いたことのない出来事も思い出したが、それは噂にすぎないことであった。というのは、彼は大抵‘Alte Universität’〔「旧大学」の意〕の講堂の前にあるエーミル・ミュラー書店の売場に、特に講演が終わりになるころにいたために、ところどころ耳で聞いたにすぎなかったからである。にもかかわらず、政治に対して取り組むことを鼓舞するハイネマンの中心的メッセージは、彼に深い印象を与えた。この点については、Johannes Rau Lebensbilder. Texte von Johannes Rau. Hrsg. v. Rüdiger *Reitz* und Manfred *Zabel*. Gütersloh 1992, S. 21 を見よ。一二〇頁には、その出来事が起こった場所として、ハンブルクが挙げられているが、それは正しくない。また、“Erstes

Treffen Raus mit Gustav Heinemann"〔「ラウのグスタフ・ハイネマンとの最初の出会い」の意〕という（Treffen を使った）言い方も、前からの約束があったように聞こえるが、これは当時の書店員にとって過ぎた言い方である。マールブルクにおけるラウのきわめて若い時代の役割については、次の文献も見よ。Theodor *Mahlmann*: Tillich in Marburg. In: Jahrbuch der hessischen kirchengeschichtlichen Vereinigung 43. 1992, S. 331, Anm. 121.

(78) Vgl. die Dissertation von Hanns *Lilje*: Luthers Geschichtsanschauung. Berlin 1932 und seine vielgelesene Einführung in die Offenbarung Johannes: Das letzte Buch der Bibel. Berlin 1940, hier zitiert nach der 8. Aufl. Bielefeld 1980; zu "Ende" s. S. 29-33, zum Chiliasmus S. 224-229; zum Gericht S. 231f.

(79) Am 16. 11. 1949 beim CVJM Wuppertal - Barmen: Evangelische Kirche heute. In: Gustav W. *Heinemann*: Reden und Schriften II. Frankfurt a.M. 1976, S. (52-65) 65 (ähnlich auch S. 46, am 11. 5. 1949 in Essen).

(80) Gustav *Heinemann*: Glaubt an den Retter. AaO S. (66-68) 68 (27. August 1950).

(81) Dieter *Koch*（本書注57を見よ）, S. 155, 169.

(82) Auskunft des landeskirchlichen Archivs in Hannover vom 23. 11. 1992. この記録はプログラム変更後もそのままの形で残った。

(83) Brief vom 8. 3. 1976.

(84) Deutsches Pfarrerblatt 50. 1950. S. 672 (anonym); 53. 1953. S. 19 (Pfarrer *Hühn*, Wiesbaden); 58. 1958. S. 115 (Pfarrer *Schüßler*, Wertheim).

(85) *Bammel*（本書注1を見よ）, S. 140, Anm. 2.

(86) Klaus *Lubkoll*: Der Traum vom besseren Leben. Stuttgart 1974, S. 211 には、次のように書かれている。"... so würde ich doch noch mein Apfelbäumchen pflanzen und meine Schulden bezahlen."〔「そ

うであっても、わたしはなおわたしのりんごの苗木を植えて、わたしの負債を支払うであろう」の意〕。

(87) 先に触れた、一九四五年二月の回状の中で、アスムッセンは、また次のように述べている。"Laßt uns, wo wir können, Frieden machen und unsere Dinge bereinigen, damit wir nicht in die äußerste Finsternis geworfen werden, bis wir bezahlt haben den letzten Heller."〔「可能な場合は、われわれが究極の闇に投げ出されないために、最後の支払いを済ますまで、平和を造り出し、われわれの借りを清算しようではないか」の意〕。Lehmann（本書注22を見よ）, S. 277.

第4章

(88) Kurt *Hutten*: Brief vom 1. Okt. 1976.

(89) 本書五四頁を見よ。

(90) *Knolle*（本書注1を見よ）, S. 118f. この講演は、一九五四年四月二七日、ハンブルクで行われた。

(91) Aao S. 119.

(92) *Breymayer*（1971, 本書注1を見よ）, S. 78, vgl. S. 88: "aktualisierende Umdeutung"〔「現実に即応する再解釈」の意〕この表現は、レナーテ・ハーゲンも使っているが、ブライマイアーにとってその点ではクノレに類似している。

(93) Vgl. AaO S. 94. 98. 106.

(94) AaO S. 94.

(95) Friedrich *Gruenagel*: Fragwürdigkeit der eschatologischen Orientierung. In: Deutsches Pfarrerblatt 59. 1959, S. 204.

(96) *Knolle*（本書注1を見よ）, S. 119.

(97) Wilhelm *Stählin*: Vita Vitae. Kassel 1968, S. 234. ここで彼は、クノレが自分の説教を放棄し、ルター

の説教を朗読したことがあったことを報告している。

(98) Schreiben des MBK - Geschäftsführers Klaus *Reinhardt* vom 25. März 1983. ドイツ工業規格Ａ４で描かれたデザインはスタイルの点で、最初の郵便葉書のデザインときわめてよく似ている。しかし、苗木はいくらか大きくなっている。そのデザインは、一九五二年四月九日の竣工式への案内状に再び書かれているが、それには「ルター」の格言が付いている。

(99) Ernst Kähler, Fragebogeneintrag vom 19. Mai 1976. ナウムブルク大学が閉学された際、一九九三年七月一日式典が行われたが、その時に、長年姉妹校であったヴッパータール大学から挨拶の言葉がハンス・ヨッヘン・ベッカーによって述べられ、その中で壁に掲げられていた格言の歴史がもう一度取り上げられた。今日その格言は、新設の教育・神学研究所の事務所のものとなっている。本書の表紙に、その絵を掲載できたのは、ケルスティン・フォークトのおかげである。

(100) この挨拶の言葉は、おそらく一般的に自由に語られたので、正式な報告書（Das lebendige Wort in einer verantwortlichen Kirche. Hannover 1952）には活字化されていない。ここに再現した言葉は、次の文献による。Meldung Nr. 78, Lutherisches Pressequartier Hannover 1952 (Archiv des Lutherischen Weltbundes, Genf).

(101) Kurt *Klein*: Kirche und Staat . . . Berlin 1952 (= Rufe in die Gemeinde von der Tagung des Lutherischen Weltbundes), S. 14. 19.

(102) AaO S. 19. 興味深いのは、りんごの苗木の文が真正なルターの言葉として受け取られ、今やついには政治的なものとしても改めて見なされ、政治的なものとして宗教改革者の権威をもって登場し、成就したのは、歴史的自己欺瞞と確信によってであったということである。

(103) H. (= Kurt *Hutten*): Das Apfelbäumchen und das Weltende. Deutsches Pfarrerblatt 59. 1959, S. 58. これについては後になお取り上げる。

（104） Gerhard J. *Baudy*: Art. Baum. In: Handbuch religionswissenschaftlicher Grundbegriffe. Bd. 2. Stuttgart 1990, S. 109-116; Gertrud *Höhler*: Die Bäume des Lebens. Baumsymbole in den Kulturen der Menschheit. Stuttgart 1985; Gerhold Becker: Die Ursymbole in den Religionen. Graz usw. 1987, S. 164-188.

（105）膨大な文献の中から、ここでは、次のものを参照されたい。Der Berliner Katalog und Sammelband: *Waldungen*. Die Deutschen und ihr Wald. Ausstellung der Akademie der Künste vom 20. September bis 15. November 1987, besonders darin die reiche Bibliographie S. 313-321, der u. a. noch hinzuzufügen wären: *Als die Bäume noch grünten*. Hrsg. v. Doris *Halter*. Zürich 1976; Ernst *Jünger* u. Wolf Jobst *Siedler*: Bäume. Berlin 1977; *Bäume*. Das Insel-Buch der Bäume Ausgew. v. Gottfried *Honnefelder*. Frankfurt 1977 (=insel taschenbuch 1041, von 1987). ——この最後に挙げた論文集には二七五頁の結語に、聖書の申命記第二〇章一九節以下の聖句がある（さらに、本書注342、343を見よ）のに対して、この論文集の最初（一一―一四頁）には、Bertold *Brecht* の詩 An die Nachgeborenen (aus den Svendborger Gedichten, entstanden 1934-1938. In *ders*: Werke. Große kommentierte Berliner und Frankfurter Ausgabe 12. 1988, S. 85-87) mit den berühmten Zeilen (S. 85) が書かれている。“Was sind das für Zeiten, wo Ein Gespräch über Bäume fast ein Verbrechen ist Weil es ein Schweigen über so viele Untaten einschließt!”〔「何という時代だ。木々についての会話がほとんど犯罪になるとは、たくさんの悪行については黙っているのに」の意〕。このことに関して、七〇年代以降何回となく方向転換が表明された。例えば次の文献を参照されたい。das Wagenbach Quartalheft Tintenfisch 12. Thema: Natur. あるいは、Warum ein Gespräch über Bäume heute kein Verbrechen mehr ist. Hg. v. Hans Christoph *Buch*. Berlin 1977.

（106） Dieter *Struss*: Reisen in die Tiefe des Waldes. München 1986, S. 265ff.; Annemarie *Hürlimann*: Die

Eiche, heiliger Baum deutscher Nation. In: Waldungen（本書注105を見よ）, S. 62-68; Bartholomäus *Grill*: Deutschland - ein Waldmärchen. In: Die Zeit Nr. 53, 25. Dez. 1987.

（107）アデナウアーは桐（一九六二）、エアハルトはセコイアの古木（一九六六）、キージンガーは赤黒い葉の楓（一九七八）、ブラントは銀杏（一九七九）、シュミットは枝垂柳（一九七九）、コールは橅（一九八七）。さらによく考えられた考察によるものとして、Helmut *Herles*: Kohl pflanzt eine Buche. In: Frankfurter Allgemeine Zeitung Nr. 246, 23. Okt. 1987.

ヴィリ・ブラントが一九八九年二月一六日、さらに二本目の木を植える気になったが、今度は実際には、樫を植えた。もっともそれはライン川岸の草地にであった。それについては、次の文献を見よ。Helmut *Herles*: Erst Gingo, dann Eiche. In: Frankfurter Allgemeine Zeitung Nr. 41, 17. Februar 1989. おそらく、ブラントの党首としての二五周年記念として、すでにゲーテによって示唆され、東方外交では不都合な解釈をされる銀杏が雌雄異株であるということが、確かなひとつの国家の意味を獲得したということになるのであろう。それがブラントの意識にあったことであり、一九八九年とその後も本当であることが分かったのである。ブラントが単にハンス・ヨッヘン・フォーゲルによってだけ、二本目の植樹行為の着想を得たのかどうか、わたしにはそれほど確かではない。いずれにせよ八〇年代初め以来、“Der Gingko Baum”〔「銀杏の木」の意〕という題のもと、“Das Gingko Blatt”〔「銀杏の葉」の意〕という付録つきで、“Germanistisches Jahrbuch für Nordeuropa”〔「北ヨーロッパに関するドイツ語学年報」の意〕とも言うべき書物が存在した。これは、バルト海周辺地域の中立国のもとで、効果的な東ドイツの文化政策遂行の手立てとして、ヘルシンキとストックホルムにある文化センターのヴェルナー・ヴェストファルと（イェルク・）ペーター・フィンダイセンによって刊行されたものである。これらの文化センターは、今日に至るまで、西ドイツのゲーテ協会と往々にして後々まで影響が残るイデオロギー上の競合関係にあった。どの号にも銀杏の葉の絵が描かれ、さらに“Gingo biloba”という詩（1815）が印刷されている。その詩は、次のように始まる。"Dieses Baumes Blatt, der von Osten Meinem Garten anvertraut, Gibt geheimen Sinn zu kosten, Wie's den Wissenden erbaut . . ."〔「この木の葉は東からわたしの庭に委ねられ、秘密の意味を味わわせ、どんなに事情に通じた者を励ますことか……」の意〕。そして次のように終わる。"Fühlst du nicht an meinen Liedern, daß ich eins und doppelt bin?"〔「わたしの詩を読んで、わたしはひとりであり、しかもふたりだと感じはしないか」の意〕。スカンディナヴィア人、銀杏の木を植えたブラント、また彼の相談に乗った者が、こうした途中で入り込んできた植物について何も聞いたことがなかったのであろうか。いずれにせよ樫の木は対極を強調する木である。ついでに言えば、一九八三年のルター生誕四五〇年記念の年と関連して、先に触れた"Germanistisches Jahrbuch für Nordeuropa"は、残念ながらなおざりにされている北欧のルター研究の領域の中にも入り込んで、特に老齢のレナート・ピノマにまで小さな寄稿論文を書かせて、議論に引き込むことができた。

(108) 東ドイツの硬貨――わたしの手元にあるのは七〇年代の〇・一〇、〇・五〇、一・〇〇マルクであるが――確かにいくらかどことなく堅苦しく様式化された樫の木の葉が等しく刻印されていた。これによっても暗黙の"Deutschland, einig Vaterland"〔「ドイツ、唯一の祖国」の意〕で最後まで行くということは、西ドイツではほとんど考えられていなかった。

(109) ゲルダ・ヨー・ヴェルナーのこと。バルバラ・ミッテンドルフによると、五〇プフェニヒ硬貨に刻まれた跪く婦人は実際にいるということである。In: Westdeutsche Allgemeine Zeitung Nr. 248, 23. Okt. 1987; s. auch Nr. 80, 7. April 1994. ちなみに、一九一一年から一九二一年にかけて建設されたボッフムのデパート、ホルトゥムの正面フリースにきわめてよく似たレリーフが描かれているが、その事情はよく分からない。In: Inteam. Zeitschrift d. Aktiven u. Ehemaligen d. Sparkasse Bochum. Sept. 1992, S. 2. B. *Grill*（本書注106を見よ）: "Hartes Holz und harte Währung - wir sind wieder wer"による戦後の硬貨に刻まれた樫の木の葉の解釈は、以前の印象と違う。

(110) Alfred *Detering*. Die Bedeutung der Eiche seit der Vorzeit. 1939, zitiert nach A. *Hürlimann*(本書注106を見よ), S. 67.

(111) Hajo Bernett: Symbolik und Zermoniell der XI. Olympischen Spiele in Berlin 1936. In: Sportwissenschaft 16. 1986, S. (357-397) 376. すなわち、「当局の報告が指摘するのは、『ドイツの本質、ドイツの力、ドイツの強さ、ドイツの客人歓待の態度』であった。本質、力、強さというこの三組の言葉を受け取る者が感じ取ることができるかどうか、まだ分からない。しかし、この三組の言葉は、(樫の木という)贈物の独創性に感銘を受けて、ドイツ樫の木をドイツの土地に移植したらどうか、という組織委員会の勧めに従ったものである」と。バーネットが組織委員会の態度から距離をとっていることは正当であるが、最後の文の中で、完全な実行について何も詳しいことは伝えていないばかりか、外国のお世辞をドイツが幸福感に浸っていることに対して感激することとどこことなく同じだとする、当時広まっていた確信からも自由ではない(一九三六年なお出版されていた)当局の報告に対して、まだ批判的ではない。不可解なのは、大判のたばこのアルバム(Die Olympischen Spiele 1936, hrsg. v. Cigaretten-Bilderdienst. Altona-Bahrenfeld 1936. Bd. 2, S. 26f.)の中に驚いた顔の(しかもヒトラーによってカットとして入れられた)黒人のジェッセ・オーエンス(アメリカ合衆国)が描かれたふたつの風刺漫画である。左の方のは、若く、花瓶の上に立っているもので、右の方のは、年とって、杖を持ち、白髪で、三本の大きな樫の木陰の下にあるベンチに座っているもので、「ジェッセ・オーエンス——五〇年後の」と署名が入っている。軽いおかしさを表現したもので軽蔑的なものではなく、むしろ愛情に満ちた表現である。おそらくこれは、いくらか贈り主の意図に抵抗して、おかしさと同時に、昔を振り返っているのであろう。

(112) さらに公式の刊行物として以下のものがある。これは、ボッフムのホルスト・クリューガーの指摘である。

hrsg. vom *Generalkommissar der Bundesrepublik Deutschland bei der Weltausstellung Brüssel 1958*:

-Weltausstellung Brüssel 1958. Deutschland. (Prospekt),

-Weltausstellung Brüssel 1958. Deutschland. (Katalog),

-Weltausstellung Brüssel 1958. Deutschland. Bildband. Düsseldorf [1958], -Deutschlands Beitrag zur Weltausstellung Brüssel 1958. Ein Bericht. Bearbeitet von Wend *Fischer* und G. B. von *Hartmann*. O.O., o.J. [1960].

最後の後から出された刊行物は、準備と経過を扱い、スピーチのテキストと特にマスコミの反響を取り上げている。

(113) Deutschlands Beitrag（本書注112を見よ）, S. 110. 113.

(114) AaO S. 146.

(115) AaO S. 133.

(116) Ludwig *Erhard*: Ansprache zur Eröffnung der 'Deutschen Tage'. In: Deutschlands Beitrag（本書注112を見よ）, S. 171, gehalten am 16. Juni 1958. このように、「よりよい世界のための世界のバランスシート」（s. R. *Breymayer*. Untersuchungen [本書注1を見よ], S. 97）というもともといくらか乱暴な進歩主義的主題のほんの一部が残ったにすぎない。

(117) Deutschlands Beitrag（本書注112を見よ）, S. 49.

(118) AaO S. 50. この引用は、すでに一般に、あるいはほとんどの出席者が知っていたとすぐに推測できるが、それは確かなように思われる。

(119) Bildband（本書注112を見よ）, S. 15 は一部隠されているが、次の文献で確認される。Exposition universelle et internationale de Bruxelles 1958. Les Participations étrangères et belges. Bruxelles 1958, S. 132.

(120) Deutschlands Beitrag(本書注112を見よ), S. 50.

(121) Brüsseler Predikt Hanns Liljes, gehalten 18. Juni 1958 in der evangelischen Kirche des Ausstellungsgeländes. これは残念ながら残されてないが、そのモットーをこのように関連づけることもできるかもしれない。

(122) それゆえ、フォン・ハルトマン博士と再び接触することはもはやできない。彼は、化学者であり、ダルムシュタットにあるドイツ工業と新技術規格の研究所連盟の中の工業デザイン作業グループの代表であった。彼がこの言葉を持ち出したということは、福音主義教会グループと関係があると見ることができるが、しかし五〇年代末にこの言葉が大きく広まったことに鑑みれば、他の可能性もあるかもしれない。ふたつの伝承の領域で文の最初に"Und"が置かれているが、それには少なくとも当時福音主義教会の伝統に育った者すべてにとって、例外なく暗記できるルターによる讃美歌の歌詞の中のよく知られた類似表現("Und wenn die Welt voll Teufel wär . . ." EKG 202, 3 = EG 362, 3;"Und ob es währt bis in die Nacht . . ." EKG 195, 4 = EG 299, 4)とパウル・ゲルハルトによる讃美歌の歌詞("Und ob gleich alle Teufel . . ." EKG 294, 5 = EG 361, 5)がある。

(123) 今日それは実際また相反する気持ちで回顧される。一方は、高度な美的確信に基づく力による作品として、他方は、例えば通りに掲げられた絵の中にある伝統を破壊する野蛮な心から出てくるようなものとして感じられる。ブリュッセルの表現は、立派に、外国から認められ、感嘆すらされて、国内では指導層から肯定的に受け入れられて、国内の多くの新しい動きと同様、新出発に向けた明確な、断固たる意志を表している。しかしその意志はしばしば、感受性の乏しいみすぼらしい陳腐さに陥りもした。多くの新しいものが定着する状況の中で、不可避的に起こる経験の減少は、西ドイツの出来事を振り返って見る場合にも、特に強制的な遺産相続に直面して、時折、単なる「廃墟の中からの復活や将来へと向けられた」非歴史的一面性を考えさせられる。五〇万年にわたる化石化によって、一面性の弊害はさらにむしろ強化された。

(124)「つねにどの国からも来る訪問者にとって一見の価値があり、共感させるすべてのものの中で最も分かりやすいのは、マルティン・ルターの言葉であるかもしれない……」Horst *Mönnich*: Schau der Völker. In: Sonntagsblatt Nr. 25, 22. Juni 1958.

(125) Geno *Hartlaub*: Der Spatz in der Hand. In: Sonntagsblatt Nr. 11, 18. März 1962. この記事と *Breymayer* の記述とすでに関連がある(Untersuchungen［本書注1を見よ］, S. 99, 101)。

(126)「そこに蔓延する動揺、多くの人びとを襲う不安、広がるペシミズムは、わたしの意見では、われわれは現在あるものをもはや意のままにすることができないという心配から生じるのではなく、むしろその背後に、明日になれば早くも今日のことが揺らぐかもしれないというおぼろげな感情が潜んでいるのである。この感情はおそらく宗教的意識の領域にまで達し、次のような不安を掻き立てる問いを発する。すなわち、その時人間が存在するのか、また人間は、神をその御座から引き下ろし、彼らを守ってくれる天を打ち砕こうとするほど傲慢なのか。われわれを動かし狼狽させるのはこの問いである。その問いに対してこの博覧会はひとつの答えを与えている」。Ludwig *Erhard*（本書注116を見よ), S. 173. 博覧会自体の中では、Carl Friedrich *von Weizsäcker* の次の文章が特筆大書されて示された。「人間にできることをすべて行うことは許されない」(Deutschlands Beitrag［本書注112を見よ］, S. 97)。

(127) Auskunft der GEMA（Text: Bert *Roda*, Musik: Karl *Erpel*). 以前は、このパロディは次のように歌われていた。「おや、おや、おや、朝鮮だ。戦争がだんだん近づいている」と。朝鮮戦争（一九五〇―一九五三年）の終結後、火山の上で踊るような感情がまだ残っていて、それを表現する何か新しいものがおそらく必要とされたのであろう。確かに同時に無神経さやひとの気をひく気持ちも関わっていたのであろうが、それですべてに説明がつくわけではない。

(128) Geno *Hartlaub*（本書注125を見よ）は、次のようにホール入口で、あるドイツ人の訪問者から次のようなことを聞いたことを伝えている。「『ぼくは今日核戦争の危機を前にして、そのように考え、行動することができるかどうか分からない』とある若者が彼に同伴していた女性に言った。彼はため息をつき、肩をすくめ、危機を弱めることは考えていなかった。その若い同伴の女性は彼の意見に同意した」と。

(129) G. B. *von Hartmann* im Katalog (本書注112を見よ), S. 25.

(130) Geno *Hartlaub* (本書注125を見よ).

(131) 後の報告の中で初めてW・フィシャーとG・B・フォン・ハルトマンは「ルターのものとされた言葉」について語っている。In: Deutschlands Beitrag (本書注112を見よ), S. 97. おそらく彼らは二、三人の意見（本書注132を見よ）に基づいて疑問をもったか、あるいは「牧師新聞」で行われた調査やすでにクノレの論文により知識を得ていたかであろう。

(132) わたしの知る限り、マリア・ネッターだけが、“Deutscher Parrerblatt”誌上ひとりの読者から寄せられた最初の明確な通説から距離を置いた意見表明（本書注155を見よ）の二週間後、一九五八年五月二日にチューリヒの“Weltwoche”誌上に「ルターのものとされた言葉」について書いた（Deutschlands Beitrag［本書注112を見よ］, S. 122)。

(133) AaO S. 114.

(134) Claus-Henning *Bachmann*: Die Welt unserer Wünsche. In: Begegnung. Zeitschrift für Kultur und Geistesleben 13. Köln 1958, S. 16-17; Peter *Henrici*: Christliche Gedanken auf der Weltausstellung. In: Der große Entschluß. Monatschrift für lebendiges Christentum 13. Wien 1958, S. 453-457; Weltanschauung auf der Weltausstellung. In: Magnum. Die Zeitschrift für das moderne Leben. Köln 1958, Heft 18, S. 26-29. どこにおいてもヴァチカンの強力な勢力と、一部ではローマ・カトリック教会の優勢な存在に関しては、s. Reinhard *Mumm*: Ökumenischer Dienst auf der Weltausstellung in Brüssel. In: Zeichen der Zeit. Ev. Monatschrift 12. Berlin 1958, S. 468-470.

(135) エルヴィン・ミュールハウプトだけが、一九五〇年前後のひとつの機会を思い出すと、口頭で言った。しかしわたしは、総会前当時、アデナウアーの口からルターの言葉が発せられたとしたら、かなりのセンセーションを引き起こしたであろうし、そうであれば、何らかの痕跡を残したであろうと推測する。一九五〇年代にプロテスタント地域であるヴッパータールでキリスト教民主同盟の選挙用ポスターに「ルターの言葉」が使われたということは、むしろミュールハウプトの記憶であるが、同じくこれまで証明されていない。

(136) アデナウアーの首席秘書官で後の遺産調査官であったアンネリーゼ・ポピンガは(一九七六年六月二二日と七月九日の書簡で)、アデナウアー首相家の財団に保存されているすべての演説の中に存在しないことを確認したが、存在する可能性をまったく排除してはいない。というのは、多数の発言、また小さな卓上談話やスピーチまで確認されているわけではないからである。しかし、彼女からさらに質問された七人の娘と息子もそれと同じことを覚えてはいなかった。しかし彼らと彼女の意見によれば、引用された文は、アデナウアーの解釈と考え方とに合致していたということを、彼女は次のように証言している。すなわち、「彼は、一九六六年晩秋、カデナッビアで最後の休暇を過ごした時、マンゴの実を知ったが、その実は、そこで直接採れたものであった。コンラート・アデナウアーはマンゴの木二本をレンドルフの彼の庭に持っていくように言いつけた。彼は、最初の実は五年経たないと期待できないと言った。その後、アデナウアーは、「わたしは今から最初の実を楽しみにしている。」——当時彼は九一歳の誕生日直前だった」と(彼は一九七六年四月一九日に死去した)。——おそらく教派的な興味からの再検討が、福音主義ではあるがもちろん教会との結びつきは強くないルートヴィヒ・エアハルトの場合になされたが、何の成果もなかった。エアハルトのブリュッセルで行った演説(本書注126参照)がルターの言葉に直接触れていないことに対しては、情報の遅れからさまざまな説明がなされ得る。すなわち、後に会場入口のプランの変更があったが、演説はそれ以前に原稿作成が行われていたからか、あるいは、演説が回廊前で行われたからか、——あるいは、解釈の違いから、エアハルトあるいは彼のスタッフがルターに対する共感を欠いていたからか、おそらくは、「明日」世界の破滅が起こることに対して彼が確認する言葉が知られているが、これはあまりに（意図的に）楽観的ではなさすぎる。すなわち、「明日が逆に今日に衝撃を与えることもあるかもしれない」ということはエアハルトは知らない。彼にとってそれはせいぜい「愚かな感情」である。いや彼自身よりも他の人の場合は、なおさらである。ちなみに、「明日」と「今日なお」という言葉がパネルにあらゆる国の言葉で掲げられていた。エアハルトがそれを引き合いに出した可能性は排除できないが、彼の場合、「なお」という言葉はまさにふさわしくないのだ。

(137) Gruenagel（本書注95を見よ）; Breymayer: Untersuchungen（本書注1を見よ）, S. 101.

(138) Bammel（本書注1を見よ）, S. 140. それに基づいて議事録を通読することはわれわれには不可能である。少し昔のことをデジタル化した記録は存在しない。

(139) この好例として、カバレットの芸人トーマス・リースを引き合いに出すことができる。彼は、外国人・ドイツ人の移住政策について意味深長なことを言っている。彼らは世界が明日破滅するとしても、なお彼らの「遮断機」（Schlagbäumchen）を植えるであろう（テレビ放送“Mund-Art live”一九九三年二月七日、衛星第三チャンネル）、と。

(140) *Lutherischer Weltbund und Evangelische Kirche in Deutschland*: Schlußbericht der Konsultation “Civil Religion” Tutzing, 23.-28. November 1986. In: epd Dokumentation Nr. 35/87; S. (25-28) 25; vgl. weiter Nr.47/87, 8/88.

(141) Vgl. Hermann *Lübbe*: Rligion nach der Aufklärung. Graz, Wien, Köln 1986, S. 306-327.

(142) 本書注128を見よ。

(143) Martin Honecker: Eschatologie und Zivilreligion. In: Evangelische Theologie 50. 1990, S. (40-55) 53.

(144) 前掲書四七頁を見よ。

(145) *Gruenagel*（本書注95を見よ）.

(146) H.(=Kurt *Hutten*): Das Apfelbäumchen und das Weltende. Deutschen Pfarrerblatt 59. 1959, S. 58（前掲書八九頁を見よ）. ノーベル賞受賞は一二月一〇日に行われた。

(147) *Hutten* (Brief vom 1. Okt. 1976):「ウルブリヒトがこの言葉を使ったことは確かです。というのは、わたしはこうした記事を執筆するとき、当時の「ドイツ牧師新聞」の中でと同様、つねに事実内容を利用することにしていたからです。それらは、わたしがあらゆる方面の新聞、雑誌を大量に読むことの中で目についたものです。だからこのウルブリヒトの記事も新聞や雑誌から取ったのです。しかし該当する新聞あるいは雑誌の名前や時期は、もはや皆さんに示すことはできません」。

(148) ここでペーター・C・ブロート（ベルリン）の助言に従って、ベルリン・ブランデンブルク福音主義教会の新聞雑誌保管係のゲルト・ブッシング氏に感謝しなければならない。

(149) フッテンや彼への情報提供者たちの場合、取り違えが起きたということは、すでに役職名が間違っていることから垣間見えるであろう。

(150) Reportage unter dem Titel "Dank an das sowjetische Volk" in: Neue Zeit, 4. Nov. 1958.

(151) 前掲紙は次のように報告している。すなわち、「『戦利品』探しはまだ過去のことではない、とグローテヴォールは言い、これに関連してボンの心理戦の書類に注目するよう指示している。ブリュッセルの万国博でボンの管理官はカタログを発行した。そのカタログは外側に様式化された何と帝国のりんごを示し、その中心点に恥ずかしげに小さな黒赤金色の船首旗が取り付けられていた。しかし内側には大きな古い黒白赤の船首旗が恥かしげもなく見学者に向けてはためいていた。その旗のもとで、まさに万国博が開催されているベルギーが三〇年間で二回ドイツの軍国主義者の餌食になったのである」と。金で彩色することは明らかに技術的な、あるいは財政的な理由から中止になった。それはわたしの知る限りでは、別の反応があったとしても、何の影響もなかった。帝国の宝物と似ていることは、ほとんど話題にはならず、その他にも何も気づかれることはなかった。

(152) 最後の表現はおそらく薔薇の栽培者アデナウアーに向けられたものであろう。

(153) Neue Zeit. 11. 11. 1959. 筆者としてエバーハルト・クラーゲスが推定できる。彼は東西ドイツ再統一直前まで定期的にこの新聞に書いていた(Gerd Bussing, Brief vom 10. 5. 1993)。

第5章

(154) クノレの出した結論は次のようになっている(本書注1の文献中、S. 120)。すなわち、「引用文が直接ルターの書いたものから得られたとか、あるいはそこから出たと証明され得るとかいうことは、わたしにはあり得ないと思う。それは伝説的であり、伝説的でありながら権威づけに使われるところに現代のルター理解が象徴されている」と。この文が一九五九年末のルター協会会報(Mitteilungen der Luthergesellschaft)に掲載された時、あとがき(一四四頁)で次のように書かれていた。すなわち、「われわれの、すでに亡くなった第二代議長領邦教会監督テオドール・クノレ教授・博士が戦後一九五四年ハンブルクで開催されたわれわれの第一回総会で行った講演を公刊してほしいと繰り返し要望された。今彼の遺稿の中で見つかった原稿をすべての者が読めるようになったことは、喜ばしいことである」と。ことほど左様に以前は書かれたものが公刊されることはなかった。ただ一部の情報を伝えるアンケートは確かにあったが。

(155) Leserbrief von [Pfarrer Dr. Friedrich] Gruenagel, Weinheim. In: Deutsches Pfarrerblatt 58. (Nr. 8, 15. April) 1958, S. 181. そこに添付されたルターの言葉の引用は、間近に迫った最後の審判の日に対する希望を語っている。そのため木を植えるという考えが入る余地は残されていない。したがって一九五八年の一年後により明確に現れたように、グルーエナーゲルが、そのような形に、またその他の形に

「彫琢された神学的な慣用句」（本書注95、145を見よ）が追体験できない理由からでもあったが、現代に対してあの言葉がもっている終末論的な志向性に疑問を呈したにしても、彼の判断は歴史的に言えばクノレの判断に合致している。彼が一九五三年以後一九八三年に彼が亡くなるまで、ルター協会のメンバーであり、クノレの講演を知っていたか、それどころかその講演を聞いたと、推測できる。

(156) この種の明らかな例は、ハイコ・A・オーバーマンに由来する。さらに彼からはルターの終末論の問題について多くを学ばなければならない。「これは確かに本物のルターの残した財産であるが、この言葉は保存された文書の中には残念ながら確認できない」と。Martin Luther: Zwischen Mittelalter und Neuzeit. [1983] In: Ders: Die Reformation. Von Wittenberg nach Genf. Göttingen 1986, S. (189-207) 207.

(157) 特に専門知識のある人は、ラインホルド・ヤウアニヒで、彼はルターの著作目録作成作業を委ねられた、「牧師新聞」の読者からの手紙欄の回答者である。Reinhold *Jauernig*, Weimar (DtPfrBl 58. 1958, S. 277).

(158) Trosten *Weiler*: Wer pflanzte das Apfelbäumchen? Wie ein Register für 50000 Seiten Luther entsteht. In: Unsere Kirche. Evangelisches Sonntagsblatt für Westfalen und Lippe Nr. 44, 30. Okt. 1988. これに関連して言えば、内容的にも次のような、少々早計な評価が加えられたことは、いささか意外である。「独創的な発明である。というのは、それは彼の口から出たというのであるから。しかしこれはねつ造である」。

(159) DtPfrBl 58. (Nr. 8, 15. April) 1958, S. 181. この格言は、一語だけ変更を加えたが、キケロのもの (Cato maior de senectute VII, 24; auch Tusc. I, 31) から変形された言葉である。この言葉は、スタティウスの詩句と共に考慮に値する農民の働きを描いている。Serit arbores, quae alteri saeculo prosient (ältere, ins Vermaß passende Form)〔彼は、二世代の役に立つ木々を植える［より古い、不遜な態度に適した形］という意〕.

(160) H. (=Kurt Hutten): Das Apfelbäumchen und das Weltende. DtPfrBl 59. (Nr. 3, 1. Febr.) 1959, S. 58.

(161) *Nochmals: Das angebliche Lutherwort vom Apfelbäumchen.* DtPfrBl 59. 1959, S. 575f. フッテンは最初に、クノレのテキストは会長のゼーンゲン博士に使用の便を図っていただいたことに感謝している。これが、「ルター」(本書注1を参照のこと)の中のすでに出版された(あるいは現在出版されている)版か、あるいは原稿なのか、分からない。

(162) 本書注42を見よ。

(163) 時々はさらに他に名前が挙げられたこともある(例えば、ガイラー・フォン・カイザースベルク、フリードリヒ・リュッカート、エドゥアルト・メーリケ、枢機卿カルロ・ボロメオ)。専門家による吟味と調査によると、助言者たちが考え、あるいは一人ひとりの表現が似ているところから、おそらく該当者を探索する価値があるだろうという感覚だけを自ずから持ってしまっているままの状態が常にと言ってよいほどあった、ということである。実際の類似するケースが明らかになったのは一度もなく、せいぜい他の格言との類似が一度あったが、それもその言葉がただ部分的にりんごの苗木の言葉に類似しているというだけである。

(164) 本書二九頁を見よ。

(165) 口頭で、また文書でも。次の文献を参照のこと。*Breymayer:* Gnomon ([本書注1を見よ], S. 293, Anm. 22). 反キリストが最後に荒れ狂うのは、早くも一八三二年に始まることになっていた。次の文献を参照のこと。Hartmut *Lehmann:* Pietismus und weltliche Ordnung in Württemberg vom 17. bis zum 20. Jahrhundert. Stuttgart usw. 1969, S. 72.

(166) Martin *George:* Die Fälschung der Wahrheit und des Guten. Gestalt und Wesen des Antichrists im 19. Jahrhundert. In: Zeitschrift für Kirchengeschichte 102. 1991, S. 76-103.

(167) Aufbruch nach Amerika. Die Auswanderungswelle von 1816/17. Hg. v. Günter Moltmann. Stuttgart

1989; Hans *Petri*: Schwäbische Chiliasten in Südrußland. In: Kirche im Osten 5. 1962, S. 75-97. Johann Heinrich *Jung-Stilling*と彼の影響については、*Breymaier*: Untersuchungen をも参照のこと（本書注1を見よ）, S. 81-84.

（168）Zu Gottlob Christian Storr's Wirkung auf Ph. M. Hahn und anderes. Das Vorwort *Breymayers* in: Philipp Matthäus Hahn: Kurze Beschreibung einer kleinen beweglichen Weltmaschine. Faksimile-Neudruck der wiederentdeckten Ausgabe Konstanz 1770. Hrsg. v. Reinhard *Breymayer*. M.e. Geleitwort v. Alfred Munz. Tübingen 1988, bes. S. XXIVff.; s. auch R. Breymayer: "Anfangs glaubte ich die Bengelische Erklärung ganz . . ." Philipp Matthäus Hahns Weg zu seinem wiederentdeckten "Versuch einer neuen Erklärung der Offenbarung Johannis"（1785）. In: Pietismus und Neuzeit 15. 1989, S. 172-219.

（169）Joachim *Trautwein*: Art. Korntal in: Theologische Realenzyklopädie 19（1990）, S. 640-645（Literatur）.

（170）*Zweihundert Jahre Kullenstunde in Hülben*（Altpietistische Gemeinschaftsstunde）. Hrsg. v. Reinhard *Breymayer* und Karl *Buck*. 2.（=3.）Aufl. Metzingen 1979（Literatur!）.

（171）ここでわたしは、一部は入手可能な初版、一部は特に専門知識があり、正確なブライマイアーのもの（Untersuchungen [本書注1を見よ], bes. S. 78-80）に従った。ただその場合、彼のつけた順序や重点の置き方には一切従っていない。

（172）例えば、一九〇五年にヨハネス・クレンの死後期日を置いてから行われた葬儀の場合。次の文献参照のこと。Wilhelm *Busch*: Aus einem schwäbischen Dorfschulhause. Elberfeld 1906, S. 238; 一九二一年のブッシュの妻、ヘルマン家出身のマリア・パウリーネの葬儀の場合も同じである。次の文献を参照のこと。Wilhelm *Busch*: Pfarrer Dr. Wilhelm Busch. Sein Leben und Wirken. Hamburg 1926, S. 188. 193.

(173) Andreas *Klein*: Ich denke der alten *Zeit*, der vorigen Jahre. In: Gemeinschaftsblatt für die verbundenen altpietistischen Gemeinschaften in Württemberg Jg. 21. Stuttgart 1927. Nr. 8 (August), S. 72-74. その報告は次のように始まる。すなわち「わたしがわたしたちの昔の仲間たちについて報告しなければならないとすれば、……」と。

(174) AaO. S. 73f.「会議」は、毎月最後の土曜日にヒュルベンに各地から集まって行われた。そのうち毎年のどの「会議」のことを言っているか、未解決である。

(175) ブライマイアーの出来事（aaO S. 78f.）の後、クノレに従って（本書注1、S. 119）引用されている。マーダー・フォン・ヴィルヘルム・フリードリヒ・トゥムの生涯を書いたものはわたしの手もとにはなく、ブライマイアーによれば、一八六五年に発行されたものである。

(176) Johannes *Kullen*: Fünf und fünfzig Erbauungsstunden sammt seinem Lebensabriß und Anderem aus seinem Nachlaß, hrsg. v. Samuel *Kullen*. Korntal 1852, S. LXXXII. 時、場所、人に関しては、正確なことは言えない。ブライマイアー（aaO S. 79）にとっては、それは「すべてコルンタールにおけるヨハネス・クレン周辺に形成されたグループ」である。ザームエール・クレンはおそらく報告されたものを、彼の父親（ヨハネス・クレン）がメッツィンゲンで教師をしていた一八一六―一八一九年の期間、つまりコルンタールに来る前の期間に位置づけたのであろう。この期間には、実際特別な終末論的な緊張感があったが、しかしその文章はそれより前、あるいは後に言われた可能性がある。

(177) Fritz *Grünzweig*. Die Evangelische Brüdergemeinde Korntal. Metzingen [1957], S. 215. 32.

(178) ミュールハウプトは一九八六年に書いた記事（本書注1を見よ）の中ではこの可能性に一度も触れていない。しかしここでは彼がわたしに口頭で、また手紙で教えてくれた論拠が考慮されている。

(179) 本書注160を見よ。

(180) Ebd. 後にフッテンは次のように言っている。「わたしはルターのものとされた言葉の本当の出所

(Ursprung) は一八三六年以前の一〇年間のシュヴァーベン敬虔主義にあるという推測を強くもっている」(一九七六年一〇月一日づけ手紙)。

(181) フッテンがそのように考え、それどころか多義的な言葉「出所 (Ursprung)」を使いながらも不明瞭さを広げようとしなかったことは、一七年以上も後に書かれた手紙(本書注180を見よ)から明らかになる。すなわち、「わたしはかつてシュヴァーベン敬虔主義者の書いた何かの記事で、ルターの言葉とぴったり同じ言葉をかなり確実に思い出す。ただ、りんごの苗木の代わりに別の果物の木の名が使われていた」と。フッテンはおそらくその後いつか別の果実と取り替え(あるいは差し換えか)が起こったが、それは根拠がないと考えたか、あるいは、——さらに可能性が高いのは彼が以前の、論証の途中にあって——当時もすでにまだ見つかっていないりんごの苗木の言葉があったに違いなく、もうすでに見つかる寸前のところに来ていたと考えたか、そのどちらか一方である。わたしはこの老人の思い出は頼りにならないと思う。——それに関してなぜ以前に話題にならなかったのか——それだけでなく、以後知り得る客観的な根拠からもあり得ないことだと思う。

(182) *Knolle* (本書注1を見よ), S. 119.

(183) AaO S. 120.

(184) あの「より古い出所の権威」によってすでにラビ (ベン・ザッカイ) の声が考えられているということは、それは後にエルンスト・バンメルが (一九六二年に)、またその前にすでにクアト・フッテンが (一九五九年、本書注160を見よ) に注意を喚起していたことであるが、それは推測することができよう。しかしそれを一九五四年のこととするのは一層ありそうにない。クノレは、彼のシュヴァーベンの友人、つまり結婚によってブッシュ-クレン家に結びつけられた牧師エドゥアルト・シュテッフラーによって、ヴュルテンベルクの類似の文章に出会わせられた (母方のクレン家出自のラインハルト・ブライマイアーからの情報) が、彼自身はあの世界に必ずしもまったく馴染みがあったわけではない。彼はつい「べンゲルは一八三六年キリストの再臨を期待していた」と言ってしまった（本書注1、一一九頁を見よ。しかし本書注165を参照のこと）が、ベンゲル（一六八七―一七五二）はアンドレアス・クラインも同じように理解したように、ただ時期を予言したにすぎない。ベンゲルが再臨の預言と同じ時期にあの格言を最初に言った人であると誤って受け取られたためかどうかについては、クノレはその後おそらく自分からさらに以前の原作者を考えようとしたと解釈した。ただ、その原作者の名前を挙げられなかったか、あるいは挙げるつもりがなかったか、それは分からない。ちなみに、クアト・フッテンが諸仮説に関して独自の情報網をもっていることは、彼が「牧師新聞」の読者層とのつながりやおそらくまた彼がシュトゥットゥガルトにいるということから説明できる。その反面、彼はハンブルクのクノレの文書をベルリンのオスカー・ゼーンゲンを通じてやっと入手できた（本書注161を見よ）ということもある。

(185) それについては次の文献を見よ。Hermann *Bausinger*. Formen der "Volkspoesie". Berlin 1968.

(186) *Breymayer*. Untersuchungen（本書注1を見よ）, S. 106.

(187) AaO S. 85-87.

(188) AaO S. 81.

(189) ブライマイアーは一九八八年次のように書いている（Gnomon［本書注1を見よ］, S. 293f.）。「この紋章の伝統は、ヨーハン・アルブレヒト・ベンゲルの信奉者によって、一八三六年六月一八日が間近になった時に、このような形で実現した結果、今日まで何千回も使われた引用句が成立したのであろう」。ここではこれが「実現した」のは一八三八年以前の年に当たる。しかしこれが「成立した」のはたぶんずっと後の時代に当たるのであろうが、それほど明瞭には分からない。「いつか」というのは、一九七一年に（Untersuchungen［本書注1を見よ］, S. 79）二〇世紀前半が、特に一九〇三年と一九二八年の間に出版されたフリードリヒ・バウンの書物の影響が現れた時期が筆頭に挙げられた。それについては、本書注191を見よ。しかし一九八八年に彼は前掲の文に関してかなり明確に次のように話を続けた。すなわち、「いずれにせよ、この文は、コルンタールの教師ヨハネス・クレン(一七八七―一八四二年)によって伝えられた。彼は……と言った」と。その後にその言葉(1)〔本書一二六―一二七頁〕が続く。

(190) これはたとえば『アウクスブルク信仰告白』に似てないこともないのではないのか。それは、皇帝に渡された原本は失われたが、草案とその後の写しから復元されたのである。ただまさに『アウクスブルク信仰告白』の方は、文書として提出されていて、皇帝も仮のものを一切保存してはいないのである。

(191) 信仰書におけるマーダーの発言(2)〔本書一二七―一二八頁〕の影響を見よ。さらにそれ以上にブライマイアーは「その後いつか現存する異文から混成が行われ、それがその後『ルター』のものと伝えられる言葉を生み出したのかもしれない」(1971〔本書注1を見よ〕. S. 79)と言っていることに注目せよ。

(192) 彼は、西ドイツにおけるさまざまな経済理論、終末論、歴史哲学を評価する場合、そうした態度をとった(aaO S. 94-106. 本書注92、93も参照のこと)。

(193) AaO S. 78; S. 84:「ヨハネス・クレンの発言において、またヨーハン・マルティン・マーダーによって彼が施した変更において特徴的なことは、……」。

(194) その言葉(1)〔本書一二六―一二七頁〕は、その中で植えられる木について話題になっているから、確かに考慮に値するものであった。しかし同様に言われている屋根板はそうなるといくらか邪魔ではある。

(195) ブライマイアーの推測(aaO S. 79)は、J・M・マーダーは彼の子供の質問に対する答え(2)〔本書一二七―一二八頁〕として、関連する異文、ある月例会(本書注174を見よ)を訪ねたと思われるヨハネス・クレンから聞いた格言を持ち出したというのであるが、この可能性は排除できない。しかしそれはまったく仮説的な可能性である。この他にもいくつかの可能性がある。もちろん敬虔なマーダー自身が、すでにそういう考えを持っていて、したがって創世記第三章一九節(「お前は顔に汗を流してパンを得る/土に返るときまで。お前がそこから取られた土に。塵にすぎないお前は塵に返る」〔新共同訳聖書による〕)と終末の期待の間の緊張の中に長く意識的に生きていたし、その意味で活動的であったゆえに、特に見出すのに難しくない答えを思いついたという可能性が考えられる。その他に、また文の表現も違っている上に内容的な違いも見られる。すなわち、この場合は、クレンが救い主について話題にしたのと違い、反キリストが話題になっていることは、マーダーの言った格言はいずれにせよ一八三六年直前より早い時期〔本書注165を見よ〕であるという検討すら可能である。そうであれば、これは(3)〔本書一二八頁〕の言葉にも当てはまるであろう。しかしそこでただ言葉の上の表現だけの違い、あるいはヨハネス・クレンが反キリストを越えてすでに来りつつあるキリストを見ていたとすれば、この可能性はあまり意味がない。それにしても今挙げたふたつの可能性は、不確かな推測である。いずれにせよどの可能性を優先すべきかについて、われわれには依然知識が十分ではない。

(196) 例えば、(1)〔本書一二六―一二七頁〕の言葉の場合、次のように言われている。すなわち、「……それでもなおわたしは木を植えなければならない。……そして屋根板がない場合は……」と。校正用ゲラ刷りの上部に書かれている言葉のようなベンゲルの死はすでに定められた義務を果たすことによる断固たる態度にふさわしい。校正ゲラ刷りの上部にある言葉は、「仕事の最中に戸口の外に呼び出されるように」である。これは、カール・クリストフ・エティンガーが言ったとされる。Vgl. Karl Eberhard *Ehmann*: Oetingers Leben und Briefe . . . Stuttgart 1859, S. 589. ちなみに、アドルフ・シュラッターもこれを校正で想像したと言う (Brief von Wilhelm *Knevels*, 20. Juni 1976)。

(197) 本書注189、191を見よ。

(198) それに関して詳しくは、七九―八〇頁を見よ。――ヴュルテンベルクの敬虔主義者にとって負債の問題がそれほど重要な役割を果たしたのは、おそらく領邦絶対主義支配の財政的杜撰さに対する特別な思い出とも関係するであろう。コルンタールの創設者G・W・ホフマンが覚醒する以前に唱えていた濱神的な今際の時の祈りが言いふらされたりもした。その祈りは、「神よ、あなたが生きておられるなら、わたしの負債を支払ってください」というものであった。*Grünzweig* (本書注177を見よ), S. 30.

(199) *Breymayer* (1971 [本書注1を見よ], S. 79):「ヨハネス・クレンの曾孫にあたるエバーハルト・クレン(一九一一年生まれ)からの情報によると、このような格言(1)〔本書一二六—一二七頁〕にあるような)はクレン家の中では絶えず使われていた」。ヨハンナ・シュテッフラー(一八九五年生まれ、本書注184で触れられたエドゥアルト・シュテッフラーの未亡人)は、わたしに、彼女の母方の祖父、後のヨハネス・クレン(一八二七—一九〇五年)から聞いた、なおそれに関連する文を教えてくれた。それは、「たとえ今日午後救い主が来るとしても、わたしは今朝なお授業を行わなければならない」という文である(日付はないが、一九七六年八月初め)。しかしルターの言葉はヴュルテンベルクとはおそらく関わりはないであろう。彼女はそれをエバーフェルトとフランクフルト・アム・マインで牧師をしていた、ヴュルテンベルク以外の土地出身の父親、ヴィルヘルム・ブッシュ博士(一八六八—一九二一年、彼に関しては、Eberhard *Busch*: Pfarrer Dr. Wilhelm Busch. Ein Pietist in der Kaiserzeit. Gladbeck 1969 を参照のこと)から聞いたという。ここで言われていることは、老人にどこでもしばしば起こることであるが、最初の印象や評価がずっと続き、過去に投影されたもののようにわたしには思われる。このようにその言葉がルターのものとされることが、世界の滅亡とりんごの苗木の話を一挙に数十年もこれまでわれわれに知られた典拠の時期の前にずらされたことは、他の何ものによっても支持されない。牧師ブッシュ博士についても同じように次のように推測できるであろう。すなわち、彼がエバーフェルトあるいはフランクフルトで彼の「第二の故郷」(Wilhelm *Busch*: Pfarrer Dr. Wilhelm Busch. Hamburg 1926, S. 172)から何かを持ち込んで、それがその後、娘の思い出によって初めて、その間いたるところで聞かれるいわゆる「ルターの言葉」という形をとったということである。——そのようなことは、ブッシュの子孫たちの場合ですらけっして特別なこと、不名誉なことではなかったということは、アメリカ人による記憶の研究が示している。次の文献を見よ。Rolf *Degen*: Gedächtnis als Theater. In: Die Zeit Nr. 39, 24. Sept. 1993.

(200) Eberhard *Busch*/Göttingen (Brief vom 15. März 1988)；彼はさらに、「わたしはたぶん早世した父親ヨハネス・ブッシュから、一九五六年以前に初めて聞いたように思う」と言っている。わたしが世界的に有名な牧師兄弟であるエッセンのヴィルヘルム・ブッシュとヴィッテンのヨハネス・ブッシュのクレン家との関係、また彼らがグスタフ・ハイネマンと教会闘争を共に闘ったことを意識し始めた（彼らは、ヨハネス・シュテッフラーの兄弟である。本書注199を見よ）最初、いわゆる「ルターの言葉」はそのルートで、ヴュルテンベルクから北へ伝えられたと推測した。ところが、わたしが文献の典拠あるいは口頭の証言をいろいろ調べた結果は空振りに終わった。次のことも確かに可能である。すなわち、ヨハネス・ブッシュがそれを最初例えば戦後の青年運動のサークルの中で、おそらく直接あるいは間接にハイネマンあるいはリリエから聞いたということである。ちなみに、彼は一九五〇年にマールブルクで青少年の会議が開かれた際、部分的ではあるが参加していて、聖霊降臨祭の主日に（五月二八日朝八時）エリーザベト教会で説教を行った。それはリリエの講演の直前のことであった（本書注73、82を見よ）。

(201) S. Friedhelm *Groth*: Die "Wiederbringung aller Dinge" im würtembergischen Pietismus. Göttingen 1984 = AGP 21.

(202) 本書一二一頁を見よ。

(203) この引用は、次の羅独対訳版による。Langewiesche-Brandt: Marcus Tullius *Cicero*: Cato maior de senectute. Cato der Ältere über das Alter. M. Einl., Übers. u. Anm. hg.v. Max Faltner, München 1982 = dtv 9186. 204 VII, 24-25 (S. 45).

(204) VII, 24-25 (S. 45). 引用された詩は、ギリシア人メナンダーを模倣したカエキリウス・スタティウス（前一六八年没）の喜劇からのものである。

(205) この行の引用文をもったキケロの他の箇所は、このことをさらに裏づけ、深めるにすぎない。このような賢明な将来に備える行い、年老いた農夫が、この自らの生涯にわたって続ける子孫のための植樹は、魂の不滅を自然そのものが暗黙裡に証明していることであり、それは大人物たちに見られる植樹に匹敵する立法や将来に備えた公的な行為とも同じである（*Cicero*: Disputationes Tusculanae I, 31, abgedruckt in der Anm. 203 Genannten Ausgabe S. 133; dort "prosint" statt des älteren "prosient" in Cato maior, 本書注159を見よ)。

(206) すでにR・ヤウアニヒ（本書注157を見よ）はホフマンに答えて、言及されているキケロからの引用文はルターの場合に見られないということは、その言葉がルターのものではないとされた後でもなお有効で、また今日に至るまで存在する索引によって確認されている情報である。

(207) *Halfmann*（本書注159を見よ）.

(208) *Breymayer* 1971（本書注1を見よ）, S. 93.

(209) ブライマイアーは、一九七一年の研究（aaO S. 91-93）では、これを再び次の文献に従って示している。Arthur *Henkel*/Albrecht *Schöne*: Emblemata . . . Stuttgart 1967, Sp. 160. それに対して一九八八年のベンゲルの寓意的表現の背景（[本書注1を見よ], S. 295）に関する論文では、次の文献に従っている。Rollenhagen-Neuausgabe Dortmund 1983, S. 80f.

(210) 一九八八年のドイツ語訳（本書注209を見よ）は、次のようになっている。「わたしが森の木を植えるのは、わたしのためではなく、父祖たちが与えてくれたものを、子孫たちに与えると感謝して決心したことである。これは純粋な結婚の本質である。その唯一の目的は、子供たちと後の時代の子孫たちへの愛である」。――ハルフマン（本書注207を見よ）がキケロにおいて許し難いやり方で行ったように、ブライマイアーもここで（1988 [本書注209を見よ], S. 294）ロレンハーゲンにある希望の思想を初めて取り入れた。それは、フリードリヒ・シラーの詩の言葉、すなわち「彼はさらに墓にも木を植えた――希望を掲げた」に触発された結果でもあった。

(211) その他まさに屋根瓦の寓意的表現の伝統にも目配りしなければならないであろう。

(212) *Breymayer*, 1988（本書注1を見よ）, S. 293.

(213) ブライマイアーは一九七一年に例えば、フリードリヒ・クリスティアン・ラウクハルトの人文主義の教養やその前提となるキケロについての知識を指摘した。序に言えば、ブライマイアーにとってもラウクハルトは「格言の仮定の作者」（本書注1を見よ）として問題になったのである。しかし後にもなおりんごの苗木の言葉が古代のテキストと関わっている可能性は検討に値することとして検討される。

(214) H.（Hutten）本書注160を見よ（そのコラムは一九五九年二月一日に現れた）。彼がその箇所（aus der Rez. B der Abot des Rabbi Natan, C. 31, hg. v. S. Schechter, 1887, S. 67）の指示をどこから知ったか、もはや確定できなかった。推測できるのは、われわれが知らないある読者（本書注184を参照のこと）であるが、その人はおそらく、次の文献によってこの箇所に出会ったのであろう。Adolf *Schlatter*. Jochanan Ben Zakkai, der Zeitgenosse der Apostel. Gütersloh 1899 = BfChTh 3. Jg. H. 4, S. (1-75) 45. シュラッターに関係するA. *Wiegand*: Jochanan ben Sakkai. In: Saat auf Hoffnung 42. 1905, S. (56-66) 64（Hinweis von Karl Heinrich Rengstorf, Brief v. 6. Nov. 1981）という論文から影響を受けたことも考えられるであろう。しかし、フッテンの場合は文面が（「見よ、キリストが……」に至るまで）シュラッターと一致しているが、ヴィーガントの方は、それを新たに翻訳している。ちなみに、シュラッターの新版は次の文献から取られた。Sammelband: Synagoge und Kirche bis zum Barkochba-Aufstand. Stuttgart 1966, S. 175-236.

(215) Jakob *Neusner*. Development of a Legend. Studies on the Traditions Concerning YOHANAN BEN ZAKKAI. Leiden 1970; Lewis M. *Barth*: Art. Johanan ben Zakkaj. TRE 17 (1988), S. 89-91（「これらの研究の結果、ヨハナン伝承の大部分は後代に成立し、その起源は三世紀のバビロニアのユダヤ教にあると推測される。ヨハナンがパリサイ派に属していたことも歴史的には確認されない」と九〇頁の三四―三八行にある）.

（216）一般的な分類については、次の文献も参照のこと。Johann *Maier*: Das Judentum. Von der biblischen Zeit bis zur Moderne. 3. Aufl. Bindlach 1988, S. 221f. 287-298.

（217）本書注214を見よ。そこに挙げられている箇所には、その後に続く引用文もある。

（218）*Maier*（本書注216を見よ）, S. 291. ザッカイの言葉の中で木を植えることだけが言われていて、例えばぶどうの株を植えることが同様に言われているわけではない、ということは確認されていない。

（219）Joseph *Klausner*: The Messianic Idea in Israel. London 1956, S. 396. クラウスナーについて、エルンスト・バンメル（[本書注1を見よ], S. 141）は、彼はこれをシュラッターから借用したと言っている。クルト・マルティは（Tagebuch mit Bäumen. Darmstadt/Neuwied 1985, S. 102）そうした解釈をはっきりと行っている（一九八四年八月一九日の項目の中で）。

（220）*Bammel*: Das Wort vom Apfelbäumchen（本書注1、また注15を見よ）. 彼はなるほど、「ルター」の中に一九五九年末に復刻されたクノレの講演、それは確かにシュヴァーベンの敬虔主義者テーゼを挙げていながら、ラビの当該箇所を挙げてはいないのだが、その講演を引き合いに出してはいるものの、すでに一九五九年初めにフッテンにより（本書注214を見よ）ヨハナンが論争に取り上げられたことには触れていない。バンメルは牧師新聞から以前のアンケート調査にのみ触れている（S. 140）。

（221）AaO S. 146f.

（222）AaO S. 147.

（223）Ebd.

（224）そうなると、シュヴァーベン敬虔主義者に対して、「メシヤ的終末論の立場一般に対する懐疑」（Bammel aaO S. 143）というヨハナン解釈から読み取るべきであろうが、また確かにそれと対極にある「苗木を植えなさい。なぜなら、いまようやくメシヤの時代が始まるからだ。これは本当にやりがいのあることだ。というのは、苗木は即座に、また豊かに実を結ぶからだ」（Nikolaus Walter［本書注1

を見よ」, S. 35）という解釈からも読み取るべきであろう。

(225) *Neusner*（本書注215を見よ）, S. 128; *Barth*（本書注215）, S. 90, 34ff.

(226) これはオーバーマン（本書注156を見よ）の考察が示している。彼は、りんごの苗木の言葉は奇妙にも本物のルターの遺したものであり、ラビ・ヨハナンのものとされる言葉は「まったくの」類似例であるとすると、そこからルターがことごとく「ユダヤ教の伝承を学び、肯定していた可能性がある」という問題が生ずる、と言う。

(227) 本書注219を見よ。

(228) Max *Brod*: Streitbares Leben. München 1960, S. 529.

(229) AaO S. 530. 彼自身はさらに続けて言う。「われわれの行為によってこの生の中の（結局ハイデッガーによってひたすら描かれた）死と「死への存在」の観念を消し去ること、それから新たな政治的態度も生まれる……」と。

(230) Jüdisches Fest, jüdischer Brauch. Hg. v. Friedrich *Thieberger* Königstein/Ts. 1979 (Nachdruck der 2. Aufl. von 1967), darin: Max *Grunwald*: Chamischa Assar bischevat (S. 385f.).

(231) Johann *Maier* (Brief v. 1. März 1988). 彼はこれに付け加えて次のように言った。すなわち、「このシオニズム的・世俗的用法はもはや古代の初穂の象徴的表現となんら関係がない」と。

(232) Harry *Gersch*: When a Jew celebrates. (The Jewish Values Series) New York: Behrman House, Inc. Revised 1986, S. 182-188.（この本を教えてくれた床屋のマスター、カールヨハン・モランダー［スウェーデンのウルリケハム在住］に感謝を申し上げる。）

(233) 申命記第二〇章一九節。

(234) *Gersch*（本書注232を見よ）, S. 184.

(235) もっと後の報告を読むと、木の象徴表現のこうした政治的利用がもつ両義性と変わりやすさを認識さ

せられる。後の報告とは、「若いオリーブの木が平和の象徴としてユダヤの『木の祭り』においてアラビア人が居住するエルサレム郊外のダビデの町で篤信のユダヤ人とパレスチナ人の協同作業によって植えられた。イスラエルの新聞が伝えたように、ある篤信のユダヤ人の平和団体のメンバーたちが、苗木を持ってきて、パレスチナ人の植樹をユダヤ人居住者が破壊するのに対して抗議するために、植えようとした」というのである（福音主義教会新聞通信社、一九九二年一月二一日）。

(236) *Gersch*（本書注232を見よ）, S. 188.

(237) 本書一四八頁以下を見よ。以下の引用については一般に本書注232の文献の四〇頁以下を見よ。

(238) この文献は、後に刊行された要約版ではなく、もとの三巻で二六〇〇頁を超えるものである。この文化・精神史的に重要な著作はつい最近二〇〇一頁にわたる複刻版として出版されたが、残念ながらすでに再び品切れとなっている。Friedrich Christian *Laukhard*: Leben und Schicksale. Fünf Theile in drei Bänden. Nachwort und Materialien von Hans-Werner *Engels* und Andreas *Harms*. Frankfurt am Main 1987. Bibliographie im Anhang von Bd. III, S. 142-162. 主として作家としての時期に書かれた「政治小説」を取り扱ったのは、今や次の文献である。Christoph *Weiß*: Friedrich Christian Laukhard (1757-1822) I-III. St. Ingbert 1992 (= Saarbrücker Beiträge zur Literaturwissenschaft 38). 研究上貴重な寄与となっているのは、もちろん第二巻の中にある、彼により詳細なコメントが付いた、しかし残念ながら番号が付いてない、資料付文献目録である。

(239) Brief vom 3. Aug. 1976.

(240) わたし以外にミュールハウプト（本書注1を見よ）とアダム（本書注1を見よ）, S. 412, Anm. 10である。

(241) 最初は、一九七六年五月七日に受け取ったアンケート用紙。次は、ミュールハウプトの（本書注1を見よ）文献（新聞）の四段目。

(242) 本書注40を見よ。私見によれば、ゴルヴィッツァーはこの言葉をカスパリから借用した。ただ一箇所のみ、それは慣例に従って「滅亡する」の部分だけということである。フリードリヒ・シュナックはそれをおそらくその後その箇所から借用したことになるであろう（本書注42、43を見よ）。

(243) *Mülhaupt* aaO Sp. 3.

(244) 本書第二章を見よ。

(245) 文献目録（本書注238を見よ）によれば、その冊数は少なくとも四〇冊であり、したがって、ミュールハウプト（本書注42、43を見よ）が最初考えていたのとは違い、「少なく」ない文学作品である。

(246) ミュールハウプト（ebd）は、さらに次の文献を通読した。"Beiträge und Berichtigungen zu Herrn D. Karl Friedrich Barths Lebensbeschreibung" (1791) "Vertraute Briefe eines alten Landpredigers" (1811) in der Bibliographie von Engels und Harms（本書注238を見よ）Nr. 8 und 39. わたし自身は、次の文献を通読した。"Leben und Thaten des Rheingrafen Carl Magnus" (1789; Nr. 17). "Annalen der Universität zu Schilda" I-III (1798-1799; Nr. 19). "Eulerkappers Leben und Leiden" (1804; Nr. 33). "Wilhelm Steins Abentheuer" I-II (1810, nach der Ausgabe 1814; Nr. 40). 以前ミュールハウプトにより探究された文献 "Carmina et Epigrammata quaedam selecta" (1780; Nr. 1) はまだ見出されてはいない。それにはおそらくラテン語の学生歌が含まれているであろう。ここで典拠の疑わしいルターの酒、女、歌に関する詩（本書注12を見よ）の出典と類似したわれわれの取り上げている格言が見いだせるかどうか、わたしは内容についての理由からも、それはあり得ないと思う。「神学者と教会博士のための規律典範」(1798; Nr. 18) を含む「教化的な詩集」は、ヴァイス（本書注238、Bd. II, S. 87ff. を見よ）によれば、基本的にはラウクハルトの友人フランツ・ハインリヒ・ビスピンクに由来する。

(247) わたしに対してそのように言ったのは、ハンス・ヴェルナー・エンゲルス、クリストフ・ヴァイス（本書注238を見よ）、さらにマルクス・クラウゼであった。クラウゼの見解は、彼の論説の次の頁を見よ。

Laukhard, Friedrich Christian. NDB 13 (1982), S. 713-714.
(248) *Mülhaupt*（本書注1を見よ), Sp. 3-4. ヴォルテールに関しては独仏対訳版の次の文献を見よ。Candide oder der Optimismus . . . v. Jürgen von Stackelberg. München 1987 (= Goldmann Klassiker 7616), S. 188.「……しかし彼は、われわれの庭を耕さなければならない」。
(249) フリードリヒ・シュナックはこれを自明、あるいは明らかに正しいと、また根拠づけとしても十分であると思っているようである（本書注43を見よ）。
(250) ラウクハルトの"Leben und Schicksal"の中に、唯一、あまり有益ではない箇所がある。彼が破壊工作の分野で兵役に服していたため、皇太子によって約束されていた大学教授への任用を大学に拒絶され、また身近な関係の中で結婚したが失敗に終わり、ハレで露命をつないでいた時、一七九九年夏にフリードリヒ・ヴィルヘルム三世が、その時は王としてハレにやって来た。それは、ラウクハルトがもう一度努力するよう熟慮を促すためであった。ラウクハルトは次のように言っている。「わたしは誰もが押し寄せるようなところに、人を押し分けて入りたくはない。ですから、家にいてわたしの花の苗床を世話したのだ」と（本書注238を見よ。Bd. III, Teil V, S. 138）。この場合「カンディド」の最後に現れる状況〔庭仕事をしながら諦めの態度で生きる状況〕との類似が見られる、もっともそれをラウクハルトが意識していたかどうかは分からないが。また当時彼がきわめて創作活動旺盛な時期でもあっただけに、比喩（花の苗床＝仕事机）を心に浮かべることもできるであろう。しかしここには多くの謎が隠されている。これより後われわれにはほとんど知られていない没落の時代からなお、われわれが知り得ることは、一時的に（一八〇四―一八一一年）ファイツロート（ザール県）で就いていた牧師職には、その他に農地・菜園が付属していたということである。これについては次の文献を見よ。Wilhelm *Hoffmann*: Noch einmal Magister Lauckhard. In: Hessische Chronik 28. 1941, S. (118-148) 120.
(251) 伝記の第Ⅲ部に（本書注238のBd. II, S. 450を見よ）シュパイアー教区について次のような記述がある。「……それでもそこにフランスの自由の木が何の苦もなく植えられた」と。その木は間もなく反キリスト教の革命的・宗教的礼拝の一要素となった。それに関しては、膨大な記念文献の中から次のもののみ挙げておく。Hans-Christian und Elke *Harten*: Die Versöhnung mit der Natur. Gärten, Freiheitsbäume, republikanische Wälder, heilige Berge und Tugendparks in der französischen Revolution. Reinbeck bei Hamburg 1989. また次の文献も参照のこと。*Struss*（本書注106を見よ）, S. 67ff. 252 Fritz *Caspari*: Fruchtbarer Garten, zitiert nach der hier unveränderten 3. Aufl. Krailling bei München 1960, S. 4.

（252）Fritz *Caspari*: Fruchtbarer Garten, zitiert nach der hier unveränderten 3. Aufl. Kailling bei München 1960, S. 4. カスパリは偉大な施肥のパイオニアであった。

（253）*Caspari* aaO S. 335.「それらすべてにもかかわらず„trotz alledem“」を一〇七頁のG・B・ハルトマンによるブリュッセルの表現と比較せよ。

（254）パウル・ホルツハウゼンの伝えた例を、死亡証明書に書かれた教授の称号に至るまで見よ。Paul *Holzhausen*: Friedrich Christian Laukhard. Aus dem Leben eines verschollenen Magisters. Berlin 1902 = Burschenschaftliche Bücherei Bd. 2 H. 4, S. 1-40, bes. 37-39.

（255）例えば、グスタフ・フライターク（Bibliographie［本書注238を見よ］, S. 156 = Abschnitt III Nr. 4）にとって正しかったことは、多くの者にとって正しい可能性があった。それはこれまでの研究中で知られた意見を通しても分かることである。しかしその相当多くの意見は、エンゲルスとハームス、またヴァイスの文献目録中で、カスパリの標語あるいは類似の文を指していると読み取ることすらできなかった。

（256）*Mülhaupt*（本書注1を見よ）Sp. 4.

（257）ミュールハウプトの一九八八年三月一七日付け書簡。

第6章

(258) *Breymayer.* Untersuchungen(本書注1を見よ), S. 85-87.

(259) 本書四九頁を見よ。ハンス・リリエと共にオットー・ディベリウスもかつて名前を挙げられた(ヨハネス・シュライバーの父親の言葉の思い出を記した一九七六年五月二〇日付け書簡による)。

(260) 例えば、ブライマイアー(Untersuchungen[本書注1を見よ], S. 86)によって引用されたルターのルカによる福音書第一二章三五節の説教の言葉。すなわち、「永遠の命に生きようとするように、仕事をしなければならない。しかしわれわれはこの瞬間に死ぬことになっているように考えていなければならない」(WA 45, 384, 23f. =Viel fast nützlicher Punkt ausgezogen aus etlichen Predigten D. M. Luthers. 1537, früher entstanden)。あるいは、その点をラインハルト・シュヴァルツも次の文献中の箇所を指摘した。Crucigers Sommerpostille 1544 zur Jubilate-Epistel 1. Petr. 2, 12-20.「高位の、あるいは君侯と同様な地位にある者は、寝そべって怠けてはならず、永遠に地上にとどまりたいかのように、ただ自分の楽しみだけ、空しい喜びや平穏な生活だけを望むべきではない(なぜなら彼は他の者よりましな生活をしているからである)。むしろ次のように考えるべきである。すなわち、この生活はまことにはかない、またまことの故郷に着くまでの旅であり巡礼でなければならない、まさに地上では誰もが自分の地位と委ねられた職務をもって他者に仕えるべきである、こうしてわたしはわたしに負わされたことを行い、できる限りわたしの臣下、隣人、妻と子供に誠実に仕えたい、わたしが今彼らと、また地上にある一切のものと別れなければならないとしても、すなわちわたしがもう今死ななければならなくても、わたしがどこに属しているか、知っている(神を称えよ)。そこはわたしの故郷である。しかしわたしはなおここで旅の途上にあるので、この地上の市民に必要なことをし、彼らに寄り添い、この地の法に従って、生死の境を越えなければならない時に至るまで生きなければならないし、生きたいと思う。それは、立派にこの地上を離れ、何の悔いも後に残さないようにするためである」（WA 21, 343, 28-344, 2; nach Pred. v. 27. 4. 1539）。注目されたのは、ここでは似て非なるルターの言葉の場合と違い全世界の終末が語られているのではなく、個人的死期に目が向けられていることである。ここではルターの場合と同様、忍耐強い注意深さと、もちろん現代のりんごの苗木の言葉を使った人びとにはかなり縁遠いことがきわめて多い、別れの覚悟が問題となっている。逆にルターの場合に全般的な最後の審判の日が問題になっているところで、それまでの間の作物栽培、植樹、結婚などのどんな考えも姿を見せないことが多く、あるいは極端に後退している。というのは、その場合いずれにせよそういう考えが、許し難いことであるが、世俗を捨てた修道士に至るまで、誰に対してもほとんど差し障りあるようなことではないからである。ルターの場合、むしろほとんどすべてのことを待ち望む喜びという考え、しかも永遠の命を待ち望む喜び、ただ気まぐれでわがままにこの世の生活を送ろうとする人びとの間で経験するあらゆる苦しみをも喜ぶという考えが支配的である。それについては、例えば次の文献を参照のこと。WA 22, 364, 10ff. (aus derselben Sammlung zu Phil. 3, 17-21, Ep. 23 p. Trin.) また特に次のさまざまな福音書注解を参照のこと。Auslegung des Evangeliums zum 2. Advent Luk. 21, 25ff. von der Wartburgpostille an, s. Kurt *Aland*: Hilfsbuch zum Lutherstudium. Gütersloh 3. Aufl. 1970, S. 116.

(261) マールマンは一九八六年一二月一四日の書簡で、まさに一九三八年に出版された次の卓上語録版に基づいたWA TR II Nr. 2756を参照するように指示した。Reinhard *Buchwald*: Luther im Gespräch. Stuttgart 1938, S. 88f. (Neuaufl. 1983 = insel taschenbuch 670, S. 141f.)；シュヴァルツは一九七六年六月四日の書簡で、ルカによる福音書第二一章二九節以下のいちじくの木の譬えに対するルターの注解（WA 52, 20, 20-21, 30, Veit Dietrichs Hauspostille 1544, Ev. 2. Adv.）が誤解によって暗示されたと考えた。

(262) ミュールハウプトの話、また一九八八年二月二日付け彼の書簡。

(263)「ルターには『世界の破滅』という近代的理念ではなく、むしろ最後の審判という理念があった」(Reinhard *Schwarz*, Brief v. 4. Juni 1976)。それは、その概念が「近代ドイツ語の中で初めて育った合成語である」（*Grimm*: Deutsches Wörterbuch 28, 1709）ということとつじつまが合っている。

(264) ラインハルト・ブライマイアーの指摘（Untersuchungen［本書注1を見よ］, S. 86）はいまだに刊行されていない。テオドール・マールマンにとって（Brief v. 21. Jan. 1988）この考察のおかげで認容文の個々の言葉の出所はどこなのかということに関するこれまでのすべての推測が不必要になった。

(265) D. Martin *Luther*: Die gantze Heilige Schrifft Deutsch Wittenberg 1545 . . . Hrsg. v. Hans Volz . . . München/ Darmstadt 1972, S. 1005 (Hervorhebungen hier und hernach beim Lied M. S.).

(266) これを今や確信をもって明確に示したのは、次の文献である。Wichmann *von Meding*: Ein feste Burg ist unser Gott. Luthers christliche Auslegung des Psalms 46. Zeitschrift f. Theol. u. Kirche 90. 1993, 25-56). 彼はテキストの比較の際（三八頁以下）、正当にもまず一五二四年の翻訳（「たとえ地が崩壊したとしても」の部分）を引き合いに出したが、似て非なるルターにとっては最後のテキストだけが問題なのである。ちなみにこのテキストは、この場合は、もともとエルサレムにのみ該当する詩編のキリスト教的解釈がいくらか聖書のテキストに反映しているのかもしれない。――わたしはこの詩編のテキストを意識的にフォン・メディングと同様、最近の版からではなく、一五三三年のクルーク編の讃美歌（aaO S. 32f. Anm. 52）から引用した。

(267) つまり、「わたしが知ったとしても」の部分がないテキスト。本書二三五頁を見よ。

(268) Heinz *Scheible*: Die Anfänge der reformatorischen Geschichtsschreibung. Gütersloh 1966 (Texte zur Kirchen- und Theologiegeschichte 2), S. 16. 40f.

(269) WA 50, 652, 18-32 (Von den Konziliis und Kirchen 1539) u.ö.

(270) ヴィヒマン・フォン・メディング（本書注266を見よ）は、詩編第四六編がきわめて防衛的な性格をもっているのは、キリスト教的解釈としてその詩の対句法にふさわしいと特に指摘している。その詩は、けっして力強い軍歌ではなく、むしろ平和の歌である。例えば、「(義なる人は)わたしたちのために戦いたもう」(「恵みによりわたしたちに安きを与えてください」〔福音主義讃美歌集一三九番一節〕における「わたしたちのために戦ってくださるであろう」と同様)とあり、またいきなり冒頭においてではないが、「わたしたちと共にいます」(詩四六・八、一二)とある。――ちなみにここにはスウェーデン語のテキストとその歴史に対して一定の違いがあるが、わたしはもう一度それを調べることができればと思っている。

(271)本書三五頁と四五頁を見よ。「明日-今日」という対照形は他のところでも出てくる。例えば、エマヌエル・スウェーデンボルグの場合(veröffentlicht erst 1858、本書注358を見よ)。

(272)本書一二八頁を見よ。

(273)本書一三八頁以下を見よ。確かにルターとキケロの距離はここではかなり大きい。というのは世代交代の中での義務遂行の考え、とりわけ魂の不滅性の証拠としてのその考えはルターにとっては縁遠かったからである。

(274)Horaz, aus der Ode "Iustum et tenacem . . .", Carmina III, 3(unsere Hinzugefügte Übersetsung nach Kiessling/ Heinz und: Quintus Horatius Flaccus: Oden und Epoden. Lat./ Dt. Übers. U. hrsg. v. Bernhard Kytzler. Stuttgart 5. Aufl. 1990 = Reclam 9905, dort Lit.)――それを教示くださったのはカール・ハインリヒ・レングストルフであり(一九八一年一一月六日付け書簡)、後さらにテオドール・マールマンである。マールマンは、次の文献を教示してくださった。H. G. *Reichert.* Latainische Sentenzen. Wiesbaden 1948. この文献にはホラティウスの詩が載っているが、しかしわれわれが扱っているキケロの箇所はない。それは序に言えば、今日までビュヒマンの文献(本書注24の二七九頁を見よ)でもまったく同じである。またディートリヒ・ボンヘッファーもテーゲル刑務所で一九四四年一月二三日にホラティウスの言葉を引用している（本書注16の二一七頁を見よ）。記憶違いから間違って“ferient”が“feriúnt”となっているが）。――エルンスト・バンメルは、その箇所を直接考えてはいないにしても、その箇所に近い考え方をしている。彼はりんごの苗木の言葉を、「明日」までの間、さらに世界の破滅までの間の時を熟考する歴史哲学の文脈の中で、その後プロイセン的義務観念により熱狂的に取り入れられ、「恐怖の深淵に直面しながら抵抗の姿勢を堅持するようにという呼びかけとして、また自分が置かれた持ち場を恐怖に直面しつつも固持したポンペイの見張り役の姿に神学的に類比し得るものとして」（本書注1の一四六頁以下を見よ）理解されていると見ている。バンメルは、エーテルベルト・シュタウファーが、一九四八年当時キプリアヌスの言葉で意味が近い「瓦礫の中にまっすぐに立つ」という言葉を引用したことを指摘している。ちなみにバンメルの一九六二年の論文はシュタウファーへの献呈論文であった。シュタウファーは次のように指摘している。すなわち、教父キプリアヌスにとってペストとキリスト者への迫害がすでに世界の破滅の一端を表していることであり、また来たるべき御国の徴であった。したがって、「それゆえ不屈の心をもってこの死と破壊の襲撃に立ち向かおう。人間世界の瓦礫の中にまっすぐに立ち、何ら希望を抱かない者たちと一緒になってへたばらないようにしよう。『瓦礫の中にまっすぐに立っている』。これは、地獄の苦しみの時における教会の言葉である」。Christus und die Caesaren. Historische Skizzen. Hamburg 1948 [u. öfter], S. 279.

(275) テオドール・マールマンは一九九三年三月二二日付けの書簡で、特に前半の言葉に対して、ホラティウスの世界の終末、キケロの生涯の終わり、詩編第四六編三節とルターのキリスト教的黙示思想を――現代と関連させて――「結びつけること」からあるいは出発することができるかもしれないと言った。似て非なるルターの言葉の思考世界あるいは連想の広がりを組織的に理解しようとする試みにとって、これは役に立つかもしれないが、歴史的・過去から受け継いだ遺伝的出来事としては、それを考えるのはおそらくさほど容易ではないであろう。

(276) レナーテ・ハーゲンの場合は（本書注37を見よ）、明確ではないが、確かに自然である。

(277) わたしとしては民衆の実用小説あるいは教科書の中でこの表現が出てくる可能性を考えることができるが、まだ見出してはいない。テオドール・マールマンは、一九九三年三月一二日付けの書簡によると、ロバート・ライニク（一八〇五―一八五二）の次の選集の中の文章中、「苗木」や「りんご」という語を用いた若干の言葉や詩を見出したが、それを組み合わせて使ってはいないという。Robert *Reinick*: Lieder, Märchen und Geschichten (Wiesbadener Volksbücher Nr. 213).

(278) 文学史については、例えば次の文献を見よ。Herbert *Wolf*: Martin Luther. Stuttgart 1980 (= Sammlung Metzler 193), S. 168:「一九世紀に市民の間で広く行われたセンチメンタルなルターに対する美辞麗句による婉曲表現はさらに彼に着想を得たあの時代の文学の特徴ともなっている」。宗教改革史協会のルター生誕五〇〇年記念シンポジウム（Luther in der Neuzeit, hg. v. Bernd Moeller, Gütersloh 1983 = SVRG 192）において、マンフレート・カルニクによる文献上の、またヴァルター・キリーによる通俗的ルター受容の数多くの驚くべき、反感を呼び起こすほどの例がもたらされた。

(279) Paul *Scheurlen*: Luther unser Hausfreund. Stuttgart 1947 (= 21.-25. Tausend). これには多くの引用が付いているが、残念ながら出所が示されていない。

(280) AaO S. 107. この引用部分の立証は他の文献の助けによってもできなかった。言葉遣いに関しては、ルター文庫がさらになお七か所、この縮小辞「苗木」（Bäunlein）の出てくる箇所を指摘しているが、「苗木」（Bäumchen）の出てくる箇所はひとつもないということである。ついでに言えば、「苗木」（Bäumlein）はルターの場合、大抵は躾を受ける少年である。さらに われわれの問題にとってそれほど重要ではないが、「りんごの木」（Apfelbaum）という表現が出てくるが、「りんごの苗木」（Apfelbäumlein）という表現は出てこない。「りんごの苗木」（Apfelbäumchen）に至ってはなおさらである（Brief Ulrich Köpf v. 23. Sept. 1993）。

(281) ちなみに試練と安らぎとの自然界の交流に関しては、次の文献に出てくる、神の怒りの徴としての、驚愕を与える「ざわつく木の葉」(レビ二六・三六)をも参照されたい。WA 19, 226, Der Prophet Jona ausgelegt 1526. ルターの自然観に関しては、次の文献を見よ。Albrecht *Peters*: "Ein Kirschkern kann uns wohl Mores lehren". In: Frieden in der Schöpfung. Hg. v. Gerhard Rau. Gütersloh 1981, S. 142-163.

(282) 本書一三四頁を見よ。

(283) 本書八六—八九頁を見よ。

(284) 例えば、似て非なるルターがラウクハルト、あるいは似て非なるラウクハルトに依拠しているならば(本書一五五頁以下を見よ)、その格言がおそらく時代と共に明らかに宗教の中心から解放されて純粋にこの世の未来に向かう傾向はさらに明確にすでにその根本的なところにあるのであろう。しかし指摘されたところに従えば、似て非なるルターには確かにやはり決定的にオリジナリティがある。似て非なるルターの言葉にシュヴァーベンの痕跡をとどめる要素があり得るが、それが実際確定的だと証明できるならば、両者間に対応関係が認められるであろう。

第7章

(285) したがってわたしはなおカール・バルトがヘルムート・ゴルヴィッツァーをバーゼル大学へ招聘できないことになって、バーゼルの学統が断絶したことに対し辛辣な批判をしたことをぜひ取り上げたい。バルトは次のように言った。「わたしは自分の顔を覆い、故郷の町といわゆる自由な世界を恥じる。ルターは、慕わしき最後の審判の日は確かにもはや遠くではない、と言ったが、少なくともさしあたりなお二、三本の苗木が植えられるほどの間はあるという補足を付け加えた上であった」と。出典は、Brief an Sohn Markus v. 11. Febr. 1962. In: Eberhard *Busch*: Karl Barths Lebenslauf. München 1948, S.

407f.). しかしそこになおそれ以上の思いも働いていないであろうか。

(286) 本書注207を見よ。ブライマイアーの態度も似ているが、これについては本書注210を見よ。古代の詩文はむしろ「氏族集団への忠誠心の言葉」とも言うことができるであろう。

(287) ブライマイアーは（Untersuchungen［本書注1］, S. 95f.）はそれを「括弧を外す」と言った。つまりディートリヒ・ボンヘッファーの楽観主義やルートヴィヒ・エアハルトの「為すに任せよ」の指標としての意味をもつものとした。

(288) 確かに内部でさまざまに分岐している敬虔主義の終末論はシュペーナーとともにルターから離れた（s. die Forschungen Johannes Wallmanns）、それも千年王国説の問題、教会と世界におけるまったく目に見える改善が行われる中間時の希望の問題において、離れた。ルターの「改善」に関しては、次の文献を見よ。Heiko A. *Obermann*: Luther. Mensch zwischen Gott und Teufel. Berlin 1981, S. 80-86 und *ders*.: Martin Luther: Vorläufer der Reformation [1982], In *ders*.: Die Reformation. Von Wittenberg nach Genf. Göttingen 1986, S. 162-188.

(289) Untersuchungen, 1971（本書注1）, S. 101. 不景気は一九六八年に終わった。

(290) より詳細なものは、生態系問題に関して独立したドイツの神学書として最初に書かれた次の文献である。Martin *Schloemann*: Wachstumstod und Eschatologie. Stuttgart 1973; *ders*.: Die Krise des utopischen Bewußtseins als Problem theologischer Ethik. In: Denkender Glaube. FS Carl Heinz Ratschow. Berlin, New York 1976, S. 276-292.

(291) K. Hutten, Brief v. 1. Okt. 1976. それらの年にそのような題名の文献はなお多く挙げられるであろう。

(292) Dennis *Maedows* u.a.: The Limits to Growth. New York 1972, dt. u. d. T. Die Grenzen des Wachstums. Stuttgart 1972. さらにその間、数知れぬほど多くの連続ものの文献が刊行された。

(293) 生態系問題に伴う自滅の思想を広めたのは、われわれの問題に関わるところで該当する著者の中で最初の人は、フリッツ・カスパリで、一九四八年のことである。なお、本書一五三頁以下を見よ。

(294) *Planet in der Krise*. Ohne uns kein Umweltschutz. Hg. Aktion Gemeinsinn in Zusammenarbeit m. d. Bundesministerium des Inneren. Bonn-Bad Godesberg 1972, S. 11（わたしの手元にあるのはなお3. Aufl. 1973, 100. bis 130. Tausend, hier S. 14である）. そのテキストは、ことによるとまだ「成長の限界」のドイツ語訳が出版される前、あるいは出版中に成立したのかもしれない。それは後に他の場所でも復刻されたと、福音主義教会の会議会場レーヴェンシュタインの配布資料に書かれている（ヘルムート・マイヤーによる）。

(295) Klaus *Lubkoll*: Der Traum vom besseren Leben. Stuttgart 1974, S. 211. Winfried *Hohlfeld*: Umweltkrise - Herausforderung der Kirche. Stuttgart 1974. この文献は（著者にとってはルターに由来する）その言葉をマルキーズ・フォン・ポンパドゥールの文「大洪水はわたしたちの後に来る」に対比させ、砂とコンクリートの荒れ地に「木を植えること」は、まさに今日将来性のある課題である、ということを想起させている（S. 153f. Anm. 4）。クアト・エーザーはルターのりんごの苗木をしきりに想起させるボンヘッファーの文（本書注25）、またキリスト論的、終末論的条件について語ったが、だからといって「そのためにわれわれが必要なことを時宜にかなってすることを妨げられることはない」とも語った（Christliche Verantwortung für die Welt. In: Weltweite Hilfe. Nr. 5/ 1975, hg. v. Diakonischen Werk in Hessen und Nassu, S. 7）。デンマーク人のオレ・イェンセンは、次の文献で（彼にとっては疑問のない）ルターの言葉を、問題を意識しながら「われわれが何も変えることができないところで、建設的でしかも心をわずらわされないでいることができることは、キリスト教的人間である」と言った。Ole *Jensen*: Unter dem Zwang des Wachstums. München 1977 (dän. 1976) S. 130.

(296) かつてわたしが引用したことのあるサッカー協会の責任ある立場にいる人が協会の衰退という考えはどんな場合でも巧みに自分から退けるとして、言った言葉は、「皆さんがわたしに、明日世界が破滅するといったとしても、わたしはなお今日わたしのりんごの木を植えるでしょう」というものである。Westdeutsche Allgemeine Zeitung. Ausgabe Bochum, 28. April 1975, vgl. Schloemann（本書注1）, S. 10. ちなみに、この場合、それはVfLの役にも立った。一八年の間初めてであった。

（297）Rudolf *Hagelstange*: Der Krak in Prag. Ein Frühlingsmärchen. Hamburg 1969（S. 49: "Entstanden im September und Oktober 1968 in Mljet, Jugoslawien"）. ラインハルト・ブライマイアーからご教示いただき、次の文献を参照できたことをその著者（ハーン）に感謝する。Hans-Christoph *Hahn*: Wie können die christlichen Kirchen zur Bewältigung der Zukunft beitragen? In: Der Brüderbote Nr. 287. Mitteilungen aus der Brüdergemeine. Bad Boll 1973, S.（19-25）25.

（298）*Hagelstange*（本書注297を見よ）, S. 45.

（299）AaO. S. 48.

（300）AaO. S. 49. ハンス・クリストフ・ハーン（本書注297）は一九七三年にハーゲルシュタンゲの著書から引用し、次のように述べている。「『りんごの苗木の神学』が言うことはどんな場合にも通用する。ルードルフ・ハーゲルシュタンゲはそう的確に表現した」と（二五頁）。ハーゲルシュタンゲの一九六八年の譬えは、まったく政治的であるとわたしには思われる。「成長の限界」というグローバルな将来の問題と新しい「木の対話」（本書注105を見よ）が公的なテーマとしては後になってようやく現れた。

（301）Helmut *Gollwitzer*: Klassenkampf ist keine Illusion. In: Lutherische Monatshefte 13. 1974, S. 561-565. ここの引用は、次の文献に拠る。Helmut *Gollwitzer*: Forschungen der Umkehr. München 1976, S.（209-219）213. 次の文献も参照のこと。Helmut *Gollwitzer*: Ich frage nach dem Sinn des Lebens. München 1974（= Kaiser Traktat 11）, S. 22f.

（302）Peter-Paul *Zahl*: Ein festes Herz unter steinernen Herzen. In: Richte unsere Füße auf den Weg des Friedens Helmut Gollwitzer zum 70. Geburtstag. München 1979, S.（278-280）280. ここで背景としてわ

れわれの（おそらくゴルヴィツァーによって紹介された）格言が問題になっていることは、ツァールの、ひとりの拷問にかけられた犠牲者についての長大で強く訴える力をもつ詩の言い換え「単純な原則　友達のための二四時間」（ディラン・トーマスのための）が明らかにしている。絶えず変化をつけられた行が出てくるが、第一節では、「われわれみんなが立っていたりんごの木の下でけっして軽快でも若くもない」であるが、第四節では、「終わりの日の前日に植えられたりんごの木の下では軽快で若い」となっている。Peter-Paul *Zahl*: Schutzimpfung. Gedichte. Berlin 1975（= Rotbuch 132）. S. 43-48.

（303）In: Vi Nr. 9, 28. Febr. 1980, S. (6-9) 9. これはスウェーデン語からの翻訳。暗殺の翌年ボー・ニルンド（ウプサラ）が話してくれたのは、「パルメはこの引用文をわたしから聞いて、喜んで笑った」と。彼と同じ共感を持つ文化的急進主義者はおそらくルターについて久しく耳にしていなかったのであろうが、かつて高名であった宗教改革者が今日ドイツの反啓蒙主義者であり、ピューリタン的生真面目さのため興をそぐ人として重きをなしている。スウェーデンの教会は二、三年前から、また一九九三年ですらその宗教改革記念祭でその独自の豊かな福音主義・ルター派の歴史と神学をさまざまな方法で否定し続け、むしろ監督制度、特にローマ・カトリック教会のその制度を理想像として自らの位置を確認した。

（304）J. Jürgen *Jeske*: Und wenn die Welt unterginge. Wider die übertriebene Ängstlichkeit. In: Frankfurter Allgemeine Zeitung Nr. 5, 7. Jan. 1980.

（305）Helmut Kohl: Mit der Jugend - Unser Land braucht eine neuen Anfang. Eröffnungsrede und Grundsatzrede des Vorsitzenden . . . auf dem 30. CDU-Bundesparteitag vom 2.-5. November 1981 in Hamburg. Hg. CDU-Bundesgeschäftsstelle. Bonn [1981], S. 15, vgl. auch S. 26ff.「負債について付加されている文」は、おそらくこの言葉が広がる間にシュヴァーベン敬虔主義者の影響を受けたものであろうと推測される。アルフレート・ドレッガーはヘッセン州のCDUの各メンバーに対して、ルターの言葉によって、次のように責務を遂行するよう語った。「各人のりんごの苗木を植えること、たとえ収穫

が確かなものでないかもしれなくても」と（Bericht von Gunter Hofmann in: Die Zeit Nr. 35, 27. Aug. 1982)。

（306）In: *Bilanz des Lutherjubiläums*（本書注5を見よ), S. 55. このような決断をする状況が一九八八年一〇月二六日のモスクワにはあったのであろう。そこではその時、確かにルター流というよりもおそらくロシア流に「われわれは森を造るために、若木を植えよう」とゴルバチョフとわたしは共に語ったが、その文はわたしにも気に入った」(Reportage des ZDF am 26. 10. 1988)。

（307）Ernst *Bloch*: Kann Hoffnung enttäuscht werden? In: Verfremdungen I. Frankfurt a. M. 196, S. 211-219.

（308）Jürgen *Moltmann*: Das “Prinzip Hoffnung” und die christliche Zuversicht. In: Evang. Theologie 23. 1963, S. 537-556.

（309）Carl Heinz *Ratschow*: Atheismus im Christentum? Gütersloh. Eine Auseinandersetzung mit Ernst Bloch. Gütersloh 1970, S. 109, vgl. 15ff.

（310）*Bilanz des Lutherjubiläums*（本書注5を見よ), S. 27ff. 48ff.

（311）AaO S. 53.

（312）AaO S. 41-44.

（313）AaO S. (10-12) 11.

（314）AaO S. 179-214.

（315）報告書の中で次にように書かれている。「ホールとその周辺での『出会いの夕べ』、会議場前での植樹行動は、キリスト者がこの世における責任をどのように引き受けるかを表現していた」と（AaO S. 184)。

（316）テレビ放送のわたし個人の筆記。

(317)「世界教会協議会の会期間の審議」（Prozeß）の歴史については、次の文献を見よ。Unterwegs in Sachen Zukunft. Hg. v. Lothar Coenen. Stuttgart u. München 1990, S. 139ff.

(318) Hallesches Tageblatt, 5. März 1992.

(319) 本書注107を見よ。

(320) Lutz *Borgmann*: Im Gespräch: Der "große" Bruder. In: Potsdamer Kirche Nr. 9, 4. März 1990, S. 2. これに気づいたのは次の文献による。Ulrich H. J. *Körtner*: Die Utopie vor dem Weltgericht. Einen Baum pflanzen? Apokalyptische Angst in der DDR. In: Luth. Monatshefte 29. 1990, S. 249-250.

(321) この点については本書一〇五頁以下を見よ。さらに不安のテーマを重点的に扱った以下の文献を見よ。Universitas 42. 1987. Heft 11 (Nr. 498). Erich *Wiedemann*: Die deutschen Ängste: ein Volk in Moll. Frankfurt/M., Berlin 1988. Gunda *Schneider-Flume*: Angst und Glaube. Zeitschr. f. Theol. u. Kirche 88. 1991, S. 478-495.

(322) Siegfried *von Kortzfleisch*: Zwischen Apfelbäumchen und Bombe. In: Deutsches Allgemeines Sonntagsblatt Nr. 30, 25. Juni 1982. ここに次のように書かれている。「マルティン・ルターから伝説的な『解決策』が伝えられている。『明日……としても』彼は脅威に対して彼の信仰のすべてを対置している。それはふさわしい役割を委ねられたリアリズムである……。ルターは自分は森の中に走り込むと言ったのではない……。彼はむしろ大切なことをする。彼はその場合かなり長い間合いをとる……。木を植えるということは、希望をもって不安と戦うことである……。もしマルティン・ルターが今日生きていたら、彼はきっと彼の信仰深い従順を放棄するであろう。彼はおそらくなお木を植えるであろう。しかし彼は必ず『創意』という基を据えるであろう」。――カール・フリードリヒ・フォン・ヴァイツゼッカーは一九八四年にブダペストで開かれたルーテル世界連盟において行った「平和問題に関する講演」、これはルターの二王国論と近未来への期待との関係に対して有益な視角に基づく講演であるが、その中で、次のように述べた。「『明日世界が破滅するとしても、わたしは今日りんごの苗木を植えるであろう』という歴史的には裏づけられていない言葉を、ルターはせいぜい世界の終末に対する異教的な恐れについてではなく、ただキリスト再臨に対するキリスト教的希望について語るためにのみ語ることができたのである。パラダイスの創造の象徴であるりんごの木は新しい創造への希望を表現している」と（In: *Budapest 1984. "In Christus - Hoffnung für die Welt"*. Offizieller Bericht der Siebenten Vollversammlung des Lutherischen Weltbundes Budapest, Ungarn 27. Juli - 5. August 1984, Hg. v. Carl H. Mau. Stuttgart 1985 = LWB Report Nr. 19/ 20, S. 52-62, Zit. 58)。マルガレータ・グラーペ・ランツ（八四―八九頁）による副報告は、現状（東西と南北対立の）打開の際に草の根運動の意味と、また「人類に神の国の秘義ついて何かを明らかにする」（八九頁）というキリスト者の課題を浮き彫りにしている。「ヴァイツゼッカーが触れたルターのりんごの苗木は、わたしにとって民衆の反抗と信仰のとても魅惑的な具体像です。わたしたちが為すことは実際何らかの意味を持つのです」（八八頁）。「わたしたちが本当に十字架の力を大胆に信じるならば、さらにもっと勇気をもってりんごの苗木を植えるでしょう」（八九頁）。彼女は苗木をこのように、草の根民主主義を活性化する救いの象徴として理解している。ヴァイツゼッカーの仮説的ルター解釈は前半の文に関してはかなり妥当な解釈であるが、後半の文に関しては独自の自然哲学・宗教的観念による影響を受けていて、ルターからはるかに距離のある仕方で理解される、あるいは使われる可能性がある。ところでルターにとっても、われわれの主なる神は、さまざまな仕方で（例えば、福音、十字架、復活、再臨、永遠の命）ご自身が造られた被造物や「単に書物の中だけでなく、木の中に書かれ」（WA 37, 616, 13ff., Pred. Matth. 21, 1ff., 29. Nov. 1534）もする。しかし、それは御言葉や聖書（またしばしば比喩による場合もある）の中に告知された神の行動に対しそれを裏づけ、それに十分な関連を伴った譬えにほかならない。したがってルターはここで続けて次のように言う。「われわれはよく実生の状態の樹木を見るが、その時いつもこの譬えと終わりの日に主が再び来られることを想起するように」と（次の文献も出典として参照のこと。Erich *Wittenborn*: Luthers Predigt vom Jüngsten Tag. Theol. Diss. Bonn 1964, S. 133ff. Ulrich *Asendorf*: Die Theologie Martin Luthers nach seinen Predigten. Göttingen 1988, S. 141ff.）。それにしてもルターは、これらの箇所で、この世の生を延ばし、おそらく終わりの日をできる限り遅らせようとすることを目標とした新しい創造に関わる希望の行動（植樹）の考えを語ることはけっしてない。この点で、確かにわたしの以前のいくつかの発言は、そのことに対してなお十分明確ではなかった（Schloemann［本書注1を見よ］, S. 18-24）。

（323）André *Brie*: Wann soll man Bäume pflanzen? Wege zur Abrüstung. Berlin (Ost) 1984. 標題の問いは、似て非なるルター、あるいは同様にわれわれによく知られた問いに関わるわけでなく、単にわずかに比較し得るひとりのインド人の逸話と関わっているということは、八六頁を読んで初めて明らかになる。（旧東独の）国家保安局協力者であり、一九九四年に民主社会党選挙管理委員長によって児童書出版社が発行したこの本は西側でも販売された。

（324）Karin *Ziehe*: Leserbrief in: Der Spiegel Nr. 42, 12. Okt. 1981, S. 9.「ホルスト・エバーハルト・リヒター氏の将来のヴィジョンに対して、わたしはただマルティン・ルターを引用するに留めたい（それが妥当であればと願いつつ）……」。それは不気味な論説シリーズ「植えつけられた地獄」という核兵器による地球の安楽死のための東西の陰謀に関する論説に関わるものであった。

（325）本書九二頁を見よ。

（326）したがって例えば、ある有名なアルコール依存症患者診療所が大規模な集会を以前から開いていたが、その集会がルター生誕五〇〇年記念の年には、綱領として掲げられた、「希望の象徴」としての「マルティン・ルターの言葉」に、この「希望のオアシス」と実際希望を必要としている患者たちのために、結びつけられた。「ルターの言葉は、深く揺るがぬ信仰という意味を内包し、将来に対する力を与える」

と市長が語り、施設長がその言葉をさらに大きく歴史に関連させて次のように言った。「五〇〇年以前にも……世界は根本的変革の中にあった。今日、原子力産業、軍拡競争、また経済ゼロ成長に直面して、はたして新しい世界への扉が開かれるのかという問題が提起されている。希望と神への信頼を内容とするルターの言葉は、今日も当時と同様存続している」と。最後に次のように報告されている。「ルターの言葉に関して場面描写も印象的であった。……テントの中で行われた祝賀集会の後、参加者たちはルターの言葉を行動に移し、りんごの木を植えた」と。Lippische Landeszeitung Nr. 130, 8. Juni 1983.

(327) Michael *Schibilsky*: Jeder pflanzte einen Kastanienbaum. In: Unsere Kirche. Evang. Sonntagsblatt f. Westfalen u. Lippe Nr. 27, 5. Juli 1981.

(328) 次の文献の見出し語"Baum, Bäume", "Kreuz", "Kreuzallegorie"を見よ。*Lexikon der christlichen Ikonographie.* Rom 1968ff.

(329) 資料を閲読できたのはボッフムのウルリヒ・コスフェルトのおかげである。

(330) Johann Baptist *Metz*: Brot des Überlebens. Das Abendmahl der Christen-Vorzeichen einer anthropologischen Revolution. In: Forum Abendmahl . . . hg. v. Georg Kugler. Gütersloh 1979 (= GTB 346), S. 15-29) 29. この巻の中に同趣旨の論文がある。例えば、Hans-Jürgen *Quest*. Volk ohne Traum? (S. 127-143). また、ゲルハルト・フラークナーによる寓意画に寄せる黙想もある。この中で次のように言われている。「生えてくる緑の葉をつけた枝は十字架よりずっと小さい。しかしその枝は明るい色と明確な輪郭をもってわたしを照らし出す。——緑は希望なのだ」(二一五頁)と。

(331) Regina *Thiele*: Lebensbäume. Symboldidaktischer Ansatz zum Thema Baumsterben. In: Religion heute Nr. 2, Juni 1987, S. 88-93. - Klemens *Schneider*: Das Leben entfalten - im Glauben wachsen. Mainz 1987. ——確かに、次の文献にはこの複雑な問題は書かれていない。Ursula *Früchtel*: Mit der Bibel Symbole entdecken. Göttingen 1991.

(332) Luise *Schottroff*, Dorothee *Sölle*, Bärbel *von Wartenberg-Potter*: Das Kreuz - Baum des Lebens. Stuttgart 1987. この中でゼレは言う。「命を選ぶということは、十字架を抱え込むということです。つまり、十字架、困難、徒労、不安、孤独であること、それらを甘受するということです。愛する女性の皆さん、わたしたちは皆さんに薔薇の庭を約束しませんでした。十字架を抱え込むということは今日、抵抗の中に入り込むということです。わたしたちは苦難の中で育ちます。そして十字架は緑になり開花するでしょう。わたしたちは十字架を愛し貫きます。わたしたちは苦難の中で育ちます」(二〇頁)。さらに「……わたしたちは『わたし』から『わたしたち』へ、十字架から木へと動きます」(二五頁)。――エルガ・ゾルゲは「生命愛護的シンボル」の更新に彼女なりの仕方で取り組んだ。そのシンボルのもとでは「母権的生命の木」が重要な役割を果たした。エバは、彼女の夫アダムに「母権的知恵のシンボル」であるりんごを与えたのであるが、そのエバが賛美された(Religion und Frau. Stuttgart 1985, S. 94ff. 128ff.)。――比較のために次のことを指摘しておく。クリスティーネ・ブリュックナーの場合(Wenn du geredet hättest, Desdemona. Ungehaltene Reden ungehaltener Frauen. Hamburg 1983, S. 49)は、カタリーナ・ルターが彼女の夫に語った架空の言葉には容易ならぬ深い意味はない。彼は世界の終末が近いという気持ちをもってりんごの苗木を好んで手ずから植えなければならない。彼女自身は――手際よく、生産的に、しきたりにとらわれずに――彼女自身の、まさに一層多岐にわたる植樹の仕事に頼っている。りんごの苗木の比喩は、仕事机の産物だとして片づけられるが、木を植えることはむしろ具体的に、つねに直ちに終末論批判の意図で実行される。

(333) *Lieder für Kirchentage* aus Anlaß des 22. Deutschen Evangelischen Kirchentages in Frankfurt am Main vom 17.-21. Juni 1987, Nr. 105 (S. 112f.), Text: Hans Jürgen *Netz*, Musik: Fritz *Baltruweit*.

(334) もっぱらポスターやカードに掲げられたこの歌の最初の節は、すでにゴットフリート・アダム(本書注1を見よ)が引用した。歌詞のテキスト全体はカセットテープ用のテキスト冊子になっている

(Manfred *Siebald*: Kreuzschnabel. Hänssler Produktion MC Nr. 90050)。

(335) epd-dokumentation Nr. 24-25/89. それ以外に、本書注317の資料も見よ。さらに、次の文献も参照のこと。Der Heilige Geist kann auch schwimmen. Mit den Ökumene-Schiffen von Rotterdam nach Basel . . . Dokumentation . . . hg. v. Trägerkreis "Ökumene-Schiff gegen den Strom", Nov. 1989 (Gemeindedienst für Weltmission Siegburg). また閉会礼拝のための地誌資料。この資料を閲覧できたのはメッツのP・ピエール・ケンプフのおかげである。

(336) Texte von Pierre *Kempf* (閉会礼拝資料にある)。

(337) 特に「庭師としてのイエス」という象徴も重要。これについては本書五四頁以下を参照のこと。

(338) 次の文献の挿絵Nr. 25を見よ。Gerechtigkeit und Frieden umarmen sich. Hg. v. Peter Felber u. Xaver Pfister. Basel u. Zürich 1989. また次の文献も見よ。Michael *Strauß*: Ökumene auf dem Weg. Bielefeld 1991, S. 19. ロッテルダムとケルンから二隻の船が反対方向にライン川を航行した。その船には、巡礼者、一九四七年のアーヘンの平和の十字架、また文書化され、シンボルを添えられた大量のメッセージ、その中にりんごの苗木は三本だけ積まれていた。さらにその文献の中に次のように記されている。「この脅威に晒された世界はそれにもかかわらず神の御手から落ちることはあり得ないし、したがってルターがその文の中で表現していることはつねに真実であると知っているゆえに、いかなる死の脅威に際しても諦めることのない抵抗の希望の徴……」(三二頁)と。報告されているように、他のイベントにおいても、このように豊富なシンボルやシンボリックな行動によって造り上げられた教会の大集会はこれまでほとんどなかった。次の文献も見よ。Jörg *Baumgarten*: Weg-Markierungen - Unterwegs zu einer erneuerten Spiritualität. In: Unterwegs . . . (本書注317を見よ), S. 203ff.

(339) Frankfurter Allgemeine Zeitung Nr. 116, 22. Mai 1989; Hermann *Barth*: Die Erwartung-Bausteine aus der EKD. In: Unterwegs . . . (本書注317を見よ), S. (173-180) 179. ラウクハルトと自由の木に関して

本書一五二頁も参照のこと。

（340）epd-dokumentation Nr. 25/ 89, S. 5. ——集会の声明の効果は抗議する人びとのマイクの声でひどく妨害された。

（341）Hans-Eckehard *Bahr*, Heike und Gottfried *Mahlke*, Dorothee *Sölle*, Fubert *Steffensky*: Franziskus in Gorleben. Frankfurt a. M. 1981（= Fischer 4051）, S. 124ff.

（342）本書注105と注233を参照のこと。

（343）WA 14, 693, 1ff.（Deut. cum annot. 1525）. その第四行に次のように書かれている。「……地が荒廃するためでも、また罪を犯すためでもなく、不信仰を非難して振舞いをよくするためである」。ルターにとってその戒めは、有益かどうかは別として、野蛮な戦争騒ぎと、それが引き起こす既婚女性や未婚女性に規律を欠いた軍隊が暴力行為を働く場合にも現れる騒ぎを鎮圧するために役立っている。その戒めは非戦闘員と人間同士、民族同士の紛争下で罪のない人びとに対して、できる限り広範囲で（他の木々は自由に立っている）理性的・冷静な保護によって適度な礼儀を促す。その聖書箇所については、次の文献を参照のこと。Zum Thema Menschenrechte. Hg. V. Jörg Baur. Stuttgart 1977, darin Claus *Westermann*（S. 13）und Jörg *Baur*（S. 105）.

（344）この対論として次の文献を参照のこと。Carl Heinz *Ratschow*: “Der Herr regieret über die ganze Welt”. In: Geschaffene und konstruierte Welt. Göttingen 1979（= Im Lichte der Reformation. JEB 22）, S. 49-68; Eberhard *Wölfel*: Die Welt als Schöpfung. München 1981（= Theol. Existenz Heute 212）; Hans Dieter *Mutschler*: Physik, Religion, New Age. Würzburg 1990.

第8章

（345）本書一八七頁以下を見よ。

（346）Ralf *Lehmann*: Luther-Feiern. In: Westd. Allg. Zeitung Nr. 253, 31. Okt. 1983.

（347）本書一九六頁以下を見よ。

（348）Günter *Kunert*: Gedichte. Auswahl v. F. J. Görtz. Nachw. v. U. Wittstock. Stuttgart 1987（= Reclam Nr. 8380）, S. 52, Erstdruck in Frankf. Allg. Zeitg. Nr. 115, 20. Mai 1985.

（349）対抗する像を描くものとしてクーネルトの次の詩を参照のこと（FAZ Nr. 57, 9. März 1987）。

ファウストIII

最後のイメージ
理想的なことどもは片づけられ、
干からびた葉は
言葉で表現できないほど
記憶の中でさざめいている。
白髪のかけがえのない友は
すべて理想郷となる。そして
二度と緑色にならない、
切り倒された命の木は。

（350）本書注49を見よ。

（351）本書九七頁以下を見よ。触れておくべき資料は、"Die Zeit"紙の中の後にシリーズになった論説"Mein Wald"（ab 1992）とZDFの連続放送"Von Bäumen und Menschen"（1992/93）である。

（352）Günther *Nenning*: Ich bin der Wald. In: Die Zeit Nr. 24, 11. Juni 1993, auch in: *ders*.: Auf den Klippen des Chaos. Hamburg 1993, S. (212-220) 216.

（353）ランケ・ハイネマンが台所で交わした記憶に値する会話が次の文献に載っているが、ひとつの人物像を伝える記事になっている。Westdeutsche Allgemeine Zeitung Nr. 232, 5. Oktober 1985. いわく「『地球が救われたいのであれば、地球は人間を救わなければならない』とエドモンド・ランケは陰気に話し始めるが、彼女はあっさり無視して言う。『あなたはわたしの夫の言うことを聞いてはなりません』。他方、彼女は、次の文を見つけたと言う。それは、『明日世界が破滅しても、わたしは今日なおりんごの苗木を植えるであろう』という文であるが、まったくくだらないと。それから、そのランケ夫妻は、りんごの木を植えるであろうかということについて少し言い争いになり、『わたしはやはり植えないわ』と乱暴に言い、さらに『確かにわたしは何かを始めるつもりだわ。でも苗木は植えられても、そのまま立ち続けることはないでしょ』と言う。最後に彼らは、妻のウタ・ランケ・ハイネマンが、明日世界が破滅することを知ったならば、それで心が揺さぶられるであろう、という点で意見が一致する」と。

(354) *Loccumer Brevier.* Hg. Loccumer Arbeitskreis für Meditation. 3. Aufl. München 1993, S. 190-203. 能力不足、あるいは確実性が足りないということだけが、間違いの理由ではないということは、他のテキストと比べてみれば推測がつくことである。

(355) Reinhard *Mey*: Mein Apfelbäumchen. CD bei INT intercord 896-004. ――放送そのものはここで引用したコメント付きで個人的に録音された。

(356) ふたつの例を偶然次の文献の中で見つけた。Die Westd. Allg. Zeitg. (Ausg. Bochum, 4. Jan. und 19. Juni 1990). きっとさらに多くの例が他の新聞の中で見つかると推測できる。さらに一九九三年八月一九日に関して、アフリカから来た北ドイツ在住の両親による気の利いた周知の子供の誕生広告を手に入れた。

(357) さらにマンフレート・ジーバルトにより取り上げられた詩(本書注334を見よ)も今やヴェーゼルのカヴォール出版社から発行された一九九三―九四年のカードに「誕生」用の表現と「結婚」用の表現をとって載せられている。――序に言うと、新しい、さらになかなか役に立つルターに関する本は、「ケーテとの結婚を、ルターが破滅する世界のただ中で植えたりんごの苗木として解釈している」と、次の文献では指摘している。Albrecht *Beutel*. Martin Luther. München 1991 = Beck'sche Reihe 621, S. 100. あまり専門知識のない読者は、ここで暗示された格言もルターに由来すると思うかもしれない。しかし最近の「りんごの苗木」という見出し語には、一五二五年六月のルターの気持ちや意図にそぐわない含意がある。ルターはあいにく何か特別なことを象徴的に示そうとしたのでも、希望の徴を示そうとしたのでもなく、単に神の摂理を軽視する者たちに神の摂理は通常このように現れるということを言い表したにすぎない。これに関しては、次の文献を見よ。Heinrich *Bornkamm*: Martin Luther in der Mitte seines Lebens. Göttingen 1979, S. 354ff.

(358) 同じく関連するものとして挙げられるのは、一九九三年一月一四日の多くの新聞に掲載された一九九三年一月一一日にミュールハイム・ウーレンホルストにある古いティッセン別荘地のセンセーショナルな火災後の死亡広告である。さらに明らかなことは、これまでわたしが確かにこれまで見たことがない次のような表現の広告である。すなわち「たとえわたしが明日死なねばならないことを知ったとしても……」(Frankf. Allg. Zeitung. Nr. 240, 4. Okt. 1993) と。どちらの場合にも欠けているのは、今非常に多いのであるが、ルターを示唆するものである。単に実質的な、個人主義的終末論の一部類似した表現が、かつて次の文献に見出された。Günther *Klempnauer*. Wenn ich nur noch einen Tag zu leben hätte. Aussagen von Jugendlichen gesammelt und ausgewertet. Stuttgart u. Berlin 1977, S. 198. ただしここでは問いをきっかけにして、終わりの日に対する弟子の別の意図が多く隠されている。しかしそれはすべて他の人びとのことを配慮したものである。序に言えば、エマヌエル・スウェーデンボルグに関してこの種の特徴のある別の表現が伝えられている。彼が一八歳の時、一七六九年四月二四日にアムステルダムから出発する前、心動かされたヨーハン・クリスティアン・クーノーに言った。「わたしが、神が明日わたしをこの世から連れ去ろうとなさることを知っても、わたしはなお今日楽士たちを招き、良い最後のためにわたしをもう一度この世で楽しくなるようにしてもらいたい」と。これは次の文献による。August Scheler: Aufzeichnungen eines Amsterdamer Bürgers über Swedenborg. Nebst Nachrichten über den Verfasser (Joh. Christ. Cuno). Hannover 1858, S. 155.「明日－今日」という修辞的表現は、したがってけっしてシュヴァーベン敬虔主義者に特別な表現ではないことが分かる。

(359) Vgl. auch Hellmuth *Benesch*（本書注4を見よ）.

(360) Peter *Noll*: Diktate über Sterben & Tod mit Totenrede von Max Frisch. Zürich 1984, S. 66ff.

(361) AaO S. 33. 64f.

(362)「その神学に見られる超越的思弁、永遠への希求、時代に即した道徳的要求が非学問的に混じり合っているところがわたしは気に入っている」（AaO S. 162, 27. März 1982）。

(363) AaO S. 160, 22. März 1982. ノルがここで不満に思っていることは、基本的にはおそらく「生のための、生と死の統一」という理想主義的な「中心的秘義」で、これは次の文献の中で、アルブレヒト・ペータースが数多くの近年の神学のもつ魅力として挙げ、りんごの苗木の格言を使う際にも認めたものである。Albrecht *Peters*: Die Herausforderungen christlicher Gotteserkenntnis in der Gegenwart. In: Wer ist das - Gott? Hg. v. Helmut Burkhardt. Gießen 1982, S. [5-27] 15.

(364) 本書注3を見よ。

(365) Johannes *John*: Reclams Zitaten-Lexikon. Durchges. u. erw. Aufl. Stuttgart 1993, S. 28. この辞典によってもやはりなおルターからの由来や証拠が挙げられないことが言及されている。このことは、次の辞典が初めて記し、G・ベンとH・フォン・ディトフアトが言及した。Der neue Duden Band 12 (Zitate und Aussprüche. Mannheim usw. 199, S. 491).

(366) ペーター・ノルは（本書注360の文献、一五二頁以下で）、フォン・ディトフアトの以前の著書に対し、なお美しく色づけされた楽観主義と、さらに神の名を呼ぶことへの恐れがあるという批判をした。このフォン・ディトフアトの著書は次の通り。Hoimar *von Ditfurth*: Wir sind nicht nur von dieser Welt. Hamburg 1981.

（367）フォン・ディトフアトの採用したテキストにおいては、ルターに由来するということが無条件に主張されている（本書注3の三六七頁を見よ）。クロス装の最初の表題が書かれた頁にその格言が少し別の表現様式で出ているが、「マルティン・ルターが言ったとされる」という署名つきで印刷されていた。これはポケット版では記載されていない。われわれはここにもう一度「何某の言った言葉であるとする」ということと、「それが本物である」ということの結びつきを見る。「何某が言ったとされている」というような慣用的言い方の場合とまったく違って、「何某の言った言葉」あるいは「マルティン・ルターが言った言葉」（本書注355を見よ）という言い方すら、まさに専門家のコンセンサスであることを暗示する可能性がある。

（368）もちろん次の文献にある通り。Hans *Steuernagel*: Rezension. in: Luth. Monatshefte 28. 1989, S. 231. また、次の文献、Günter *Altner*: Rezension. in: Bild der Wissenschaft 1986, S. 113f., Zit. S. 114 で、ギュンター・アルトナーは、「ディトフアトはこの場合、あらゆる無益な回避作戦に対抗して生命保護の辛抱強い歩みを要求していると解釈したいのである。しかし実際にはそこまでは言ってはいない」と言う。まさにその通りである。

（369）*Von Ditfurth*（本書注3を見よ）. S. 17. ディトフアトはホルストマンの著書の内容全体に対応して、また三六六頁に述べられた考え抜かれた好意的態度にもかかわらず――もちろんその倫理的判断基準を引き継ぐことはしないで――、ウルリヒ・ホルストマンの（Das Untier. Wien 1983）「中心的確認」に無条件で賛意を表する。それは「われわれ現代人は、そのような破滅を経験し、招くであろう世代なのだ」（*von Ditfurth* aaO S. 34f.）という確認である。

（370）AaO S. 367. フォン・ディトフアトは、世界の「超越的基礎」（前掲書、三六〇頁）と、またショーペンハウアーの説く「死によってもわれわれの真の本質は不滅であることを説く教説」が哲学的に要求するものに執拗に固執する。しかしまさにルターにも固執している。ルターは、終わりの日の到来への望みと、また「永遠の命」のまったくの不可視的確かさ（前掲書三六一頁、ここに三つ目の重要な、彼とルターとの関連が示されている）を信じていた。

(371) AaO S. 16. 伝承の問題性について、また危急時の祈りがルターに適合しているかに関しては、本書注3を見よ。

(372) AaO S. 367, auch zum folgenden.

(373) ギュンター・アルトナーは、本書注368の文献で、完全にその問題に付髄する、ルターの黙示録的自然・歴史観がないがしろにされていることを指摘している。

(374) さらに明確に世界内的ユートピア的理想論を拒否しつつ、またたぶんなおいくらか長い時間的余裕を見越して、ヘルマン・リュッベは次のように主張する。すなわち「わたしは救済ユートピア思想の支配よりも差し迫る脅威のイメージの方を条件付きではあるが、政治的・文化的な長所を持つものとして賛意の表明を以下のように要約する。つまり、第一に、われわれがまだ破滅する状況にないかぎり、脅威のイメージに対し、現在経験している生き残りの幸せを認めること。われわれには、――りんごの苗木を植えるという、借金返済の期限切れに関する、繰り返し誤ってルターのものとされる文に示された模範に従って――すでに遠くから聞こえてくる最後の審判のラッパの音に関わりなく、当座のことの中でやりくりする能力が残されている。われわれは最後には救いについて空理空論を弄する預言者たちが約束することに対する抵抗を養い、状況の改革――すなわち、福祉、利害調整、またそれらによる内外の安全保障――に集中する」（Die Schreckensutopien. Rückblick auf das Orwell-Jahr. In: Schweizer Monathefte 66. 1986, S. 1043-1054, Zit. 1049f.）。

(375) Hans *Küng*: Projekt Weltethos. München 1990 に対する書評の中で、次のように述べられている。す

なわち「世界は休暇の学期中〔「何もしないうちに」の意〕に救われることはない。……もしキュンクの挙げた四つの主命題が十分根拠のあるものならば、われわれはりんごの苗木を植えることに取りかからねばならない。この神学的基礎研究が示す救いがもたらされることになっている世界は、失われている」(Patrick *Bahners*: Der Vertreter des Herrn. Frankf. Allg. Zeitung Nr. 265, 13. Nov. 1990)。

(376) 本書注3を見よ。

(377) 本書注3の文献S. 15f. イタリックで強調されている箇所はパールによる。

(378) 本書注3の文献S. 13. 74-86.

(379) 本書注3の文献S. 365.

(380) フォン・ディトフアトの場合りんごの苗木を植えることの隠喩によって、死ぬべきことを認識するための期間と自分が生き延びる準備をするための期間とが結びつけられていることに、パールは触れていない。むしろ、「永遠の命は進化する気力を失わせる」と言う。彼は「非個人的な意味」の再生のような何か独特なことを信じ、「宇宙的『リサイクル』」による永遠の回帰を予感している(aaO S. 372f.)。

(381) Hermann *Timm*: Vom Ozonloch gefordert. In: Ev. Kommentare 23. 1990, S. 37-39.「聖なる無知」の典拠の箇所として挙げられているのは次の箇所である。「ルターはりんごの苗木について、次のように言ったと言われている。『明日朝世界が破滅することをわたしが知ったとしたら、これはわたしが知らない可能性もあることなのだが、今日夕方なおりんごの苗木を植えるであろう』と」(前掲書、三九頁)。ところで、ドイツの信仰の証の言葉の歴史がどのような意味を持ち、どのような限界を持っているかについては、確かに論争があり得るし、論争がなければならない。しかしルター自身は、過度に熱心な人びとに対して発せられた「あなたがたはその日も時も知らない」という警告を別とすれば、一貫してきわめて自然と歴史に関連する緊迫した終わりの日に対する期待を心に深く刻んでいた。ちなみに、それと同様に大まかにティムは、やはり同じように歴史的に証明されていないが(本書注12を見よ)、一五二一年のヴォルムス（シュパイアーではないのだ）帝国議会で「わたしはここに立っています。他のことをなし得ません」という大胆になされた発言に基づいて、ヴァルター・フレックスを思い出させるが、しかし宗教改革者の言った言葉「あなた自身を救いなさい。そうすれば神はあなたをキリスト者の二重の地位へと救う」（Christentum im Angebot. In: Luth. Monatshefte 32. 1993, S. 22-25, Zit. 25）とはまったく別の言葉を組み立てている。

(382) Ulrich *Beck*: Risikogesellschaft. Auf dem Weg in eine andere Moderne. Frankfurt 1986; Stefan *Breuer*: Die Gesellschaft des Verschwindens. Von der Selbstzerstörung der technischen Zivilisation. Hamburg 1992.

(383) [Zürich] 1993.

(384) AaO S. 122, vgl. 70f.

(385) AaO S. 94f. 11. 30.

(386) AaO S. 101ff. (Zit. 102).

(387) AaO S. 97. 121 123.

(388) AaO S. 124.

(389) 本書二二六頁以下を見よ。

(390) *Fuller*（本書注383の文献）, S. 124-126.

(391) 本書二七四頁以下を見よ。

(392) さらに次の文献にも、以下のように述べられている。Friedrich *Schorlemmer*: Unsere Altlasten bleiben Volkseigentum. In: Das Plateau Nr. 17. 1. Juni 1993, S. (4-22):「しかし西側の世界もペレストロイカ、つまり並みの、長期にわたる生き残り続ける転換を必要としている。われわれが自己抑制をしなければ、やがて地域的にも地球規模においてもわれわれの生き残る能力の危機的限界に達するであろう。

われわれは歴史の終わりに臨んでいるのではなく、むしろ再び始めに臨んでいる。われわれは無罪ではなくなった。そして宇宙全体にすでにわれわれの「手がつけられた」以上、宇宙も無罪でなくなった。すなわち、日々宇宙の一部が死んで再生不可能になっている。多くの、われわれが行ったことの恐ろしい結果が回復不可能な状態である。まさにこの状況の中で、不確かであるが有名なルターの言葉が重みをもつ。『たとえわたしが明日世界が破滅することを知ったとしても、わたしは今日なおりんごの苗木を植えるであろう』。わたしの苗木。今日なお。まさにわたしは。にもかかわらず。ここで」。——明確に伝承された「ヴォルムスの」毅然とした態度を想起させるに違いない表現法に結びつけられた、有名な今日のヴィッテンベルクの人によって修辞的に話の結びとすることができるりんごの苗木の言葉は、たとえば一九五〇年代にわれわれが出くわしたような、再び将来に向けられた信仰告白的な要素をもともともっている。たぶんその中に、また文脈の中に、やはりなお後の希望の思想、その著者自身にとってだけ重要だというのではない、人びとが理解できると思われる宗教改革者的な内容と、著者が自分の考えと同じだと確認する際の自分自身の好みも共に示されている。

(393) 本書一六六頁以下を見よ。
(394) Frankfurter Rundschau Nr. 117, 22. Mai 1982.
(395) "Eine Umkehr ist nicht mehr möglich". Gespräch mit dem Ökologen Herbert Gruhl. In: Luth. Monatshefte 31. 1992, S. (306-309) 309.
(396) さらにグルールの回想録。Herbert *Gruhl*: Überleben ist alles. München u. Berlin 1987, S. 39f., vgl. 122f.
(397) ウルリヒ・ホルストマン（本書注369を見よ）と共にリゴ・バラドゥアも挙げられる。Rigo *Baladur*: Gründe, warum es uns nicht geben darf. Essen 1991).
(398) Oswald *Bayer*: Aus Glauben leben. Über Rechtfertigung und Heiligung. Stuttgart 2., überarb. Aufl.

1990, S. 73.

(399) O. *Bayer*: Systematische Theologie als Wissenschaft der Geschichte. [1982] In: *Ders*.: Autorität und Kritik. Tübingen 1991, S. (181-200) 199f.; vgl. dort auch: Die offene Frage der Theodizee, S. (201-207) 206.

(400) Inge *Lønning*: Verantwortung für die Welt. Luthers Absichten und Wirkungen. In: Lutherjahrbuch 57. 1990. S. (9-17) 17.

(401) Uwe *Siemon-Netto*: Luther als Wegbereiter Hitlers? Zur Geschichte eines Vorurteils. M. e. Einf. V. Peter L. Berger. Gütersloh 1993, S. 113. 特にアングロサクソン的な戦争の型にはまった考え方と、しかしまた東ドイツの転換に至るまでの時期のルター的な態度に対する再検討を加えたこの書は、フランツ・ラウの、ルターの二王国説に対する解釈に向けられている。

(402) 本書八九頁を見よ。

(403) Brief v. 3. Aug. 1976.

(404) 例えば、一五三〇年の説教「子供たちを学校へ行かせなければならない」の中で次のように語っている。「たぶん世界がもっと長く存続し、神が恵みを与えてくださる場合は、君侯と都市が寄進と修道院財産に関与するようになるかもしれない」と (WA 30 II, 551, 3-5)。

(405) ルターの場合の倫理と緊迫した終わりの日に対する期待との間の緊密とさえいえる関連については、次の諸文献を見よ。Reinhard *Schwarz*: Die Wahrheit der Geschichte im Verständnis der Wittenberger Reformation. In: ZThK 76. 1979, S. 159-190; さらに、本書注1のシュレーマンの論文、一七頁以下。また、Martin *Schloemann*: "Sie ist mir lieb, die werte Magd . . ." In: Luther 58. 1978, S. 99-114.

(406) Schloemann (本書注1を見よ) S. 24.

(407) Gottfried Maron: Luther im Wandel der Zeit. In: Luth. Monatshefte 23. 1984, S. (124-131) 131.

(408) これに関しては、次の文献を見よ。Martin Schloemann: Die zwei Wörter. Luthers Notabene zur "Mitte der Schrift". In: Luther. Zeitschrift der Luthergesellschaft 65. 1994, S. 108ff.

訳者あとがき

本書は、Martin *Schloemann*: Luthers Apfelbäumchen? Ein Kapitel Deutscher Mentalitätsgeschichte seit dem Zweiten Weltkrieg. Göttingen: Vandenhoeck und Ruprecht, 1994（Sammlung Vandenhoeck）の全訳である。

訳者がこの原書に出会ったのは、ちょうど世紀の変わり目のころであったと記憶している。教文館の洋書売場で、展示されているさまざまな本を何気なく見ているうちに、ふと目に触れた表題に引かれ、その場で購入した。著者はまったくの未知の方だったが、湧き起こってくる興味に任せて飛ばし読みしているうちに、神学的視点から厳密かつ入念に史料、あるいはアンケート調査で得た証言を検討して、さらに他のさまざまな史料・証言と比較しながら慎重に分析し結論を導き出す著者の論証の姿勢に、まさに「ルターのりんごの苗木の言葉」に出てくるような、世界の終末に直面して、なおこの世の務めを冷静沈着かつ誠実に果たしていく姿勢に重なるものを見て、共感と敬意を抱いた。しかし、当時訳者が就いていた職務柄、読み通す時間がなかった。数年後、その職を退いてからようやくこの著書を精読することができた。

本書で取り上げられた「たとえわたしが明日世界が滅びることを知ったとしても、今日なおわたしはわたしのりんごの苗木を植えるであろう」という格言は、第二次世界大戦の末期ごろに現れ、戦後のドイツで、さまざまな意味で危機が意識された時に、そのつど深く豊かな意味を担って盛んに使われ、しかも最初は教会内に限られていたが、一九五〇年以後は教会の枠を越えて一般社会で広く使われ始め、東西ドイツ統一のころまで、盛衰の波を伴いながら、またいくつかの変化形が現れ、時代が下るほどキリスト教信仰からの解釈が少なくなり、使用の「個人化」が起こってはいるものの、使われてきたのである。日本に目を転じて、日本の戦後の社会の中で、そのように、いくつかの変化形があるが、ほぼ同じ言葉が長く使われたことがあったかと考えると、まさに寡聞にして知らないと言わざるを得ない。訳者の記憶に浮かぶのは、例えば、小松左京のSF小説『日本沈没』が、ちょうど関東大震災後五〇年の年、高度経済成長が終わり、激しいインフレーション、第一次オイルショックが起こった一九七三年に出版され、ベストセラーになったことや、一九九二年、欲望の肥大化を促進した経済のバブルがはじけたものの、なお物質的豊かさのみを求める風潮が残るその時期に、中野孝次の『清貧の思想』が出版され、相当の反響があり、同じころ「吾唯足るを知る」という一種戒めを含む言葉が、使われたくらいである。しかし、前者は巨大地震の危機を扱うSF小説であり、後者も外面的豊かさのみを求める生き方を戒め内的豊かさを求める生き方を示したもので、いずれもさほど長きにわたって引用されたわけではないし、一般社会に強いインパクトを与えるようなものではなかった。また、世界の終末が迫ることに対する強い危機意識に裏づけられていたとも思えない。一方、「ルターのりんごの苗木の言葉」には、著者が嘆くように最近はさほど使われなくなっているし、使われてもキリスト教信仰から解釈されたものではない場合が多く、またきわめて個人的な領域に限られるという変化が起こっているが、それでも、その時々のドイツの一般社会に強いインパクトを与える力があったし、「世界が滅びる」という言葉に表れているように、ドイツだけでなく世界を視野に入れた解釈がなされることが多かった。そこに、やはりメンタリティの面で、彼我の違いが端的に表れているように思え、その違いが意味することは何かをさらに考えることが大切であると訳者には思われた。これが、訳者が本書を日本の読者に紹介し、ご一緒に考えていただくために、翻訳しようと思った動機である。加えて、日本のキリスト教会では、「りんごの苗木の言葉」がルターのものであるとすることに何の疑問も持たずにそれを用いている人がほとんどである、ということも翻訳を志したもうひとつの理由である。ちなみに、日本でこの言葉が知られるようになったのは、いつごろ、何によってであるのか。その点について、ルター研究の第一人者、徳善義和先生（ルーテル学院大学、ルーテル神学校名誉教授）にお尋ねしたところ、ご自分ではこの言葉は、小説『二十五時』の作者、ゲオルギウ（コンスタンチン・ヴィルジル）の小説『第二のチャンス』（原著、一九五二年。邦訳、谷長茂訳、筑摩書房、一九五三年）の最後の箇所で、ルターの言葉として引用されていたのを見たのが最初であった、その後数回にわたり調べてみたが、ルターのものとして確認できず、幾人かのドイツのルターに詳しい神学者に尋ねても、「それはルターのものではない」との回答があった、自分も今の結論は、ルターのものではないとしている、とのことであった。しかも、日本でキリスト教会外の人もこの言葉を引用することはあったが、すべてルターのものであることを疑うこともなく使われているようである。

著者のマルティン・シュレーマン氏は、一九三一年ヴェストファーレン州生まれ。一九五九年にミュンスター大学で神学博士号を取得した後、ドイツとスウェーデンの教会で牧師として奉職している。

その後、ボッフム大学で助手・講師として働いたあとに、一九七四年から一九九六年までヴッパータール大学で組織神学および歴史神学を講じてこられた。

最初の訳稿が出来上がってから、著者に初めて連絡をとり、自己紹介をしながら、翻訳を出版したい旨を告げ、同時にいくつかの意味不明箇所についての質問を書いて手紙を出した。著者はこれに対する驚きと喜びと感謝の気持ちを伝え、光栄だとまで言いながら、さらに著者略歴と意味不明箇所の解説を丁寧に書いた返事をメールでくださった。そのメールの最後に「なお、あなたが関心をお持ちかと思うことを書きます」とあり、自分は、一九九六年にヴッパータール大学を退職して間もなく、深刻な脳梗塞で倒れ、身体にひどい麻痺が残ったため、研究生活ができなくなったとあった。しかしメールの文章はしっかりしていて、リハビリでかなり回復された様子が窺われたものの、それならばこれが著者最後の著作かと思うと、感慨ひとしおであった。また、著者の文章は、議論の筋道が錯綜している上、挿入文が多く、省略もかなりあって翻訳にあたって苦労も多かったので、途中非力をも顧みず翻訳し始めたことを後悔することもあったが、翻訳し終わってみれば、それを途中で投げ出さないで最後までやり通せたことは、やはり嬉しいことである。

なお、本来は書物の最初に書くべき凡例にあたることを付記すると、訳文の間に〔 〕に入れた文は訳者による注の文であり、また特に原文には書かれてないが、意味を明確にするために（ ）内に原文を補う文を訳者が入れた箇所も多々あるので、了解されたい。

最後に、翻訳にあたり多くの方に激励をいただいた。お名前はいちいち挙げないが、深く感謝する。またご教示を願った方々もいる。特に徳善義和先生には上述したような情報をお教えいただいた。また元フェリス女学院院長岡野昌雄氏にはラテン語の翻訳で、ご教示いただいた。おふたりに厚く感謝する。また出版に当たって教文館社長の渡部満氏と出版部の髙木誠一氏に、一方ならぬご配慮とお世話をいただき、心から感謝する。

二〇一五年四月一六日　鎌倉の寓居にて

棟居　洋

人名索引

ア　行

カ　行

サ　行

タ　行

ナ　行

ハ　行

マ　行

ヤ　行

ラ　行

《訳者紹介》

棟居 洋（むねすえ・ひろし）

1938年生まれ。東京大学文学部西洋史学科、国際基督教大学大学院比較文化研究科などで学ぶ。学術博士。元フェリス女学院中学校・高等学校校長。

著書「リューベックの宗教改革――ハンザ都市の場合」、中村賢二郎・倉塚平編『宗教改革と都市』（刀水書房、1983年）、『ドイツ都市宗教改革の比較史的考察――リューベックとハンブルクを中心として』（国際基督教大学比較文化研究会、1992年）ほか。

訳書 B. メラー『帝国都市と宗教改革』（共訳、教文館、1990年）ほか。

ルターのりんごの木――格言の起源と戦後ドイツ人のメンタリティ

2015年8月10日　初版発行

訳　者　棟居　洋
発行者　渡部　満
発行所　株式会社　教文館
〒104-0061 東京都中央区銀座4-5-1 電話 03(3561)5549 FAX 03(5250)5107
URL　http://www.kyobunkwan.co.jp/publishing/
印刷所　モリモト印刷株式会社

配給元　日キ販　〒162-0814　東京都新宿区新小川町9-1
電話 03(3260)5670　FAX 03(3260)5637

ISBN978-4-7642-6720-6　Printed in Japan